台湾研究系列

曲折前进的
两岸关系（2016—2020）研究

严安林◎著

九 州 出 版 社　全国百佳图书出版单位

图书在版编目（CIP）数据

曲折前进的两岸关系（2016—2020）研究 / 严安林
著. -- 北京：九州出版社，2024.4
　ISBN 978-7-5225-2743-7

　Ⅰ．①曲… Ⅱ．①严… Ⅲ．①海峡两岸－关系－研究
Ⅳ．①D618

中国国家版本馆CIP数据核字(2024)第064356号

曲折前进的两岸关系（2016—2020）研究

作　　者	严安林　著	
责任编辑	关璐瑶	
出版发行	九州出版社	
地　　址	北京市西城区阜外大街甲 35 号（100037）	
发行电话	(010)68992190/3/5/6	
网　　址	www.jiuzhoupress.com	
印　　刷	鑫艺佳利（天津）印刷有限公司	
开　　本	710 毫米 ×1000 毫米　16 开	
印　　张	18.5	
字　　数	269 千字	
版　　次	2024 年 6 月第 1 版	
印　　次	2024 年 6 月第 1 次印刷	
书　　号	ISBN 978-7-5225-2743-7	
定　　价	68.00 元	

目　录

引　言 ………………………………………………………………………… 1

第一章　中国政府对台政策及统一实践

　　——规范与决定两岸关系的政策因素（上）……………………… 6

　第一节　习近平"1·2"重要讲话描绘中国和平统一蓝图 …………… 6

　第二节　中国政府的涉台外交政策与工作 ………………………… 15

　第三节　习近平关于涉台外交重要论述与实践创新 ………………… 28

第二章　中国政府对台政策及统一实践

　　——规范与决定两岸关系的政策因素（下）……………………… 42

　第一节　"一带一路"倡议大大改善两岸关系的外在环境 ………… 42

　第二节　以总体国家安全观为指引积极化解台海安全风险 ………… 54

第三章　两岸关系国际环境与国际因素的新变化 …………………… 61

　第一节　台湾问题的国际环境的新变化 …………………………… 61

　第二节　中美关系新变化及对两岸关系影响 ……………………… 67

　第三节　中美贸易战对两岸关系的影响 …………………………… 72

第四章　美国台海政策与美台关系新进展——影响两岸关系的美国因素 …… 84

　第一节　特朗普政府台海政策新变化 ……………………………… 84

　第二节　特朗普上任以来的美台关系 ……………………………… 96

第三节　新冠疫情暴发以来的台美关系 ……………………………… 111

第五章　台湾政局新变化——影响两岸关系的岛内因素 …………… 132

第一节　台湾第三度政党轮替对两岸关系影响 ………………… 132

第二节　"九合一"选举对两岸关系影响 ……………………… 143

第三节　蔡英文连任后台湾政治局势 …………………………… 155

第六章　蔡英文当局两岸政策新动向

　　　　——影响两岸关系的台湾岛内政策因素 ………………… 163

第一节　蔡英文上台后的两岸政策 ……………………………… 163

第二节　"九合一"选举前后蔡英文当局两岸政策 …………… 172

第三节　蔡英文连任后的两岸政策 ……………………………… 183

第七章　蔡英文当局对外政策的新变化 ………………………………… 195

第一节　蔡英文国际观主要内容、特点及成因 ………………… 195

第二节　蔡英文上台以来的对外政策与工作 …………………… 199

第三节　蔡英文当局对美战略与政策动向 ……………………… 211

第四节　蔡英文当局"新南向政策"及其影响 ………………… 219

第八章　两岸关系的新变化 ……………………………………………… 232

第一节　两岸交流 30 余年 ……………………………………… 232

第二节　民进党再度上台后两岸关系 …………………………… 242

第三节　台湾政局演变对两岸关系影响 ………………………… 252

第四节　新冠疫情暴发后两岸关系 ……………………………… 265

第九章　国家统一是大势所趋、人心所向 …………………………… 274

第一节　改革开放推动国家完全统一的进程 …………………… 274

第二节　坚决反对"台独"分裂活动、坚定捍卫两岸同胞共同家园 … 277

第三节　实现同胞心灵契合、增进和平统一认同 ……………… 281

第四节　国家完全统一是两岸关系发展必然结果 ……………… 285

后　记 ……………………………………………………………………… 289

引　言

　　2020 年 8 月 22 日，由台湾马英九基金会主办的"国家不安全研讨会"在台北举行。参加会议者大都是台湾政坛重量级政治人物，如马英九、台湾"行政院前院长"江宜桦、"总统府前秘书长"杨进添、"国安会前秘书长"苏起、高华柱、"国安局前局长"蔡得胜、"前行政院副院长"杜紫军、"前经济部长"尹启铭，以及台湾不少知名学者。与会者普遍认为，因为蔡英文与民进党当局在对外政策上已经明显地站队选边美国，而台美实质关系事实上又并未有重大突破，由于蔡英文当局对外政策失衡，台湾已经"不安全"，目前可能是数十年来最危险的时刻。因此，该研讨会举办的目的，就是寻觅正确的方向与避险之道，让台湾"转危为安"。

　　台湾的人士是如此看待蔡英文上台以来的两岸关系，大陆学者观点也不遑多论，对于两岸关系现况与前景的看法相当地类似，普遍认为两岸关系发展前景不乐观，普遍为两岸关系的发展状况与前景担忧，担心两岸关系擦枪走火！担忧两岸关系和平发展的成果得而复失！尤其担忧因"台独"引发两岸之间的战争！

　　两岸关系到底怎么啦？缘何由 2008 年至 2016 年两岸之间的"大交流、大合作、大发展"的和平发展阶段，步入到如今的紧张与僵持状态？两岸是如何在签署了 23 项协议后步入到如今的海协会与台湾海基会两会中断往来、联系沟通机制完全停摆？两岸政治关系又是如何在"九二共识"政治基础上实现两岸领导人历史性会晤，台海情势历经史上最为和平、繁荣的景况，发展到如今的对立对峙对抗，甚至存在擦枪走火可能，乃至于兵戎相见的境地？

本书尝试从历史角度，对于 2016—2020 年这四年两岸关系发展的演变进行分析，提出答案。最终本书确定为《曲折前进的两岸关系（2016—2020）研究》应该就是主要答案所在。当然，这个两岸关系的"曲折前进"的说法，一定让不少人产生疑问，为何把蔡英文上台与民进党第二度执政后的两岸关系称之为"曲折前进时期"？

本书认为，2016 年 5 月 20 日蔡英文上台与民进党再度执政后，两岸关系和平发展面临巨大的冲击与波折，进入"曲折发展"阶段，但也是两岸关系步上了实质性的统一进程的新阶段，主要是因为影响两岸关系的三大背景因素的巨大变化。

第一大变化，是台湾政治社会对于统一与"台独"的认知的变化。即由"统一有理"转向"统一无理"、由"'台独'有罪"转向"'台独'无罪"的台湾社会认知的转变。源自 20 世纪 90 年代台湾社会"本土化""民主化"与"国际化"，最终导致：一是"台独民主化"。即"台独"披上"民主"的外衣，"台独"的主张与诉求及其形态借助"民主"与"民意"的包装来进行，并且进行实践。绿营学者童振源曾提出"台湾的民主化根本性改变中华民国的本质，使得中华民国等同于台湾，台湾成为事实主权独立的国家"，"民进党既然参与修改'中华民国宪法'，并且全面参与各项选举，便无法再否定中华民国宪法与体制的合法性"。因此，他提出民进党应该通过"中华民国决议文"，主要内涵是"台湾就是中华民国、中华民国就是台湾"。二是"政权台独化"。即具有"台独"主张与诉求的政党及其政治人物通过选举方式与手段，掌握了台湾地区执政权。2000—2008 年与 2016 年迄今，台湾地区已经由"台独"政党即民进党掌握政权机器，运用政权的机器与力量这样的方式，合理化"台独"诉求，并以此来推动与实践"台独"理念，使之成为政策来落实。三是"中华民国台湾化"或"台湾国家化"。即越来越多的台湾民众把台湾当作"国家"，而不再是强调"台湾只是一个地区"、"中华民国"才是"国号"，或者是把"中华民国"等同于"台湾",甚至认为"台湾"就是"台、澎、金、马"地区的"国家称号"。蔡英文上台以来多次提及"中华民国台湾",甚至获得不少的民调支持,就是一个明显的事例。四是"统一"被"污名化"。在"台独"政权不断进行"台独"教育与恐吓下,"台独"主张、至少是"不统一"的主张在台湾社会大行其道,统一主张则被严重打压,统一市场严重萎缩。正是因为台湾民意的巨大转变,国民党的两岸政策主张也开始向表面上是"顺应民意"、实质上也是向民进党两岸政策靠拢的转变,最终导致台湾社会有利于和平统一的条件被不断地破坏与削弱。

第二大变化,是台湾问题国际环境的新变化。主要是美国的台海政策由主张"和平解决"与"和平统一",转向实质上的反对统一、甚至阻挠统一。1979年中美关系正常化后,美国尽管通过"与台湾关系法"等,继续与台湾当局保持所谓"民间关系"、实质上是"半官方关系",但对于台湾前途与中国的统一,大体上是保持了只要是和平的方式,美国就尊重台湾民众选择的基本立场。但在中国的发展被美国视作战略上"威胁",进而视中国为"战略竞争对手"之后,美国政府实际上是一个中国政策只流于表面上,只强调台海地区的和平稳定,不再强调两岸问题的"和平解决"(克林顿政府一度提出"和平统一"政策),而且开始反对、甚至设法阻挠中国的最终统一。

第三个变化,是祖国大陆对台政策由反"独"为主发展到促统为主与促统优先,兼有反"独"。其中2019年1月2日习近平总书记的对台重要讲话则是最核心的标志。

2016年蔡英文上台以来的两岸关系,表面上当然是出现了由"和平发展"向"冷和平""冷对抗"甚至"热对抗"的转变;出现了台湾岛内的"台独"活动更加猖獗、国际上反对中国统一的势力进一步提升与强化对民进党当局的支持力度,两岸和平统一的希望更加减弱甚至渺茫的现象;两岸关系也似乎是更加的"不安全"。

但应该说,两岸关系新变化的背景,既有两岸关系外在的国际局势发展演变与中美战略关系的新变局,特别是美国从特朗普到拜登政府对华战略与政策的调整，由此开展其台海政策的新调整与美台关系的新变局；也有影响两岸关系的台湾政治情势的发展演变，特别是主张"台独"的民进党再度上台，进而根本调整与改变了马英九时代的两岸政策，严重挑战两岸关系和平发展局面。因此，本书探讨重点：一是台湾岛内政治环境与政治局势的新变化。由"反服贸运动"所引发的台湾政治社会的变化，包括 2014 年"九合一"选举、台湾政治局势的翻转，2016 年 5 月国民党再度下台与民进党二度执政，及其对于两岸关系的影响。二是蔡英文当局两岸政策的新变化。由 2016 年 5 月开始的蔡英文当局所谓"维持两岸现状"的政策，不断调整到名为"维持两岸现状"、实质是在挑衅与改变"两岸现状"的政策行为，及其对于两岸关系的破坏和冲击。三是两岸关系国际环境的新变化，尤其是美国台海政策的新变化。2016年 11 月 8 日特朗普当选美国总统，并于 2017 年 1 月 20 日上台，随着美国对华战略与政策的变化，其台海政策的调整幅度越来越大，美台实质关系的不断提升，进一步冲击两岸关系。四是面对不断变化的外在环境，大陆对台政策的战略定力和在两岸关系和平发展上"举旗定向""把舵定航""守正创新"的积极作用。

当前乃至于未来一段时间里两岸关系发展中面临与出现的困难，甚至统一所面临的障碍，事实上，实质上，都是一时的，不是永久的，无论是两岸关系所处的外在环境，还是两岸关系发展中所面临的问题，都必然会随着中国的发展与两岸关系演进而得到改变，都会随着中国国家统一进程的推进而得到克服。因此，对于两岸关系和平发展与国家统一的前景，需要与必然抱持必胜的信念，因为风物长宜放眼量，也正如古代诗人杨万里所言："万山不许一溪奔，拦得溪声日夜喧，到得前头山脚尽，堂堂溪水出前村。"两岸统一既然已经在路上，统一就是历史潮流，是大势所趋，人心所向！

目前两岸关系发展与国家统一的实际进程，就是处于"曲折前进阶段"，属于国家统一前的"战略相持阶段"，是"黎明前的黑暗"。两岸间的力量对比，已然是不断地朝向有利于统一的方向发展，只是因为事实上不愿意统一的一方，即拒绝统一的一方——台湾方面，加上了外在的美国因素而使统一面临着一定的困难。2020 年 6 月美国哈德逊研究所约翰·李所做的研究报告《提高台湾的经济地位是有益的战略、经济手段和国内政策》^① 就称:"在过去几年里,台湾比以往任何时候都远离中国大陆。在美中竞争日益加剧的更广阔背景下,一个强大而自治的台湾,对美国比十年前更为重要。就华盛顿而言,这些因素增加了台湾作为对付中国大陆的战略、军事和政治堡垒的相关性和价值。"报告呼吁:"从美国的角度来看,从战略方面加深与台湾的经济关系会有助于台湾与中国大陆拉大经济距离,并减少中国今后占领和支配全球供应链和价值链的程度。"当然,报告也承认:"对于一个开放而成功的东亚经济体而言,台湾对大陆的依赖仍然是独一无二的。"因此,随着中国与美国力量对比的此起彼伏、此长彼消,两岸统一的天平不久就会倾斜到促统的一方。统一的道路或许还有曲折,甚至一定会面临着不小的困难、挑战与障碍,但只要坚定不移地推动两岸统一进程,坚定不移地坚持国家与人民利益至上的理念与政策,坚定不移地站在历史正确的一边,统一的前途必然光明!

潮平两岸阔,风正一帆悬!

---

① 见新华社编发《参考资料》,2020 年 8 月 6 日。

第一章
中国政府对台政策及统一实践
——规范与决定两岸关系的政策因素（上）

中国政府的对台政策，起始于 1949 年。70 年来，大陆对台政策，不仅影响与决定着两岸关系发展，是最终实现国家统一的重要指导性方针政策，而且是决定与影响两岸关系发展状况的主要因素。

第一节　习近平"1·2"重要讲话描绘中国和平统一蓝图

2019 年 1 月 2 日，习近平总书记在《告台湾同胞书》发表 40 周年纪念会上发表了题为《为实现民族伟大复兴　推进祖国和平统一而共同奋斗》（以下简称习近平"1·2"重要讲话）的重要讲话，这是以习近平同志为核心的党中央对于新时代对台工作与国家统一提出的纲领性文献，论述了中国必然走向统一的历史大势，描绘了推动两岸关系和平发展、推进祖国和平统一进程的路线图，吹响了新时代为实现中华民族伟大复兴、推进祖国和平统一进程的号角，将有力地指引未来对台工作，深刻促进和影响两岸关系走向与中国统一大业。

一、习近平"1·2"重要讲话主要内容

1. 全面回顾对台工作和两岸关系重大成就。主要从五方面来概括自 1949 年迄今 70 年来对台工作与两岸关系取得的重大成就。一是结束两岸隔绝状态，

全面实现双向交流。70年来，顺应两岸同胞共同愿望，推动打破两岸隔绝状态，实现全面直接双向"三通"，开启两岸同胞大交流大交往大合作局面，两岸交流合作日益广泛，相互往来日益密切，彼此心灵日益契合。台湾同胞为大陆改革开放做出重大贡献，也分享了大陆发展机遇。二是两岸协商谈判成果丰硕，实现党政高层会晤。秉持求同存异精神，推动两岸双方达成"海峡两岸同属一个中国，共同努力谋求国家统一"的"九二共识"，开启两岸协商谈判，推进两岸政党党际交流，开辟两岸关系和平发展道路，实现两岸领导人历史性会晤，使两岸政治互动达到新高度。三是提出"和平统一、一国两制"的科学构想。把握两岸关系发展时代变化，提出和平解决台湾问题的政策主张和"一国两制"科学构想，确立了"和平统一、一国两制"基本方针，进而形成了坚持"一国两制"和推进祖国统一基本方略，回答了新时代推动两岸关系和平发展、团结台湾同胞共同致力于实现民族伟大复兴和祖国和平统一的时代命题。四是排除国际因素干扰，巩固一个中国格局。高举和平、发展、合作、共赢的旗帜，在和平共处五项原则基础上发展同各国的友好合作，巩固国际社会坚持一个中国原则的格局，越来越多国家和人民理解和支持中国统一事业。五是打击"台独"分裂势力，捍卫国家主权完整。始终着眼于中华民族整体利益和长远利益，坚定维护国家主权和领土完整，团结全体中华儿女，坚决挫败各种制造"两个中国""一中一台""台湾独立"的图谋，取得一系列反"台独"、反分裂斗争的重大胜利。

2.深刻揭示了两岸关系发展和祖国必然统一的历史大势。祖国必须统一，也必然统一。这是70载两岸关系发展历程的历史定论，也是新时代中华民族伟大复兴的必然要求。其中使用四个"无法"来论证：台湾是中国一部分、两岸同属一个中国的历史和法理事实，是任何人任何势力都无法改变的！两岸同胞都是中国人，血浓于水、守望相助的天然情感和民族认同，是任何人任何势力都无法改变的！台海形势走向和平稳定、两岸关系向前发展的时代潮流，是任何人任何势力都无法阻挡的！国家强大、民族复兴、两岸统一的历史大势，更是任何人任何势力都无法阻挡的！

3. 郑重提出了新时代坚持"一国两制"、推进祖国和平统一的重大政策主张。主要有五个方面：一是"携手推动民族复兴，实现和平统一目标"。提出国家统一是大势所趋、大义所在、民心所向。一水之隔、咫尺天涯，两岸迄今尚未完全统一是历史遗留给中华民族的创伤。两岸中国人应该共同努力谋求国家统一，抚平历史创伤。广大台湾同胞都是中华民族一分子，要做堂堂正正的中国人，认真思考台湾在民族复兴中的地位和作用，把促进国家完全统一、共谋民族伟大复兴作为无上光荣的事业。二是"探索'两制'台湾方案，丰富和平统一实践"。强调"和平统一、一国两制"是实现国家统一的最佳方式，体现了海纳百川、有容乃大的中华智慧，既充分考虑台湾现实情况，又有利于统一后台湾长治久安。制度不同，不是统一的障碍，更不是分裂的借口。"一国两制"在台湾的具体实现形式会充分考虑台湾现实情况，会充分吸收两岸各界意见和建议，会充分照顾到台湾同胞利益和感情。两岸同胞是一家人，两岸的事是两岸同胞的家里事，当然也应该由家里人商量着办。和平统一，是平等协商、共议统一。两岸长期存在的政治分歧问题是影响两岸关系行稳致远的总根子，总不能一代一代传下去。由此郑重倡议，在坚持"九二共识"、反对"台独"的共同政治基础上，两岸各政党、各界别推举代表性人士，就两岸关系和民族未来开展广泛深入的民主协商，就推动两岸关系和平发展达成制度性安排。三是"坚持一个中国原则，维护和平统一前景"。指出：尽管海峡两岸尚未完全统一，但中国主权和领土从未分割，大陆和台湾同属一个中国的事实从未改变。一个中国原则是两岸关系的政治基础。坚持一个中国原则，两岸关系就能改善和发展，台湾同胞就能受益。背离一个中国原则，就会导致两岸关系紧张动荡，损害台湾同胞切身利益。广大台湾同胞具有光荣的爱国主义传统，是骨肉天亲。坚持寄希望于台湾人民的方针。广大台湾同胞不分党派、不分宗教、不分阶层、不分军民、不分地域，都要认清"台独"只会给台湾带来深重祸害，坚决反对"台独"分裂，共同追求和平统一的光明前景。我们愿意为和平统一创造广阔空间，但绝不为各种形式的"台独"分裂活动留下任何空间。四是"深化两岸融合发展，夯实和平统一基础"。两岸同胞血脉相连。亲望亲好，中国人要帮中国人。对台湾同胞一视同仁，将继续率先同台湾同胞分享大陆发展机遇，为台湾同胞台湾企业提供同等待遇，让大家有更多获得感。和平统一之后，台湾将永保太平，民众将安居乐业。有强大祖国做依靠，台湾同胞的民生福祉会更好，发展空间会更大，在国际上腰杆会更硬、底气会更足，更加安全、更有尊严。因此，要积极推进两岸经济合作制度化，打造两岸共同市场，为发展增动力，为合作添活力，壮大中华民族经济。两岸要应通尽通，提升经贸合作畅通、基础设施联通、能源资源互通、行业标准共通，可以率先实现金门、马祖同福建沿海地区通水、通电、通气、通桥。要推动两岸文化教育、医疗卫生合作，社会保障和公共资源共享，支持两岸邻近或条件相当地区基本公共服务均等化、普惠化、便捷化。五是"实现同胞心灵契合，增进和平统一认同"。国家之魂，文以化之，文以铸之。两岸同胞同根同源、同文同种，中华文化是两岸同胞心灵的根脉和归属。人之相交，贵在知心。不管遭遇多少干扰阻碍，两岸同胞交流合作不能停、不能断、不能少。两岸同胞要共同传承中华优秀传统文化，推动其实现创造性转化、创新性发展。两岸同胞要交流互鉴、对话包容，推己及人、将心比心，加深相互理解，增进互信认同。要秉持同胞情、同理心，以正确的历史观、民族观、国家观化育后人，弘扬伟大民族精神。亲人之间，没有解不开的心结。久久为功，必定能达到两岸同胞心灵契合。支持和追求国家统一是民族大义，应该得到全民族肯定。伟大祖国永远是所有爱国统一力量的坚强后盾！真诚希望所有台湾同胞，像珍视自己的眼睛一样珍视和平，像追求人生的幸福一样追求统一，积极参与到推进祖国和平统一的正义事业中来。

4.深刻揭示了台湾前途命运与民族伟大复兴的内在联系。台湾前途在于国家统一，台湾同胞福祉系于民族复兴。两岸关系和平发展是维护两岸和平、促进两岸共同发展、造福两岸同胞的正确道路。两岸关系和平发展要两岸同胞共同推动，靠两岸同胞共同维护，由两岸同胞共同分享。中国梦是两岸同胞共同的梦，民族复兴、国家强盛，两岸中国人才能过上富足美好的生活。在中华民族走向伟大复兴的进程中，台湾同胞定然不会缺席。两岸同胞要携手同心，共圆中国梦，共担民族复兴的责任，共享民族复兴的荣耀。台湾问题因民族弱乱而产生，必将随着民族复兴而终结！

5. 充分体现了对台湾同胞利益福祉的关心关怀。突出中国人不打中国人。愿意以最大诚意、尽最大努力争取和平统一的前景，因为以和平方式实现统一，对两岸同胞和全民族最有利。我们不承诺放弃使用武力，保留采取一切必要措施的选项，针对的是外部势力干涉和极少数"台独"分裂分子及其分裂活动，绝非针对台湾同胞。两岸同胞要共谋和平、共护和平、共享和平。

6. 鲜明表达了坚决反对"台独"分裂与外来干涉的严正立场：统一是历史大势，是正道。"台独"是历史逆流，是绝路。台湾问题攸关国家核心利益，攸关中国人民的民族感情。大陆不承诺放弃使用武力，保留采取一切必要措施的选项，针对的是外部势力干涉和极少数"台独"分裂分子及其分裂活动，绝非针对台湾同胞。中国人的事要由中国人来决定。台湾问题是中国的内政，事关中国核心利益和中国人民民族感情，不容任何外来干涉。中国的统一，不会损害任何国家的正当利益包括其在台湾的经济利益，只会给各国带来更多发展机遇，只会给亚太地区和世界繁荣稳定注入更多正能量，只会为构建人类命运共同体、为世界和平发展和人类进步事业做出更大贡献。

二、习近平"1·2"重要讲话的鲜明特色

1. 具有浓烈的历史"厚度"。习近平"1·2"重要讲话从 170 多年来近代中国积贫积弱、深受列强欺凌谈起，指出台湾问题的产生和演变同近代以来中华民族的命运休戚与共，鸦片战争后，中国陷入内忧外患、山河破碎的悲惨境地，台湾地区更是被外族侵占长达半个世纪之久。接着，习近平"1·2"重要讲话从 1949 年因为中国内战延续与外部势力干涉、海峡两岸陷入政治对立谈起，从打破隔绝状态开展"三通"、在"九二共识"基础上开展两岸政治互动、确立民族复兴与祖国和平统一的时代命题、巩固国际社会"一中"格局、打击"台独"分裂活动捍卫国家主权等五个方面，论述了 70 年来海峡两岸关系的演变，台海形势由紧张对峙走向缓和、改善、进而走上和平发展道路、并不断

取得突破性的进展。由 170 多年以来与 70 年以来两岸关系发展演变的历程中，习近平"1·2"重要讲话得出基本结论："台湾问题因民族弱乱而产生，必将随着民族复兴而终结！"

2. 站在中华民族伟大复兴的"高度"。实现国家完全统一是中国共产党和中国政府的一贯主张，也是中华民族伟大复兴的需要，对此，习近平"1·2"重要讲话强调："支持和追求国家统一是民族大义"，"祖国必须统一，也必然统一。这是 70 载两岸关系发展历程的历史定论，也是新时代中华民族伟大复兴的必然要求"，"台湾前途在于国家统一，台湾同胞福祉系于民族复兴"，"中国梦是两岸同胞共同的梦，民族复兴、国家强盛，两岸中国人才能过上富足美好的生活"，"两岸中国人要精诚团结，携手同心，为同胞谋福祉，为民族创未来"。习近平"1·2"重要讲话呼吁："真诚希望所有台湾同胞，像珍视自己的眼睛一样珍视和平，像追求人生的幸福一样追求统一，积极参与到推进祖国和平统一的正义事业中来。"

3. 积极推进统一大业的"热度"。习近平"1·2"重要讲话不仅对于国家统一具有高度的自信，强调了统一的必然性："民族复兴、国家统一是大势所趋、大义所在、民心所向"，而且对于国家统一充满热情与热度，习近平"1·2"重要讲话指出："一水之隔、咫尺天涯，两岸迄今尚未完全统一是历史遗留给中华民族的创伤。两岸中国人应该共同努力谋求国家统一，抚平历史创伤"；强调统一是历史大势，是正道。"台独"是历史逆流，是绝路。言语间充分展现了对于国家统一与民族复兴高度的历史责任感与强烈使命感。

4. 把握两岸关系发展趋势的"准度"。习近平"1·2"重要讲话强调了两个"无法改变"："台湾是中国一部分、两岸同属一个中国的历史和法理事实，是任何人任何势力都无法改变的！两岸同胞都是中国人，血浓于水、守望相助的天然情感和民族认同，是任何人任何势力都无法改变的！"也强调了两个"无法阻挡"："台海形势走向和平稳定、两岸关系向前发展的时代潮流，是任何人任何势力都无法阻挡的！国家强大、民族复兴、两岸统一的历史大势，更是任何人任何势力都无法阻挡的！"

三、习近平"1·2"重要讲话描绘了国家统一的"路线图"

1. 明确提出国家统一的目标及其与民族复兴的必然关系。国家统一是历史发展的必然，也是中华民族伟大复兴的需要，更是为了满足两岸民众对美好生活的向往，从而无论是两岸关系和平发展还是国家统一都需要两岸同胞共同来维护和努力。正如习近平"1·2"重要讲话所指出："两岸关系和平发展是维护两岸和平、促进两岸共同发展、造福两岸同胞的正确道路。两岸关系和平发展要两岸同胞共同推动，靠两岸同胞共同维护，由两岸同胞共同分享。中国梦是两岸同胞共同的梦，民族复兴、国家强盛，两岸中国人才能过上富足美好的生活。在中华民族走向伟大复兴的进程中，台湾同胞定然不会缺席。"习总书记呼吁："两岸同胞要携手同心，共圆中国梦，共担民族复兴的责任，共享民族复兴的荣耀。"

2. 创造性地提出了解决台湾问题、实现国家统一的基本途径与建议——"两制"台湾方案。习总书记提出了四点具体建议：首先，强调："制度不同，不是统一的障碍，更不是分裂的借口。"大陆提出"一国两制"的方式来实现国家统一，"本来就是为了照顾台湾现实情况，维护台湾同胞利益福祉"。习近平"1·2"重要讲话进一步提出了五个"充分"："'一国两制'在台湾的具体实现形式会充分考虑台湾现实情况，会充分吸收两岸各界意见和建议，会充分照顾到台湾同胞利益和感情。在确保国家主权、安全、发展利益的前提下，和平统一后，台湾同胞的社会制度和生活方式等将得到充分尊重，台湾同胞的私人财产、宗教信仰、合法权益将得到充分保障。"其次，提出"平等协商、共议统一"，因为"两岸同胞是一家人，两岸的事是两岸同胞的家里事，当然也应该由家里人商量着办"。第三，提出双方努力协商"达成国家统一愿景"："应该本着对民族、对后世负责的态度，凝聚智慧，发挥创意，聚同化异，争取早日解决政治对立，实现台海持久和平，达成国家统一愿景"，一方面是为了"让我们的子孙后代在祥和、安宁、繁荣、尊严的共同家园中生活成长"，另外一方面，是因为"两岸长期存在的政治分歧问题是影响两岸关系行稳致远的总根子，总不能一代一代传下去"。第四，提出开展"民主协商"与"推进政治谈判"的建议：基于以对话取代对抗、以合作取代争斗、以双赢取代零和的思维，促进两岸关系行稳致远，习近平"1·2"重要讲话表示"愿意同台湾各党派、团体和人士就两岸政治问题和推进祖国和平统一进程的有关问题开展对话沟通，广泛交换意见，寻求社会共识，推进政治谈判"，并且习总书记郑重倡议：在坚持"九二共识"、反对"台独"的共同政治基础上，两岸各政党、各界别推举代表性人士，就两岸关系和民族未来开展广泛深入的民主协商，就推动两岸关系和平发展达成制度性安排。

3. 再三强调了确保和平统一前景的原则立场——坚持一个中国原则、坚决打击"台独"分裂行径。一个中国原则是两岸关系的政治基础。坚持一个中国原则，两岸关系就能改善和发展，台湾同胞就能受益；背离一个中国原则，就会导致两岸关系紧张动荡，损害台湾同胞切身利益，要认清"台独"只会给台湾带来深重祸害，从而两岸同胞要"共谋和平、共护和平、共享和平"。习近平"1·2"重要讲话反复强调：坚决反对"台独"分裂，绝不为各种形式的"台独"分裂活动留下任何空间，尤其是保留采取一切必要措施的选项，包括使用武力，针对的是两方面：一是外部势力干涉；二是极少数"台独"分裂分子及其分裂活动，绝非针对台湾同胞。

4. 科学规划了两岸融合发展、国家和平统一的经济路径，以夯实和平统一的基础。习总书记讲话提出了四方面具体主张：一是中国人帮助中国人。两岸同胞血脉相连，亲望亲好。要继续率先同台湾同胞分享大陆发展机遇，为台湾同胞台湾企业提供同等待遇，让大家有更多获得感。而和平统一后，有强大祖国做依靠，台湾地区可永保太平，民众安居乐业，民生福祉更好，发展空间更大，在国际上腰杆会更硬、底气会更足，更加安全、更有尊严。二是积极推进"两岸经济合作制度化"，打造两岸共同市场，为发展增动力，为合作添活力，"壮大中华民族经济"。三是提出"新四通"：经贸合作畅通、基础设施联通、能源资源互通、行业标准共通，两岸之间应通尽通，包括金门、马祖同福建沿海地区通水、通电、通气、通桥。四是推动两岸多种层面的"共享"：文化教育、医疗卫生合作，社会保障和公共资源等方面的共享，支持两岸邻近或条件相当地区基本公共服务均等化、普惠化、便捷化。

5. 极大地丰富了国家和平统一进程中的文化路径——两岸同胞之间的心灵契合，以中华文化增进台胞对和平统一认同的精神纽带。两岸同胞同根同源、同文同种，中华文化是两岸同胞心灵的根脉和归属，为此，习近平"1·2"重要讲话提出三点具体建议：一是两岸同胞要共同传承中华优秀传统文化，推动其实现创造性转化、创新性发展；二是两岸同胞要交流互鉴、对话包容，推己及人、将心比心，加深相互理解，增进互信认同；三是两岸同胞要秉持同胞情、同理心，以正确的历史观、民族观、国家观化育后人，弘扬伟大民族精神。因为"亲人之间，没有解不开的心结。久久为功，必定能达到两岸同胞心灵契合"。

6. 开创中国和平统一的广阔前景。习总书记讲话，不仅再次明确了国家统一与民族复兴的远大与崇高的目标，统一要以两岸民众的利益为依归，在发展中解决国家统一问题的战略思路，提出了推进国家和平统一进程的路线图，而且明确指出了推动国家统一的"主体"——"两岸中国人、海内外中华儿女理应共担民族大义、顺应历史大势，共同推动两岸关系和平发展、推进祖国和平统一进程"，特别是，在中华民族走向伟大复兴的进程中，习总书记对台重要讲话强调：台湾同胞定然不会缺席。两岸同胞要携手同心，共圆中国梦，共担民族复兴的责任，共享民族复兴的荣耀。同时，习总书记讲话特别提出寄希望于两岸青年"要勇担重任、团结友爱、携手打拼"，热忱欢迎台湾青年来祖国大陆追梦、筑梦、圆梦。因为，国家的希望、民族的未来在青年。当然，国家统一也有赖于港澳同胞、海外侨胞的共同努力。

对于台湾问题中的国际因素与国家统一进程所面临的外在环境，习总书记在讲话中，一是代表中国政府对于国际社会对中国人民反对"台独"分裂活动、争取完成国家统一的正义事业所给予的广泛理解和支持，表示了感谢。二是强调"中国人的事要由中国人来决定。台湾问题是中国的内政，事关中国核心利益和中国人民民族感情，不容任何外来干涉"。三是强调中国的完全统一符合世界各国与各方的利益，"中国的统一，不会损害任何国家的正当利益包括其在台湾的经济利益"。

第二节　中国政府的涉台外交政策与工作

自 1949 年迄今，新中国涉台外交走过了 70 多年历程。由于国共内战、国民党当局退踞台湾及东西方的冷战所致，迄今台湾问题没有解决、中国的完全统一没有实现。但在新中国外交中，台湾问题自始至终就是一个核心问题。台湾问题与新中国外交相伴而生，相伴而行，70 多年涉台外交一直是新中国外交的重要内容甚至是关键性元素。

一、涉台外交的演变历程及其主要任务

1949 年新中国成立迄今的 70 多年中，涉台外交大体上经历了五个不同的阶段。由于每个阶段所面临的国内外形势不尽相同，涉台外交所承担的任务也不尽相同。

1.1949—1979 年，海峡两岸围绕"中国代表权"进行较量。1949 年新中国成立后外交工作的主要任务是独立自主、保障国家的安全。海峡两岸争斗的重点在于"谁是中国的代表"。外交政策与外交工作很重要的方面是为"解放台湾"服务的。因为涉台外交是由国共内战所延伸到两岸在国际场域而展开"邦交国"的争夺战，所以，基本上是在两条战线进行：一是两岸双方进行"邦交国"的争夺战；二是两岸对于在联合国的代表权进行争夺。当然，这两条战线之间也是彼此有关联的。其中，中国政府取得的最大胜利是 1971 年 10 月第 26 届联大表决通过恢复中华人民共和国政府在联合国的席位。这是"新中国成立以来在维护国家主权方面的一次质的突破"，[1] 是新中国涉台外交的重大胜利，也是"美国自联合国成立以来遭到的最惨重的失败"。[2]

---

① 黄仁伟、刘杰著：《国家主权新论》，时事出版社，2004 年版，第 276 页。
② 《人民日报》，1971 年 10 月 28 日。

2. 1979—1993 年，涉台外交的工作重点是为中国的和平统一营造有利的国际环境。1979 年中美建交、中国共产党和国家的中心工作转移到经济建设上来，大陆对台政策也由"武力解放"转变到"和平统一"。在"和平统一、一国两制"的对台方针政策下，中共中央提出了 20 世纪 80 年代的三大中心任务之一是解决台湾问题、实现祖国的完全统一，从而涉台外交工作围绕台湾回归祖国、完成祖国统一大业展开，重点是为和平统一营造良好的国际环境。

3. 1993—2008 年，涉台外交的工作重点主要是在国际社会围绕反分裂、反"台独"斗争展开。1988 年 1 月 13 日蒋经国去世，李登辉继位，特别是 1990 年李登辉掌握台湾地区党、政、军、特各方面大权后，加快推进"台湾问题国际化"的步伐，开始在国际社会追求所谓的"台湾国际生存空间"，各种形式的"务实外交"花样迭出，最突出的是从 1993 年开始台湾当局推动"参与联合国"的活动，公然挑战一个中国原则。同时台湾政治社会的"三化"——"民主化""本土化""政权台独化"演进也非常迅速。为此，1993 年 8 月 31 日，中国政府颁布《台湾问题与中国的统一》白皮书，阐述了中国政府处理涉台外交的具体政策原则。1994 年美国政府重新检讨对台政策后，1995 年 5 月 22 日，美国总统克林顿宣布允许台湾地区领导人李登辉在 6 月以所谓的"私人的、非官方的、个案的"方式正式去美国康奈尔大学访问并演讲。李登辉的"访美"打破了将近 17 年不准台湾地区最高层领导"访美"的禁令，严重损害了中美关系的政治基础，也为台湾当局推行"两个中国""一中一台"政策打气撑腰，助长了台湾当局和国际反华势力的嚣张气焰。面对美国的外交"挑衅"，中国政府被迫采取了一系列强有力的反击举措，包括推迟迟浩田国防部长的访美、驻美大使李道豫"回国述职"、解放军在台湾海峡进行大规模的军事演习，"以打消克林顿政府以为中方在美稍做姿态后就会吞下李登辉访美苦果的幻想"。正是中国政府在涉及中国国家核心利益问题——台湾问题上对美进行了坚决的斗争，让美国政府充分认识到台湾问题是中国的核心利益，具有高度的敏感性。从而 1998 年 6 月 30 日，克林顿在访问上海时公开承诺美国对台政策的"三不"立场，即美国政府"不支持台湾独立""不支持'两个中国''一中一台'""不支持台湾加入任何必须由主权国家才能参加的国际组织"。对此，时任副总理钱其琛指出："美国总统公开做出上述承诺，这是第一次。"

2000年陈水扁上台是台湾地区首度政党轮替，也是台湾地区的政权首度被"台独"政党所掌握。陈水扁当局上台后，为了维持其执政地位，采取了制造两岸关系紧张以谋求选票支持的"极端台独"路线，疯狂推行"宪改""正名""烽火外交""入联公投"等极端"台独"分裂活动，从而使反"台独"斗争形势极为严峻，涉台外交工作围绕反"台独"的主线进行，以应对民进党当局"烽火外交"与"入联公投"。涉台外交工作主要围绕建立国际反"独"统一战线、巩固国际社会的一个中国框架进行。正是在中国政府的坚决反"独"努力下，从2002年8月起，美国布什政府不断公开地严厉谴责陈水扁当局"废统""宪改""以台湾名义加入联合国公投"等分裂活动，在一定程度上遏制了"台独"冒险活动，美国政府与中国政府共同维护了台海地区的和平稳定。

4. 2008—2016年，涉台外交工作重点主要是在国际社会维护两岸关系和平发展的机遇。2008年5月20日马英九上台，马英九与国民党当局认同"九二共识"，反对"台独"，主张两岸开展交流合作，两岸关系步上了和平发展的轨道，特别是在对外政策与对外关系中，马英九当局调整与改变了陈水扁当局的"烽火外交"政策，提出"活路外交"与"外交休兵"的政策主张，两岸在"九二共识"的基础上在国际场合也开启了适度的合作，包括自2009年开始，台湾当局以"中华台北"的名义、以观察员的身份参与世界卫生大会，一直持续到2016年5月，连续8年；同样，台湾当局也以"中华台北"的身份，首度参与了国际民航大会。这样，中国政府涉台外交工作的重点也自然而然地从反"台独"转到如何在国际社会进一步营造两岸关系和平发展的良好环境，进而为两岸关系和平发展增添国际动力。

5. 2016年5月20日蔡英文上台后迄今的涉台外交工作，主要围绕着反对与遏制"台独"活动、维护和平统一前景而展开。由于重新上台的蔡英文与民进党当局拒不认同"九二共识"，顽固坚持"台独"分裂立场，并且在"维持现状"的幌子下，不断推动"去中国化"的各种"台独"活动与图谋，特别是对于两岸的交流合作活动，通过修改"国安五法"①等，甚至提案推动"中共代理人法"等，采取严格限制两岸交流的政策举措，阻挠两岸民间、经济、文化等各方面的交流合作。蔡英文与民进党当局的"对抗大陆"的政策行为，不仅破坏了两岸关系和平发展的政治基础，使两岸关系和平发展面临越来越大的挑战与困难，而且使两岸原先在国际场合的有限合作变得越来越困难，特别是蔡英文当局在对外政策与关系中，强力推行"倚美""靠美"，完全站在美国遏制大陆的战车上，积极谋求在"印太战略"中的独特角色，推行以"远离大陆"为主要目标的"新南向政策"，正是因为蔡英文当局在国际场域的"台独"行径越来越猖狂，使得两岸双方通过对话沟通以达成台方参与国际组织的活动变得越来越困难，自 2017 年 5 月起，台方难以再参与世界卫生组织的大会，也无法参与国际民航大会，中国政府的涉台外交工作重点着眼于反对与遏制"台独"分裂活动，以维护两岸和平统一的前景。

二、涉台外交的特点与原则

1. 涉台外交的主要特点。概括起来主要有：

其一：解决台湾问题、捍卫中国的国家主权与领土完整，始终是涉台外交的本质要求。由于国共内战，国民党当局退踞台湾，尤其是东西方冷战格局下，台湾问题始终成为中国政府涉台外交的核心与关键性的问题。如朝鲜战争爆发后，美国第七舰队入侵台湾海峡、阻挠中国人民解放军渡海解放台湾。1950 年 6 月 28 日，周恩来总理发表声明强烈谴责美国侵略中国的领土台湾，并于 8 月 24 日向联合国安理会提出控诉，几经周折，以"武装侵略台湾案"的措辞在 9 月 9 日被安理会决议通过列入议程。中国政府任命的特派代表伍修权受联合国秘书长的邀请，于 11 月 24 日到达纽约联合国总部，28 日在

---

① 所谓"国安五法"，即"刑法""国家机密保护法""国家安全法""两岸人民关系条例增订第五条之三""两岸人民关系条例"。

安理会做了发言。这是新中国的声音首次响彻联合国的讲坛。之后，中国政府一直在联合国等国际组织的场域，坚定捍卫中国主权与领土完整，营造有利于台湾问题解决的国际环境，正如 2019 年 1 月 2 日，习近平总书记所强调指出的：70 年来，我们始终着眼于中华民族整体利益和长远利益，坚定维护国家主权和领土完整，团结全体中华儿女，坚决挫败各种制造"两个中国""一中一台""台湾独立"的图谋，取得一系列反"台独"、反分裂斗争的重大胜利。

其二：解决台湾问题、实现国家完全统一始终是涉台外交的重要目标。邓小平曾经指出："我们希望美国不要做妨碍用和平方式解决台湾问题的事情。美国有力量也有条件促进双方谈判，美国在促进用和平方式解决台湾问题上，可以做很多事情。"习近平总书记也指出：1949 年以来，中国共产党、中国政府、中国人民始终把解决台湾问题、实现祖国完全统一作为矢志不渝的历史任务。因此，70 多年来的涉台外交基本实现了排除国际因素干扰、巩固国际社会一个中国框架的重大使命。正如习近平总书记所指出："70 年来，我们高举和平、发展、合作、共赢的旗帜，在和平共处五项原则基础上发展同各国的友好合作，巩固国际社会坚持一个中国原则的格局，越来越多国家和人民理解和支持中国统一事业。"

其三：海峡两岸关系发展状况及需要始终是确定涉台外交任务的主要依据。两岸关系与国家统一是中国国家的核心利益所在，因此，两岸关系发展的状况决定了涉台外交的工作方向与主要任务，当两岸在政治上对立、军事上冲突时，决定了涉台外交的工作方式在于斗争为主；而当两岸关系出现缓和、合作时，涉台外交中的心照不宣式的互助也随之而生。曾经担任台方涉外部门负责人的钱复曾提出"两岸关系是上位政策，高于对外政策"的说法，应该也是基于同样的思维考虑。当然，时任台湾当局领导人李登辉并不如此认为，这是李登辉当政时期两岸在国际场域的斗争趋于尖锐的原因。涉台外交工作的任务始终与两岸关系发展状况的演变相同步，过去 70 多年是如此，未来也必然是如此，即涉台外交是服务与服从于两岸关系与国家统一的核心利益与目标。

其四：对美外交始终是涉台外交工作和政策中的重点所在，也是难点。两岸关系中最大的外在障碍就是美国因素，美国是中国政府最终处理台湾问题、实现国家统一绕不过去的"坎"，必须妥善解决。早在20世纪70年代末，邓小平曾说："中美建交，台湾问题解决了一半。"但中美关系正常化以来40年的发展历程表明，台湾问题中的美国因素，并没有因为中美建交而被解决，至少目前看在短时期内尚难以解决。因此，2016年9月3日，在G20杭州峰会期间，习近平在会见美国总统奥巴马时强调："中国坚决维护国家主权和领土完整，坚决遏制任何形式的'台独'分裂行径，努力维护两岸关系和平发展，争取国家和平统一的前景。希望美方恪守一个中国政策和中美三个联合公报原则，以实际行动维护两岸关系和平发展和中美合作大局。"这是习近平给奥巴马与美国政府及国际社会发出的中国政府反对"台独"、坚定推动和平统一政策的最强音。奥巴马在回应时表示，在台湾问题上，美方奉行一个中国政策没有改变，反对任何寻求台湾"独立"的做法。2018年10月4日，美国副总统彭斯指责称："在过去的一年里，中国通过金钱外交诱使另外两个国家与台北断交转而承认北京，增加了对台湾民主的压力。"进而他强调："国际社会永远不能忘记，与台湾接触不威胁和平，而是保护台湾和整个地区的和平。"这是在为美国的"台湾牌"做辩护。但也由此可见，台湾问题中的美国因素应该是中国政府在未来必须要加以解决的！

其五：维护台湾民众在海外各方面的合法权益也是涉台外交的基本内容。以民为本是中国共产党政党属性的本质要求，习近平在十九大报告一开始就强调："中国共产党人的初心和使命，就是为中国人民谋幸福，为中华民族谋复兴。这个初心和使命是激励中国共产党人不断前进的根本动力。全党同志一定要永远与人民同呼吸、共命运、心连心。"因此，民众利益至上、维护台湾民众在海外的合法权益，是中国政府开展涉台外交的基本要件，也是习近平关于涉台外交重要论述的本质要求与实践宗旨。涉台外交，既是要捍卫国家主权与领土完整的政治问题，也是需注重保护台湾地区民众在海外的经济、生命等民生利益的问题。因为，台湾同胞在中华民族伟大复兴中承担重任，不可缺席，更重要的是两岸同胞是血脉相连的骨肉兄弟，两岸是割舍不断的命运共同体，都是中国人。涉台外交中的以民为本，就是也要切实解决台湾同胞在海外面临的各种困难。这样的案例在过去中国政府在北非等地的撤侨中表现得非常明显。在2017年9月墨西哥地震中，中国驻外使领馆人员为台胞服务也是一例。中国使馆在得到求助电话，得知5名台胞受困下落不明情况下，积极要求墨西哥方面有关部门全力救助。在72小时黄金救援时间内，密切跟进救援情况，多次看望被困台胞家属。因此，涉台外交，既强调捍卫中国国家主权与领土完整的高度政治问题，也注重保护在海外的台湾同胞的经济、生命与财产等民生利益。

2.涉台外交的政策原则。70多年来的涉台外交实践中，若干政策原则逐渐成了中国政府处理台湾问题中必须坚持的原则立场，主要有：

其一：一个中国原则。毫无疑问，一个中国原则是涉台外交中的最高准则。必须坚持"台湾是中国的不可分割的有机组成部分"的原则立场。无论国际形势如何变化，无论两岸关系演变方向如何，也无论大陆对台政策做什么样的调整与变化，但千变万变，不离其宗的就是必须坚持一个中国原则这一条。对此，早在20世纪50年代末，毛泽东主席就特别强调只要蒋介石蒋经国父子坚持一个中国政策立场，晚统一若干年也没有关系。[①] 邓小平也曾经指出："我们允许包括美、日在内的各国同台湾继续保持民间、贸易、商务、投资等等关系，但'中华民国'的旗子总要降下来才行。我们不允许有什么'两个中国'。"之后，中国共产党和中国政府历代领导都在一个中国原则问题上秉持着坚定不移的立场，"坚决捍卫一个中国原则，坚决反对任何外部势力对中国内部事务的任何干预挑衅"。

其二：中国必须统一的原则。主权不能分裂，也不容分裂！这是中国政府对台政策与涉台外交的原则立场。杨洁篪在总结70年中国外交8个"七十年来"宝贵经验中的第6条就是"我们始终坚持维护国家主权、安全、发展利益"，"提出了'一国两制'方针，收回了香港、澳门主权，开辟了海峡两岸关系和平发展新局面"，"进入新时代，我们坚决捍卫国家利益和民族尊严，在涉

---

① 中共中央台湾工作办公室、国务院台湾事务办公室：《中国台湾问题：干部读本》，九州出版社2015年版，第33页。

台、'涉海'、涉疆、涉藏、涉港以及经贸摩擦等一系列问题上展现了铁一般的意志和决心，任何人都不要幻想让中国吞下损害自身利益的苦果"。[1] 国务委员王毅认为70年中国外交取得的五方面成果，其中第二项是"捍卫国家主权安全取得历史性进展"，"中国坚决反对外部势力干涉台湾事务，不断巩固'一个中国'的国际共识。我们贯彻'一国两制'方针，为香港、澳门顺利回归以及反干预斗争作出贡献"。习近平总书记在中共十九大报告中再度将完成祖国统一与推进现代化建设、维护世界和平与促进共同发展列为新时代三大历史任务。习总书记强调：国家强大、民族复兴、两岸统一的历史大势，更是任何人任何势力都无法阻挡的！祖国必须统一，也必然统一。这是70载两岸关系发展历程的历史定论，也是新时代中华民族伟大复兴的必然要求。

其三：台湾问题属于中国的内政。台湾是中国不可分割的有机组成部分，台湾问题的产生尽管与美国干涉中国内政、东西方冷战有关，但主要原因是因为国共内战所造成的，完全不同于朝鲜半岛的分裂与德国的一分为二，他们都是国际因素的干扰所造成。因此，台湾问题属于中国的内政，是中国的内部事务，不容外来势力的干涉和插手。为此，首先，中国政府坚决反对台湾问题的"国际化"，强调两岸问题由两岸中国人自己协商解决。其次，中国政府坚决反对任何外国借台湾问题干涉中国的内政，也坚决反对外国售台武器。荷兰售台潜艇与法国售台幻影战机，都严重影响了中国与荷兰关系、中国与法国关系，最终荷兰与法国都分别认识到错误而改进政策。第三，两岸的统一问题由两岸中国人自己协商与解决。中国政府期待得到外在各方力量对于中国完全统一的祝福与支持，但决不允许外来势力来"扯统一的后腿"。第四，实现两岸最终完全统一的方式，完全应该由两岸中国人自己来选择与决定。因此，如果仔细检视1949年10月中华人民共和国中央人民政府成立以来迄今的涉台外交，基本目标都是围绕着台湾问题所展开的，核心是坚持和维护一个中国原则，追求国家最终走向统一。所有与新中国建交的国家都以可能是不同的表述方式、但

---

[1]　杨洁篪：《在习近平外交思想指引下奋力推进中国特色大国外交》，人民网，2019年9月2日。

都体现了一个中国原则的话语，承认世界上只有一个中国，台湾是中国的一部分，尊重中国的主权与领土完整。正是因为中国政府在捍卫国家主权与领土完整立场上的坚定不移，强化了台湾问题属于中国内政的立场，"我们在台湾、南海等一系列涉及我国重大核心利益等问题上，亮明立场，划出底线，敢于斗争，有力捍卫了我国核心利益和正当权益，极大振奋了党心军心民心，也赢得了国际社会等广泛尊重。"①

其四：原则性与灵活性的有机结合。在涉台外交中，中国政府坚持一个中国原则，坚持中国必须统一的原则，坚持台湾问题是中国的内政的原则，这些原则立场不会因为台海局势的任何变化而变化，但在台湾问题与涉台外交工作中，中国政府在坚持原则立场的基础上，也保有一定的、有时是相当的灵活性，如统一的方式，中国政府坚持和平统一与非和平统一的两手方式，希望用和平统一的方式，但是保留非和平方式的可能性。中国政府希望并努力推动国家的和平统一早日实现，但是对于统一的时间表，持有灵活性，邓小平也强调："至于时间表，中国是有耐心的。"中国政府反对任何外国官方与台湾当局发展关系，但不反对外国与台湾地区发展民间、商务等关系。中国政府坚持台湾问题必须解决、两岸必须统一，但是邓小平也说过："我们对于台湾问题的解决是采取现实态度的"，"我们尊重台湾的现实"。统一是中国政府所一贯坚持的，但统一的方式是可以讨论的，如"一国两制"，就不是"谁吃掉谁"的问题。对于台湾地区的国际参与，时任总书记胡锦涛就提出中国政府的政策立场在：方向是"重视解决""台湾同胞对参与国际活动问题的感受"，目标是为了"两岸在涉外事务中避免不必要的内耗"，原则是"不造成'两个中国''一中一台'"，方式是对有关台湾参与国际组织活动的问题，"通过两岸务实协商作出合情合理安排"。

三、蔡英文上台后涉台外交新形势与新变化

1. 涉台外交形势的新变化。主要体现在以下四个方面：

---

① 杨洁篪：《深入学习贯彻习近平总书记外交思想　不断谱写中国特色大国外交新篇章》，《求是》杂志，2017 年第 14 期。

其一：海峡两岸实力对比的差距在不断地扩大与显现，"陆强台弱"态势在不断增强。1978 年大陆改革开放伊始的 GDP 是 3679 亿元人民币，发展到 2018 年 90 万亿人民币，经济总量占世界经济比重由 1978 年的 1.8% 上升到 2018 年的 18%，仅次于美国，是世界第二大经济体。1978 年，大陆人均 GDP 只有 220 多美元，同期，台湾地区数值为 1600 多美元，是大陆的 7 倍多。到 2018 年，大陆人均 GDP 近 1 万美元，虽然距离台湾地区的 2.2 万美元尚有差距，但大陆面积广大，存在发展不均衡状况。就单个省市而言，深圳、广州、苏州早已超过台湾。如果以人口和发展状况最接近台湾的上海而言，上海 2017 年的人均 GDP 为 12.46 万元人民币，已非常逼近台湾。随着大陆各方面实力与影响力不断上升，两岸双方在国际场域的斗争，越来越表现为台湾当局在一系列事务上"只有招架之功，没有还手之力"。

其二：涉台外交中的美国因素在不断凸显，中美围绕台湾问题的"对冲"严重。随着中美战略关系新变局的出现，随着中美关系结构性矛盾的深化与特朗普上台，中美战略矛盾上升。美国战略界、政策界基于对抗中国发展的考虑，加紧运用台湾问题以牵制中国的崛起，所谓形成"两党共识""朝野共识"与"精英共识"，美国政府对华两手政策中的牵制或遏制因素大大上升。2017 年 1 月 20 日特朗普上台以来，美国与台湾地区的关系发展比较快，中美三个公报的政治基础有所松动，美国因素不仅依然是涉台外交中需要处理的主要障碍，而且在日益突出，尤其是美国国会通过的一系列法案，如 2018 年 3 月 16 日签署生效"与台湾交往法（Taiwan Travel Act）"、2018 年 12 月 31 日签署生效"2018 年亚洲再保证倡议法（Asia Reassurance Initiative Act of 2018）"等，重申支持美国与台湾地区间政治、经济及安全的合作，提出依据 1979 年"与台湾关系法"和中美三个联合公报及"六项保证"实现美国对台湾当局的承诺，要求美国总统应定期对台军售、派遣高阶官员访问台湾。再如 2019 年 5 月 7 日美众议院全票通过"台湾保证法（Taiwan Assurance Act of 2019）"，2019 年 10 月 29 日，美国参议院通过"台北法案（TAIPEI Act）"，全名为"台湾友邦国际保护暨强化倡议法案（Taiwan Allies International Protection and Enhancement

Initiative)"，法案提及立法目的在于"应对中国日益增加对台湾的施压，包含限制台湾国际空间以及全球外交认可"。从法律层面强化对台湾当局的支持。对此，美国战略与国际问题研究中心研究员葛来仪在 2019 年 10 月 20 日接受台湾《旺报》记者专访时直言不讳地承认：中美如今在台湾议题上的见解非常不同，在所有中美的摩擦里是最有可能导致中美两国发生军事冲突的议题。只要没有小心管控，就可能导致中美发生潜在军事冲突。事实上，美国不仅在一系列问题上"挺台"，而且在台湾的"邦交国"问题上，赤膊上阵，与台湾当局"合体固邦"。不仅在意美国的"后院"——中美洲地区的台湾"邦交国"是否稳固，而且在意如所罗门、基里巴斯与台湾当局的"断交"。美国副总统彭斯 2019 年 10 月 25 日在华盛顿的威尔逊国际学者中心 (Wilson Center) 举办的活动演说称："我们支持台湾，捍卫其来之不易的自由。本届政府授权了更多的对台军售，并且承认台湾是主要贸易经济体和中华文化与民主的灯塔之一。"当然，特别需要指出的是，美国支持台湾当局，主要是在意南太平洋地区国家与台湾当局"断交"对于美国"印太战略"实施所可能产生的负面影响，不是为了台湾。表面上是美国在"帮助台湾"，实质上是美国自身全球战略的需求。

　　其三：中美"战略对冲"对台湾当局的影响不小甚至很大。在台湾问题上，中美陷入对立对抗的恶性循环。因为美国支持台湾当局，进而提升台美实质关系，中国政府对此进行反制，其结果是台湾当局的"邦交国"丢失，但也可能导致美国进一步支持台湾当局，两岸关系进一步紧张。台湾问题始终是中美关系中最核心最敏感的问题。一个中国原则是中美关系的政治基础，妥善处理这个问题对确保中美关系顺利发展至关重要。因此，美方应坚持一个中国原则，恪守中美三个联合公报，切实反对"台独"势力及其分裂活动，慎重处理涉台问题，应该尊重中国主权和领土完整，停止干涉别国内政的做法。为此，国务委员王毅强调：中美社会制度、历史文化、现实国情不同，有着各自利益和关切，这是正常的。国与国之间有差异、有分歧甚至有矛盾，并不意味着一定要走向对立。关键是尊重彼此主权和领土完整，尊重彼此社会制度和发展道路，尊重彼此历史文化和国情差异。要坚持以建设性方式处理分歧和敏感问题，更要在求同存异的基础上努力聚同化异，确保中美关系不偏离正确轨道。

其四：涉台外交中台湾当局的角色与作用不断萎缩。表面看，在美国的"印太战略"中似乎有台湾当局一定的角色，但台湾当局成为美国所推行的"印太战略"中的"工具化"的角色也是相当明显，台湾问题在美国的对华政策与台海政策中的地位，其实是在不断地下降，"筹码化""工具化"现象突出。美国学者陆伯彬称："过去，美台关系是靠美国对台湾的义务感和双方的长期伙伴关系所驱动，美国想要帮助台湾，也需要和中国大陆保持良好关系，所以我们需要在两方之间做出平衡。那个时代已经过去了，把台湾看作老朋友的那代美国人已经不在了，华盛顿越来越倾向于仅把台湾视作向大陆施压的工具。"过去主要依靠台湾方面自身的经济实力，通过"经济援助"进行"固邦"，但如今与未来则是主要依靠美国的支持。中美洲因为是美国的后院，所以，2018年8月美国对萨尔瓦多与台湾当局"断交"表示遗憾，甚至限制支持萨尔瓦多的预算。

2. 涉台外交工作的新任务是在国际社会积极推动促统与反"独"双重使命。2019年是中华人民共和国成立70周年，计划到21世纪中叶分两步走实现"中国梦"，因为中共十九大提出了"国家统一是中华民族伟大复兴的必然要求"，因此，一方面，涉台外交需要营造有利于中国统一的国际环境、调动国际社会一切积极因素和资源，推动国家走向统一，这已经是中国外交中的一项重要使命。因为有利的国际环境是实现和平统一的重要外在条件，不可或缺。另一方面，涉台外交需要致力于巩固国际社会一个中国框架，在国际社会强力地打击了"台独"势力的"台独"分裂活动，并有效地警示美国、日本等"亲台派"。因为"台独"分裂活动不仅严重威胁国家主权与领土完整，而且是国家最终走向统一的主要障碍。

3. 涉台外交的新做法。包括：

其一：强化对美外交工作。涉台对美外交将是涉台外交工作的重中之重，也是涉台外交工作的难点。可以预料，美国将不断地打"台湾牌"，但美国打"台湾牌"的代价事实上也在增大，美国是基于"理念"与"传统友谊"支持台湾当局，但更是为了应对中国的发展而打"台湾牌"。需要坚持在发展的基础上排除两岸关系中的美国因素或美国障碍。特别是在对美工作，既要敢于斗争，又要善于斗争，尤其是在涉及中国国家核心利益的台湾问题上，更要敢于斗争，明确政策红线与底线所在。事实上，在台湾问题上，中国和美国的利益点是不同的，决心与信心也是存在很大不同的。台湾问题不是美国的核心利益，最多是重要利益，而且随着台湾地位的事实上的下降，美国打"台湾牌"的得益在变小，与中国搞好关系的得益在增大，这是做好涉台对美外交工作的大势所在。

其二：在国际社会加紧开展反"台独"活动的行动。这是由"台独"活动已经严重威胁中国国家主权的行为所决定的，是由 21 世纪中叶实现"中国梦"所决定的，是由中国的发展与百年变局的现实所决定的。从而，涉台外交，不仅需要在国际社会不断地强化开展反"台独"工作的力度，在国际社会强力打击"台独"势力的"台独"分裂活动，其中重点是压缩"台独"的国际活动空间，逐渐剥蚀了台湾当局既有的"国际人格"，致力于巩固国际社会一个中国格局。

其三：加紧营造有利于两岸和平统一的国际环境。表现在涉台外交工作中，是在中国政府与越来越多国家的战略伙伴关系的公报或声明中写入相关方"重申坚定奉行一个中国政策，承认中华人民共和国政府是代表全中国的唯一合法政府，台湾是中国领土不可分割的一部分，反对任何形式的'台湾独立'，承诺不与台湾建立官方关系和进行官方往来，支持两岸关系和平发展和中国政府为实现国家统一所作的一切努力"。诸如此类的各种表述，未来必将依然持续不断推动进行。

其四：设法让周边国家与国际社会理解与支持中国的和平统一。中国和平统一对于周边国家与国际社会的好处要讲清楚、说明白。需要让越来越多的国家支持中国的和平统一，也从中国的和平统一中得益，从而共同推动中国的和平统一大业。正如习近平总书记指出：中国的统一，不会损害任何国家的正当利益包括其在台湾的经济利益，只会给各国带来更多发展机遇，只会给亚太地区和世界繁荣稳定注入更多正能量，只会为构建人类命运共同体、为世界和平发展和人类进步事业做出更大贡献。

第三节　习近平关于涉台外交重要论述与实践创新

党的十八大以来，以习近平同志为核心的党中央在涉台外交的理论与实践创新方面均取得了重大进展。习近平总书记在涉台外交工作方面的新论述及其实践，既是习近平总书记关于对台工作的重要论述与外交思想的重要组成部分，也是习近平治国理政新理念、新思想与新战略的重要组成部分，是习近平外交思想中的核心元素。

一、习近平总书记关于涉台外交的重要论述成果

党的十八大以来，以习近平同志为核心的党中央在涉台外交的理论构建上，充分解放思想，积极大胆探索，提出了一系列富有创造性的理论成果。主要表现在以下方面：

1. 将国家统一思想与中华民族伟大复兴的"中国梦"完美地、科学地结合在一起。中华民族伟大复兴是习近平新时代中国特色社会主义思想的总目标，国家统一思想与相应的涉台外交重要论述则是其中的一个有机组成部分。早在2000年3月，习近平时任福建省省长时就表示："悠悠万事，统一为大。"2013年2月，习近平在第一次会见国民党荣誉党主席连战时表示："我本人在福建工作多年，现在想起那个时期，我几乎每天都要接触有关台湾的事情，要经常会见台湾同胞，也结交了不少台湾朋友。到浙江、上海工作，差不多也是这样。我离开福建到现在，始终关注着台海局势，期待两岸关系持续改善。"短短几句话，充满着习近平对台湾问题与国家统一强烈使命感和崇高追求。党的十九大报告中明确指出："保持香港、澳门长期繁荣稳定，实现祖国完全统一，是实现中华民族伟大复兴的必然要求。"

2. 强化了外交政策与外交工作服从和服务于实现国家统一和维护国家主权

与领土完整的政策目标。仔细检视 1949 年 10 月中华人民共和国中央人民政府成立以来迄今的涉台外交，基本目标都是围绕着台湾问题所展开的，核心是坚持和维护一个中国原则。所有与新中国建交的国家都以可能是不同的表述方式，但都体现了一个中国原则的话语，承认世界上只有一个中国，台湾是中国的一部分，尊重中国的主权与领土完整。因此，坚决反对"台独"、维护国家主权与领土完整的坚定立场，是习近平总书记关于涉台外交重要论述组成部分。

随着台湾政治局势演变与蔡英文在 2016 年 1 月 16 日当选台湾地区领导人并于 2020 年 5 月 20 日再度执政，反"台独"成为十分紧迫的课题。2016 年 3 月 5 日，习近平在参加十二届人大四次会议上海团分组会上强调：对台大政方针是明确的、一贯的，不会因台湾政局变化而改变。将坚决遏制任何形式的"台独"分裂行径，维护国家主权和领土完整，绝不让国家分裂的历史悲剧重演。这是全体中华儿女的共同心愿和坚定意志，也是我们对历史对人民的庄严承诺和责任。2016 年 11 月 11 日在纪念孙中山诞生 150 周年大会上，习近平再次指出："维护国家主权和领土完整，绝不容忍国家分裂的历史悲剧重演，是我们对历史和人民的庄严承诺。我们绝不允许任何人、任何组织、任何政党、在任何时候、以任何形式、把任何一块中国领土从中国分裂出去！"这是中国共产党反"台独"立场的最强音。

3. 指出了涉台外交要维护国家主权、安全和发展利益。1978 年中共十一届三中全会期间，邓小平说，中美建交了，台湾问题解决了一半。剩下一半怎么办？靠我们自己。正是基于"中美建交，台湾问题解决了一半"的认知，邓小平才提出 20 世纪 80 年代三大任务之一是解决台湾问题、实现国家的完全统一。当然，事实上，美国并没有在台湾问题上放手。台湾问题是中国的核心利益，但台湾也是美国既有利益的重要体现，美方曾多次声称台湾地区是亚洲的"民主灯塔"，是美国的"价值同盟""经济伙伴""军售对象"，"美国对台湾觉得是不能放弃的棋子"，①甚至有台湾学者提出"对美国来说，失去台湾，不仅失去一个民主象征，也会让美国再平衡亚洲政策溃不成军。"②因此，如何处理台湾问题中事实上存在的美国因素，一直是中国政府涉台外交中的重点，也是难题。

2016年9月3日在G20杭州峰会期间，习近平在会见美国总统奥巴马时强调："中国坚决维护国家主权和领土完整，坚决遏制任何形式的'台独'分裂行径，努力维护两岸关系和平发展，争取国家和平统一的前景。希望美方恪守一个中国政策和中美三个联合公报原则，以实际行动维护两岸关系和平发展和中美合作大局。"这是习近平给奥巴马与美国政府及国际社会发出的中国政府反对"台独"、坚定推动和平统一政策的最强音。奥巴马表示，在台湾问题上，美方奉行一个中国政策没有改变，反对任何寻求台湾"独立"的做法。针对特朗普上台后首度售台武器14.2亿美元，习近平在2017年7月3日应约与特朗普的通话中强调："我们很重视总统先生重申美国政府坚持奉行一个中国政策，希望美方切实按照一个中国原则和中美三个联合公报妥善处理涉台问题。"特朗普表示："我愿重申，美国政府继续坚持一个中国政策，这一立场没有变化。"2017年7月8日，习近平在德国汉堡会见特朗普时再度强调："双方要尊重彼此核心利益和重大关切，妥善处理分歧和敏感问题。"2017年7月8日，习近平在汉堡会见日本首相安倍晋三时强调："维护好政治基础是中日关系健康发展的前提。邦交正常化以来，中日双方先后达成4个政治文件和4点原则共识，就妥善处理历史、台湾等问题确立了原则。在这些涉及两国关系政治基础的重大原则问题上，不能打任何折扣。更不能有一丝倒退。只有这样，中日关系才能不偏离轨道，不放慢速度。希望日方重信守诺，按规矩办事。"安倍晋三表示："日本在1972年日中联合声明中阐明的在台湾问题上的立场没有变化。"

---

① 李本京语，《思想者论坛：美国的角色与东亚新情势中的两岸关系》，香港《中国评论》，2013年5月号，第69页。

② 陈一新：《北京与华府龙鹰之争》，台湾《旺报》，2014年4月6日，C3版。

二、习近平涉台外交的实践成果

党的十八大以来，以习近平同志为核心的党中央在事关国家主权、领土完整和安全与发展利益等中国核心利益的涉台外交实践中，主动运筹，积极有为，取得了一系列丰硕的实践成果。

1. 进一步巩固了国际社会已经确立的一个中国格局。反对"台独"，在国际上反对"两个中国"与"一中一台"，反对任何国家干涉中国内政，也反对任何国家售台武器，这是中国政府在台湾问题上的原则立场，也是习近平总书记关于涉台外交重要论述的具体实践。

2013 年 6 月 7—8 日在美国加州安纳伯格庄园与奥巴马的首次会晤中，习近平重申了中方在台湾问题上的原则立场，强调台湾问题涉及 13 亿中国人民的民族感情，希望美方恪守中美三个联合公报，坚持一个中国政策，以实际行动支持两岸关系的和平发展，停止售台武器。正是因为习近平与中国政府的长期坚持不懈的努力，包括美国在内的国际社会充分认识到台湾问题的敏感性，认知到坚持一个中国政策的重要性。正是通过习近平与奥巴马的多次会晤中不厌其烦地做工作，阐述中国政府在台湾问题上的原则立场，让奥巴马及其政府充分认识到台湾问题在中美关系中的敏感性与重要性，认识到美方坚持一个中国政策，不仅对于中美关系稳定具有重要意义，而且完全符合美国的国家利益。2017 年 2 月，已卸任总统的奥巴马在谈及中美关系中的一个中国政策问题时指出：有关中国，就让我们举台湾为例。基本上是中国和美国之间，及与台湾在某种程度上，都有长期以来的共识，就是不改变现状。就我所了解的中国来看，他们将台湾议题视同任何表列计划中的议题一样重要。而他们对这个议题的反应，最终可能非常显著重大。这并不是说你必须坚持过去所做的一切，而是意味着你必须想清楚，并对他们可能会采取的反应有所准备。奥巴马的讲话是针对特朗普当选后在一个中国政策立场上有所松动来表示意见的。2016 年 11 月 8 日，特朗普当选美国总统，由于特朗普对于台湾问题在中美关系中的敏感性认识不足，从而在 12 月 2 日居然与台湾地区领导人蔡英文通话。

特朗普虽然尚未就任，但其以美国候任总统的身份所进行"蔡特通话"，这是1979 年中美建交以来的首次，是台美关系的一个进展，违背中美三个联合公报的原则与精神，严重冲击与影响了美国特朗普政府与中国的关系。甚至，12月 11 日，特朗普又宣称："我充分理解一个中国政策，可除非我们与中国在包括贸易等其他方面达成交易，否则我不知道我们为什么非要被一个中国政策束缚住。"当然，在经过中国政府一系列斗争之后，特朗普政府最后回归到了一个中国政策的正确轨道。2017 年 6 月 21 日在首轮中美外交安全对话中，美方再次表示，美国政府坚持奉行一个中国政策。

中国政府对美外交是如此，对于其他国家也是如此。2017 年 5 月底，国务委员杨洁篪在访问日本时，明确要求日方信守在台湾问题上所做出承诺。31日，日本首相安倍在会见杨洁篪时表示："在台湾问题上，日方将继续遵循日中邦交正常化联合声明中确定的原则，这一立场没有变化。"2017 年 5 月 15 日的《中越联合公报》第 12 条指出："越方重申坚定奉行一个中国政策，支持两岸关系和平发展与中国统一大业，坚决反对任何形式的'台独'分裂活动。越南不同台湾发展任何官方关系。"① 对此，台湾媒体称："短短的几行字对于蔡英文当局推动的新南向政策是一个莫大的打击"，因为越南是蔡英文所强烈推动的"新南向政策"的重点国家，且民进党"传统上认为台湾和越南在战略、经贸互补甚至军事合作上存在极大的合作空间"。台湾媒体预言：声明已经创造了一个"先例"，不排除其他东南亚国家或南亚国家跟进，民进党"在新南向国家发展的空间已经被一个中国政策而限缩"。② 特别是越南承诺不同台湾地区发展官方关系，"等于向北京表明，尽管双方存在分歧和矛盾，也绝对不会在未来和大陆关系紧张时打台湾牌"。③ 2017 年 5 月 17 日，在中国与柬埔寨所发表的联合声明的第 8 条中指出："柬方重申继续坚定奉行一个中国政策，承认中华人民共和国政府是代表全中国的唯一合法政府，台湾是中国领土不可分割的一

---

① 新华社北京 5 月 15 日电：《中越联合公报》，《人民日报》，2017 年 5 月 16 日，第 6 版。
② 孙昌国：《狙杀新南向，一带一路威力显现》，台湾《旺报》，2017 年 5 月 16 日，A2 版。
③ 孙昌国：《狙杀新南向，一带一路威力显现》，台湾《旺报》，2017 年 5 月 16 日，A2 版。

部分，反对任何形式的'台湾独立'，继续支持两岸和平发展和中国的和平统一大业。"① 2017 年 9 月 20 日，新加坡总理李显龙在与习近平会谈中表示：他完全同意习近平对新加坡与中国关系的评价，新加坡坚持一个中国政策，反对"台湾独立"，希望看到中国稳定、繁荣，在国际事务中发挥更大作用。

　　正是因为中国政府对于原则立场的坚定的坚持，进一步巩固了国际社会一个中国框架，有效地压缩了"台独"的国际活动空间。2017 年 6 月，台湾当局驻阿尔及利亚的"中华民国驻阿尔及利亚联邦共和国商务代表团"改名为"台北贸易办公室"，"中华民国驻阿拉伯联合酋长国迪拜商务办事处"改名"台北商务办事处"，其他驻巴林、约旦及厄瓜多尔"代表处"均先后完成改名。2017 年年初，"中华民国驻尼日利亚联邦共和国商务代表团"改名"台北驻拉各斯贸易代表处"，并迁出首都阿布贾。正是因为习近平外交在捍卫国家主权、维护核心利益上，"中国不怕事，也不惹事，在涉及核心利益问题上亮明立场、划出红线、捍卫底线，极大提高了中国的国际声望"。②

　　2. 以"疏"与"堵"并举的双重方式处理台湾地区的国际参与及台方"邦交"关系问题。随着两岸关系和平发展的深化，涉台外交的具体实践是把处理台湾地区的国际参与问题纳入两岸关系和平发展的进程中，在两岸关系和平发展的大框架下进行协商与处理，并且建立了以"九二共识"为基础的"台方提出""两岸协商""个案解决"的处理台湾地区参与有关国际组织活动的基本模式。从而在 2009 年 5 月，台湾地区首度以"中华台北"名义、观察员身份参加世界卫生大会。2013 年 5 月至 2015 年 5 月，台湾地区延续 2009 年参与的模式，第 5 度、第 6 度与第 7 度参加世界卫生大会。以此模式，2013 年 9 月，"中华台北民航局"局长沈启以国际民航组织理事主席特邀客人的身份，参加第 38 届国际民航大会，这是台湾继 2009 年开始参与世界卫生大会之后又一次参与联合国专门机构的会议和活动。应该说，这样的处理与实践，不仅稳定了

---

① 新华社北京 5 月 17 日电：《中华人民共和国和柬埔寨王国联合新闻公报》，《人民日报》，2017 年 5 月 18 日，第 3 版。

② 侯丽景、潘洁：《中国特色大国外交激荡世界》，新华社北京 10 月 8 日电，《解放日报》，2017 年 10 月 9 日，第 2 版。

海峡两岸关系，而且基本满足了台方需求，使台湾民众比较"有感"，特别是台湾民众出外访问的免签国家与地区直线上升到 150 余个。

当然，随着台湾政治局势的演变，特别是民进党候选人蔡英文于 2016 年 5 月 20 日正式上台后，拒不承认"九二共识"，拒不认同一个中国原则，并且在内外政策上根本改变过去以维护和稳定两岸关系为前提来开展对外关系的做法，推行"重美日、轻两岸""去中""远中"甚至"反中"政治路线，严重破坏两岸关系和平发展，导致双方授权机构——台湾海基会与海协会无法进行制度化协商，国台办与陆委会之间自 2014 年 2 月起建立的单一联系窗口也被迫关闭，从而也使 2016 年 9 月台方无法参加三年一度的第 39 届国际民航大会，台方参加亚投行更是成为"不可能的任务"。对此，2017 年 5 月 24 日，新当选的世界卫生组织总干事特沃特罗斯就特别重申了世界卫生组织将继续坚持一个中国原则，根据联合国大会和世界卫生组织大会的决议妥善处理涉台问题的原则立场。

"先行断交""再行建（复交）"模式则是大陆涉台外交中处理台湾既有"邦交"关系的又一成功实践。2013 年 10 月，冈比亚基于种种原因，自行宣布与台湾当局"断交"，之后，中国政府一直没有与冈比亚正式复交，直到 2016 年 3 月 17 日，才宣布与冈比亚复交。2016 年 12 月 20 日，圣多美和普林西比自行宣布与台湾当局"断交"，6 天后的 12 月 26 日，中国政府宣布与圣多美和普林西比复交。2017 年 4 月 12—18 日圣普总理特罗瓦达访问中国时表示：圣多美和普林西比将坚定奉行一个中国政策，尊重中国主权和核心关切，巩固双方政治互信。2017 年 6 月 13 日，巴拿马与中国政府签署建交公报，巴拿马政府"承认世界上只有一个中国，中华人民共和国政府是代表全中国的唯一合法政府，台湾是中国领土不可分割的一部分"。巴拿马即日起断绝与台湾当局的"外交关系"，并"承诺不再同台湾发生任何官方关系，不进行任何官方往来"。巴拿马与台湾当局的"断交"，应该说"对台冲击最大"。因为与巴拿马的"邦交"有 100 多年历史，是台湾当局既有"邦交国"中最具有指标性意义的一个，是台湾当局在中美洲的重要贸易伙伴，是台湾地区第一个"自由贸易协定"签订者。2017 年 9 月 16 日，巴拿马总统巴雷拉表示：巴方将坚定奉行一个中国原则，恪守建交时有关台湾问题的承诺，不做任何有违一个中国原则和损害双边政治互信的事情，巴方祝愿并相信中国一定能够实现国家的完全统一。

3.通过稳定中美关系来稳定海峡两岸关系。两岸关系发展与中美关系是密切相关的。台湾问题自产生之日起，就与国际因素特别是美国因素息息相关。一方面，两岸关系的产生与存在迄今，本身就是东西方冷战与美国介入中国内战的结果，台湾学者邵宗海对此表示："两岸关系想要把美国因素排除，可能太天真了。"另一方面，台湾地区政治、社会与经济乃至于内外政策，受到美国的影响至巨至深，台湾学者郑安国称："台湾任何政党，都受到美国因素影响。甚至于台湾百姓也认为美国是两岸关系中必须考虑的因素。"从而，70年来两岸关系的起伏是与中美关系的大局分不开的，要巩固与深化两岸关系，需下大力气处理好中美关系。正是在此认知的基础上，习近平始终坚持抓住中美关系这个影响到两岸关系起伏的"牛鼻子"。2013年6月，在与奥巴马的庄园会中，习近平提出希望美方停止售台武器，与奥巴马两个人"在台湾问题上针锋相对"。2016年7月6日，美国联邦参议院通过"与台湾关系法"与"六项保证"是美台关系基石的"共同决议案"。这是由外交委员会的共和党参议员卢比奥提出的提案。"共同决议案"虽没有法律约束力，但代表了美国国会对台湾问题的态度与立场，也反映了美国民主与共和两党在台湾问题的主流立场。如2016年7月25日，美国民主党党纲再度重申一个中国政策与"与台湾关系法"的承诺，提出继续支持以符合台湾人民意愿及最佳利益的方式和平解决两岸问题的方案。再如2016年7月中旬共和党全代会上，美国共和党对于台湾问题的表述是：台美双方共享民主、人权、自由市场经济及法治等理念，台美关系将基于"与台湾关系法"持续推动，信守1982年里根总统对台湾的"六项保证"等。由此可见，无论是美国民主与共和两党的主流或是美国政策界主流，虽然都表示坚持一个中国政策，但对于台湾当局充满同情甚至支持。当然，由此也更加凸显做好美国工作与稳定中美关系对于稳定两岸关系的重要性与迫切性。2017年2月10日，习近平与美国总统特朗普的通话，则是从根本上稳定了中美关系。这次的双方通话意义重大，正如时任国务委员杨洁篪于

3 月在会见特朗普时所指出：习近平主席与总统先生进行的通话意义重大，为下阶段中美关系发展指明了方向。中方愿同美方按照两国元首通话精神，秉持不冲突不对抗、互相尊重、合作共赢原则，尊重彼此核心利益和重大关切，推动中美关系健康稳定向前发展，更好造福两国人民和世界人民。[①] 2017 年 3 月 19 日，习近平在会见蒂勒森时指出：当前中美关系发展面临重要机遇，中美两国完全可以成为很好的合作伙伴。只要双方坚持这个最大公约数，中美关系发展就有正确方向。中美共同利益远大于分歧，合作是双方唯一正确选择。蒂勒森表示：特朗普高度重视同习近平的通话联系，期待着尽早举行两国元首会晤，并有机会对中国进行访问，为美中关系未来 50 年的发展确定方向。美方愿本着不冲突不对抗、相互尊重、合作共赢的精神发展对华关系，不断增进美中相互了解，加强美中协调合作，共同应对国际社会面临的挑战。[②] 2017 年 4 月 2 日，杨洁篪在应约与美国时任国务卿蒂勒森通话时指出："习特会"是当前两国关系中头等大事，对新时期中美关系发展、对促进亚太地区乃至于世界的和平稳定繁荣具有重要意义。蒂勒森表示：两国元首即将举行的会晤对美中关系未来发展十分重要。美方愿同中方一道，确保会晤取得重要积极成果。[③] 4 月 6—7 日习近平与特朗普在美国海湖庄园会晤，则是稳定中美关系最成功的实践。习近平指出：我们有一千条理由把中美关系搞好，没有一条理由把中美关系搞坏。合作是中美两国唯一正确的选择。[④] 特朗普强调同习近平主席谈得很好，建立了非凡的友谊。双方同意在新起点上推动中美关系取得更大发展。[⑤] 据中国驻美大使崔天凯接受中国国际广播电台专访中透露，习近平与特朗普就中美关系中的根本性问题，包括台湾问题以及其他涉及中国主权

---

① 章念生、高石：《美国总统特朗普会见杨洁篪》，《人民日报》，2017 年 3 月 1 日，第 3 版。
② 李伟红：《习近平会见美国国务卿蒂勒森》，《人民日报》，2017 年 3 月 20 日，第 1 版。
③ 北京 4 月 2 日电：《杨洁篪应约同美国国务卿通电话》，《人民日报》，2017 年 4 月 3 日，第 3 版。
④ 杜尚泽、章念生：《习近平同特朗普开始举行中美元首会晤》，《人民日报》，2017 年 4 月 8 日，第 1 版。
⑤ 杜尚泽、章念生：《习近平同特朗普举行中美元首第二场会晤》，《人民日报》，2017 年 4 月 9 日，第 1 版。

和领土完整的问题深入沟通。王毅表示，在会晤中，中方重申了在台湾、涉藏问题上的原则立场，希望美方在中美三个联合公报和一个中国政策基础上予以妥善处理，防止中美关系受到干扰。①

三、习近平总书记关于涉台外交重要论述与实践的特色

习近平总书记关于涉台外交的重要论述是涉台外交实践的产物，也是理论的升华，其来源是中国传统的和平理念与和合文化。特色主要表现在以下方面：

1. 坚持从"中国梦"的战略高度来谋划。习近平总书记关于涉台外交的重要论述是从"中国梦"的战略高度来进行战略思维的谋划。所谓战略思维，是指依循客观事物的发展规律，把握历史发展趋势并做出准确判断的思维方式。战略思维的特色在于高瞻远瞩、统揽全局。2013 年 1 月 18 日，习近平在中央政治局第三次集体学习所发表的《坚定不移走和平发展道路》的讲话，公开提及"战略思维"一词。同年 11 月，习近平在十八届三中全会审议通过《中共中央关于全面深化改革若干重大问题的决定》说明时指出：坚持从大局出发考虑问题。全面深化改革是关系到党和国家事业发展全局的重大战略部署，不是某个领域某个方面的单项改革。不谋全局者，不足谋一域。他指出：要"始终把全局作为观察和处理问题的出发点和落脚点，以全局利益为最高价值追求，以世界眼光去认识政治形势，把握经济走势，了解文化态势；用战略思维去观察当今时代，洞悉当代中国"。2014 年 8 月，习近平在纪念邓小平诞辰 110 周年座谈会上再度指出：战略问题是一个政党、一个国家的根本性问题。战略上判断得精准，战略上谋划得科学，战略上赢得主动，党和人民事业就大有希望。2017 年 7 月 26 日，习近平总书记在省部级主要领导干部专题研讨班上的重要讲话中再度提出："全党要提高战略思维能力，不断增强工作的原则性、系统性、预见性、创造性。"

---

① 杜尚泽、汪晓东、殷淼：《王毅介绍中美元首海湖庄园会晤情况，为中美关系发展奠定建设性基调》，《人民日报》，2017 年 4 月 9 日，第 2 版。

十八大以来，中国共产党在新的历史条件下治国理政的总方略是协调推进"四个全面"战略布局，全力推进全面建成小康社会进程，实现两个百年的奋斗目标，把中国建成富强、民主、文明、和谐、美丽的社会主义现代化国家，实现"中国梦"。习近平在全局性问题上是这样思考，在台湾问题上也是如此谋划。因此，始终从战略的高度来谋划与实践，是习近平涉台港澳外交理论的一大特色。观大势、谋大局，统筹国内与国际两个大局，把台湾问题摆在中华民族伟大复兴的整体目标中思考，放在党和国家工作大局中来谋划，放在维护国家主权、安全与发展利益的高度来谋划。对此，连亲近民进党的台湾学者都不得不承认：从习近平治国理政重要谈话，"便可经常发现其中所透露出的当前问题认识背后所蕴含的历史意识，对议题所处情境的全局观照，以及对国家、民族长远发展的前瞻构想所综合体现出的整体战略思维"。①

坚持维护国家主权与领土完整的核心利益，坚持营造有利于两岸关系和平发展与国家统一的国际环境，始终是习近平外交思想的神圣使命之一。尤其是长期以来，在民族复兴为先还是解决台湾问题、实现国家统一为先的关系问题上，学术界一直存在争议。即如果没有解决台湾问题是否就是没有实现"中国梦"？各方争议还不小。事实上，台湾问题与两岸关系事关"中国梦"的成败，是中华民族伟大复兴大计中的重要环节。促进国家完全统一、实现中华民族伟大复兴，是相辅相成的关系，国家统一与两个百年目标的顶层设计密切地契合，国家统一是民族复兴的重要内涵，双方之间是必然关系。这在2016年7月1日庆祝中国共产党成立95周年大会上习近平讲话中明确指出："推进祖国和平统一进程、完成祖国统一大业，是实现中华民族伟大复兴的必然要求。"这样的表述事实上指出了台湾问题解决、国家统一与"中国梦"之间的必然联系，也是未来国家统一工作的纲领性指针。

2.国家统一为主，外交工作为辅。外交是内政的延续。"如何处理涉台外

---

① 张百达：《试析习近平对台工作重要思想的现实意涵》，郭伟峰主编《习近平对台思想研究》，香港中国评论学术出版社，2017年8月版，第149页。

交问题，也是习外交思想下的一个工作重点。"①国家统一攸关中国国家主权，台港澳问题关系到中华民族伟大复兴的"中国梦"，捍卫国家主权与领土完整从而始终是涉台外交的本质要求，也是涉台外交政策与工作的主要目标。因此，捍卫国家主权与领土完整始终在习近平总书记关于涉台外交重要论述中占有重要位置，摆在十分突出的工作日程中。时刻捍卫国家主权与领土完整的政策特色在国际场域的具体表征，就是严格遵循一个中国原则立场，不给"台独"活动任何空间，始终抓准、抓好反"独"斗争的重点。也正是因为把握住了这个基本遵循，中国在国际社会中影响力越来越大，"台独"活动空间越来越小，国际社会中的一个中国框架更加稳健。这也正如时任国务委员杨洁篪所指出："我们在台湾、南海等一系列涉及我国重大核心利益等问题上，亮明立场，划出底线，敢于斗争，有力捍卫了我国核心利益和正当权益，极大振奋了党心军心民心，也赢得了国际社会等广泛尊重。"②

3. 坚持问题导向，把握主要矛盾。问题是创新的起点，也是创新的动力源。只有聆听时代声音，回应时代呼唤，认真研究解决重大而紧迫的问题，才能把握历史脉络，找到发展规律，推进理论创新。只要不断地强化问题意识，在事物发展变化中抓住抓准主要矛盾和矛盾的主要方面，在战略谋划与应对、实施中抓住重大关系、重点领域和关键环节，就能在纷繁复杂的变局中站稳立场，保持坚定的战略定力，开创新局。

涉台外交中矛盾的第一个主要方面是大陆自身的发展。习近平强调两岸关系发展前景，取决于大陆自身的发展。打铁还需自身硬！大陆自身的发展与进步是解决统一问题、开展反"独"促统的坚实保障。正是因为有这样的清醒认知，十八大以来，中国政府始终把提升自身实力作为最终解决台湾问题、实现国家完全统一的根本保证，从而是前所未有地接近实现中华民族伟大复兴的"中国梦"的目标，前所未有地具有实现这个目标的能力和信心。

①　赵春山：《从习近平的对台思想析论中共的对台战略及策略》，郭伟峰主编《习近平对台思想研究》，香港中国评论学术出版社，2017年8月版，第72页。

②　杨洁篪：《深入学习贯彻习近平总书记外交思想，不断谱写中国特色大国外交新篇章》，《求是》杂志，2017年第14期。

矛盾的第二个主要方面是涉台外交中的美国因素。美国学者容安澜认为，在中美关系中，"不管是在正常化之前还是那之后，台湾本身的所作所为以及台湾的政治生态一直都有可能使它成为中美关系中的一个潜在的问题"。① 由于"美国的大战略是用台湾作为牵制中国崛起的筹码"，② 从而，处理好中美关系是处理好中国与世界关系的核心。对此，习近平指出："中美两国合作好了，可以成为世界稳定的压舱石、世界和平的助推器。中美冲突和对抗，对两国和世界肯定是灾难。"习近平涉台外交的重要任务是反对外国干涉中国内政，反对外国售台武器，特别是在对美外交中强化了这一使命，如 2017 年 9 月 30 日，王毅在会见美国国务卿蒂勒森时"阐述了中方在台湾等问题上的原则立场，要求美方切实尊重中方关切，妥善处理有关问题，避免给中美关系发展带来干扰"。蒂勒森表示："美方的一个中国政策没有改变。"③

正是因为抓住了台湾问题中的美国这个最大也是最核心的外在因素，抓住了台湾问题外在因素中美国这个矛盾的主要方面，就基本扭转了台湾问题的国际因素中对中国不利的主要障碍，牵住了美国这个"牛鼻子"与关键环节，"一子落而满盘活"。正是因为中美双方管控住分歧，把握住合作主流，稳定住了这个关系到全球与地区安全的中美关系。美国前驻中国大使芮效俭称："中国和美国两个核能力大国之间是否有值得我们彼此之间直接冲突的议题呢？台湾问题可能算是一个，但在近几十年来，台海局势都维持了一个较为稳定的态势，且依据我的判断，美国在今后也不太可能改变本身已有的'一中'政策。"④ 美国学者包道格也认为至于台湾问题，这个问题有能力在很长的时间内

---

① 容安澜语：《思想者论坛——特朗普时代的中美关系》，香港《中国评论》月刊，2017 年 9 月号，第 76 页。

② 赵国材语：《思想者论坛——美国的角色与东亚新情势中的两岸关系》，香港《中国评论》月刊，2013 年 5 月号，第 69 页。

③ 北京 9 月 30 日电：《王毅同美国国务卿蒂勒森举行会谈》，《人民日报》，2017 年 10 月 2 日，第 3 版。

④ 芮效俭语，《思想者论坛——特朗普时代的中美关系》，香港《中国评论》月刊，2017 年 9 月号，第 74 页。

进行管控，而不产生重大的破坏。①

4.坚持以民为本，维护民众权益。以民为本是中国共产党政党属性的本质要求，民众利益至上，维护台湾民众在海外的合法权益，是涉台外交的基本要件。因此，涉台外交既要强调捍卫国家主权与领土完整的政治问题，也注重保护在海外的台湾民众的经济、生命等民生利益。台湾同胞在中华民族伟大复兴中也承担重任，不可缺席。两岸同胞是血脉相连的骨肉兄弟，两岸是割舍不断的命运共同体，尤其是尚未回归祖国的台湾地区民众在海外的合法权益，不能落下。

展望未来，习近平总书记关于涉台外交的重要论述与实践，应是在国际社会维护、巩固与发展一个中国大格局，反对任何形式的"台独"分裂活动，为推进和平统一进程、最终解决台湾问题，妥善处理国际因素，并争取国际社会对中国和平统一的理解与支持。

---

① 包道格语，《思想者论坛——特朗普时代的中美关系》，香港《中国评论》月刊，2017年9月号，第76页。

第二章
中国政府对台政策及统一实践
——规范与决定两岸关系的政策因素（下）

第一节　"一带一路"倡议大大改善两岸关系的外在环境 ①

　　2017 年 5 月 14 日—15 日，"一带一路"国际合作高峰论坛在北京举行。国家主席习近平出席论坛开幕式并发表题为《携手推进"一带一路"建设》的主旨演讲，强调坚持以和平合作、开放包容、互学互鉴、互利共赢为核心的丝路精神，携手推动"一带一路"建设行稳致远，将"一带一路"建成和平、繁荣、开放、创新、文明之路，迈向更加美好的明天。"一带一路"国际合作高峰论坛是中国首倡举办的"一带一路"建设框架内层级最高、规模最大的国际会议，也是对"一带一路"倡议提出近四年来阶段性成果的总结。面对全球化退潮、国际经贸环境不佳、大国竞争与博弈加剧、民粹主义政治思潮泛滥和非传统安全威胁上升等挑战，"一带一路"倡议是中国塑造国际秩序的重大实践，是中国推进全球治理的重大尝试，是中国引领全球化、应对逆全球化思潮的重大举措，共商、共建、共享的思想是新时期中国倡导构建亚太利益共同体、责任共同体和命运共同体的重要体现。同时，倡议对海峡两岸关系也产生重大影响，为台湾经济发展提供机遇，有利于两岸经济合作，为构建"两岸命运共同

　　①　这部分的写作承蒙张建给予的支持，特别致谢！

42

体"提供契机。但台湾蔡英文当局不承认"九二共识"作为两岸政治基础，将损害倡议所产生的各方面红利。

一、"一带一路"倡议对亚太经济格局的影响

1. "一带一路"倡议为亚太地区乃至世界经济发展带来巨大动力。"一带一路"倡议毋庸置疑是中国的经济发展战略，对中国的经济发展、经济结构调整、人民币国际化和对外投资等具有重要的推动和提升作用。但与此同时，"一带一路"倡议也为亚太地区乃至世界经济发展带来巨大动力。因为，2008—2009 年全球金融危机以来，全球经济治理架构遭遇困境，既有的治理机构和组织难以应对全球经济难题。虽然二十国集团在近年的全球经济治理中扮演着积极的角色，但国际社会仍需要更多视角的全球经济治理尝试，而"一带一路"倡议正是中国为推进全球经济发展与治理提供的中国方案。在全球新一轮贸易保护主义和反全球化思潮的压力下，"一带一路"倡议重点推动基础设施的互联互通和开放是中国推动再全球化的重大举措。在 2008 年国际金融危机带来的影响仍在持续、全球经济发展低迷的同时，贸易保护主义大肆兴起，"一带一路"倡议的提出，对打破贸易保护主义，推动经济全球化的深入发展和亚太经贸一体化，具有重要意义。

2. "一带一路"倡议为亚太经济发展提供巨大资金支持。为推动"一带一路"倡议的实施，中国主导成立了丝路基金和亚洲基础设施投资银行。2014年底启动的丝路基金有 400 亿美元，峰会后中国政府再向丝路基金新增资金1000 亿元人民币，加大对"一带一路"建设资金的支持。截至 2016 年底，丝路基金已签约 15 个项目，承诺投资额累计约 60 亿美元，项目覆盖俄罗斯、蒙古国以及中亚、南亚、东南亚等地区，涵盖基础设施、资源利用、产能合作、金融合作等领域。而另一支持"一带一路"、由中国倡议成立的重要金融机构——亚洲基础设施投资银行（亚投行），其资金规模为 1000 亿美元，在 57个创始成员的基础上，其成员数量于 2017 年底将达到 85 个，超过 1966 年成立、目前 67 个成员的亚洲开发银行的规模。总部落户上海的金砖国家新开发

银行、酝酿中的上海合作组织开发银行等这些新创设的金融机构和组织，也将在"一带一路"建设中发挥作用。另外，中国－东盟投资合作基金、中国－中东欧投资合作基金等机制也将为"一带一路"建设提供资金支持。这些融资、投资合作机制和组织之间功能相互交叉、相互支撑，有效发挥其最大效能和潜能。截至 2016 年底，亚洲基础设施投资银行已为 9 个项目提供了 17 亿美元贷款，涉及印度尼西亚、塔吉克斯坦、巴基斯坦、孟加拉国等国的能源、交通和城市发展等急需项目。在亚太地区经济发展、基础设施建设资金存在巨大缺口的情况下，"一带一路"倡议的资金支持是亚太经济发展的重要支撑。

3. "一带一路"倡议给亚太经济发展带来实质性成长。"一带一路"倡议实施近四年来，成效初显。2014 年至 2016 年，中国同"一带一路"沿线国家贸易总额超过 3 万亿美元。中国对"一带一路"沿线国家投资累计超过 500 亿美元。中国企业已经在 20 多个国家建设 56 个经贸合作区，为有关国家创造近11 亿美元税收和 18 万个就业岗位。 在"一带一路"沿线，中国已与新加坡、马来西亚、泰国、越南、老挝、缅甸、柬埔寨、巴基斯坦等国签订了自由贸易协定，与印度、斯里兰卡、马尔代夫、格鲁吉亚、以色列、海合会在进行自由贸易谈判，与欧盟的双边投资协定谈判也在进行中。四年来，"一带一路"倡议已同俄罗斯的"欧亚经济联盟"、哈萨克斯坦的"光明之路"、蒙古的"草原之路"、越南的"两廊一圈"、印度尼西亚的"全球海洋支点"构想、沙特阿拉伯的"西部规划"、土耳其的"中间走廊"倡议、塞尔维亚的"再工业化"战略、英国的"英格兰北部经济中心"等十多个发展规划进行对接、磋商、连接，奠定了下一步的经济合作和发展基础。另外，中国还与相关国家共建新亚欧大陆桥、中蒙俄、中国—中亚—西亚、中国—中南半岛、中巴和孟中印缅六大国际经济合作走廊。"一带一路"沿线国家携手应对世界经济挑战，合作挖掘新的经济增长点，增强各国内生经济发展动力，带动了不少国家经济的实质成长。

4. "一带一路"倡议带来亚太经济新的发展格局。"一带一路"倡议是中国为亚太地区的经济秩序提供的重要公共产品。 不仅引领经济全球化，而且将根本改变亚太经济格局，带来地缘经济格局的变化。

中国倡导的"一带一路"与美欧主导的 TPP、TTIP 等贸易投资协定强调统一的标准与规则不同，中国与"一带一路"沿线国家的贸易自由化或经济一体化的基础是亚太地区有效的国际生产分工体系。随着"一带一路"沿线互联互通，未来亚太区域贸易的自由化、一体化将迎来飞跃式的提升，为未来世界经济和区域经济发展塑造新的发展范式。"一带一路"倡议大力推动基础设施的建设，不但减缓中国经济增长放缓的影响，还能够通过中国国内基础设施的互联互通对促进中国国内的经济一体化和区域平衡发展有积极意义。而从亚太地区而言，若"一带一路"实施得当，能够促进亚太地区的经济增长、发展以及融合，并通过具有持续性和包容性的发展，巩固地区的政治经济架构。

此外，"一带一路"倡议也是推动亚太经济治理的重要尝试。在原有的经济发展和治理模式上，"一带一路"以共商、共建、共享为经济发展和治理理念，共同创造开放、包容、均衡的经济发展与治理结构。自倡议提出以来，国内外不少学者将其与冷战时期美国的"马歇尔计划"进行比较。但"一带一路"倡议时代背景、理念和政策与当年的"马歇尔计划"都大为不同。美国知名智库彼得森国际经济研究所（Peterson Institute for International Economics）研究报告认为，"一带一路"需要的投资可能高达 4 万亿美元，是当年"马歇尔计划"投入 30 多倍，这将极大改变当前的经济格局。布鲁金斯学会高级研究员杜大伟（David Dollar）认为，"一带一路"对强化亚太地区经济制度和一体化带来积极影响。因此，"一带一路"倡议在为亚太地区经济发展提供发展动力的同时，也在为亚太地区的经济秩序提供公共产品。可见，"一带一路"倡议作为全球经济发展与治埋的重要努力，影响区域与全球经济治理体系，并形成新的区域经济治理机制，这事实上打破了国际经济格局一直被美西方垄断的局面。更重要的是，"一带一路"标志着中国已从过去国际经贸规则"接受者"，成功转型为"制定者"。

二、"一带一路"倡议可能形塑新的亚太政治格局

1."一带一路"倡议是中国对亚太政治秩序的变革与治理提供的中国方案。从"两极对抗"到冷战结束后美国的"一超独霸"，进而国际格局发展趋于多极化，亚太与国际环境一直波谲云诡，如传统安全在国家利益中仍占据主要地位并有回归趋势，非传统安全形势愈加严峻并对各国家安全造成重大影响，国际行为体呈现多元化等等。随着中国实力的增强，国际社会对中国的期待也增加，要求中国提供更多国际公共物品，承担更大国际责任的呼声也日益高涨。中国既是当代国际体系的参与者、建设者和维护者，又是体系变革和转型的推动者和加速器。"一带一路"倡议对亚太国际秩序的走向具有重要的地缘政治意义和影响。 正如习近平所提出："一带一路"建设要以文明交流超越文明隔阂、文明互鉴超越文明冲突、文明共存超越文明优越，推动各国相互理解、相互尊重、相互信任。 因此，"一带一路"倡议是中国对亚太国际政治秩序的变革与治理提供的中国方案，是对亚太国际公共产品供给不足的有益补充，也是中国承担大国责任的具体体现，对亚太政治秩序的变革和治理将产生积极的影响。正是这样，德国国际和安全事务研究所（German Institute for International and Security Affairs）研究报告认为，"一带一路"倡议在理念和价值观上提供了一种不同于西方的路径选择，在不否定现存国际经济秩序的机制、规则的基础上，呈现中国思维的基于共同利益的国际经济秩序。

2."一带一路"倡议有助于中国主动塑造新型的亚太政治格局。近现代几百年来国际秩序一直是美西方主导，虽然中国在某些时段受益于美西方主导的国际秩序，但随着中国的发展和美西方的相对衰落，美西方继而用既有的国际秩序来压制中国的发展和国际影响空间。"遏制"作为一种国家安全战略已成为历史，但美国遏制战略产生的思维定式并没有随着美苏冷战的结束而改变。面对当今中国的和平发展，美国给予了极大的关注，并在对华政策中时不时地采取遏制政策。遏制战略对理解美国在当今和未来世界中的地位而言，仍然是一个重要的指南，特别是在面对崛起的中国时，美国仍将在召集遏制中国的军

事联盟方面发挥带头作用。进入 21 世纪以来，随着中国快速的发展，在关于美国对华政策的辩论中，美国是否应重拾遏制战略以应对中国，再次成为美国战略界辩论的焦点。因此，在面对复杂的政治环境下，提出"一带一路"倡议正是中国从被动遵循传统的国际秩序向主动塑造新型的亚太秩序的转向。英国《金融时报》甚至认为，"一带一路"倡议从经济方面来看将是美国领导的旨在战后欧洲重建的马歇尔计划以来最大的经济外交计划。

可以说，"一带一路"倡议是"坚持韬光养晦、积极有所作为"的中国外交政策的战略部署，是中国和平发展的里程碑，是实现中华民族伟大复兴"中国梦"的内外延展。近年来，由于全球和周边政治环境的波谲云诡，中国面临很大的外交压力，对中国的和平发展环境带来很多挑战，中国国家核心利益受到威胁。在这种复杂的国际和地区政经局面下提出的"一带一路"倡议，是延长中国重大战略机遇期的伟大创举，有利于维护中国国家主权、安全和发展利益。以"共商、共建、共享"为原则的"一带一路"倡议，将为亚太地区带来和解的契机，进而形成亚太新的秩序。习近平在峰会主旨演讲中提出：我们推进"一带一路"建设不会重复地缘博弈的老套路，而将开创合作共赢的新模式；不会形成破坏稳定的小集团，而将建设和谐共存的大家庭。"一带一路"建设是"沿线各国共同构建人类命运共同体的重要探索与实践"。新加坡副总理张志贤也认为，中国有潜力保持自我创新，在亚太地区和世界舞台上扮演更具领导力的角色。目前中国在国际上扮演着比过去更加重要的角色，中国所提出的"一带一路"和亚投行的倡议，将推动经济融合和基础设施的发展，并惠及本地区和"一带一路"合作相关国家。

3. "一带一路"倡议有助于化解中美间"修昔底德陷阱"。冷战时期美苏关系，是一种零和博弈、代理人战争形式的大国相处模式。而中国倡导与美国建立新型大国关系，实现不冲突、不对抗、相互尊重、合作共赢的大国相处模式。因此，中国提出的"一带一路"倡议是破解中美"修昔底德陷阱"的重要尝试，是为亚太政治秩序的稳定做出的重大努力。实际上，中美在亚太具有很多利益重叠的区域和领域，两国合作才能优化各自的存量利益，提升增量利益，降低变量利益。2017 年 5 月 14 日，代表美国来华出席"一带一路"高峰论坛的美国总统特别助理、白宫国家安全委员会亚洲事务高级主任波廷杰（Matthew Pottinger）表示，美国公司准备参与"一带一路"项目。由美国驻华大使馆和美国企业组成的美国"一带一路工作组"将作为该领域合作的一个环节。在 2017 年 4 月，习近平与特朗普在美国海湖庄园会晤后，中美双方宣布建立外交安全对话、全面经济对话、执法及网络安全对话、社会和人文对话四个高级别对话机制。显然，在中美对话机制中，"一带一路"将会成为重要的内容。

三、"一带一路"倡议对亚太安全格局的积极作用

1."一带一路"倡议有助于以对话与协商解决亚太安全难题，实现共同安全。中国对内以"总体国家安全观"的战略思维来布局，对外则以"综合安全观"的战略理念来处理与其他国家和地区的安全关系。"一带一路"倡议是中国提出的全新国际合作思路和模式，也是对区域治理乃至全球治理的创新性贡献，其落实将给沿线和相关国家带来文化融合、政治稳定、经济发展，促进区域一体化进程和地区的整体安全。当然，倡议的实施也需要稳定的地区安全环境、公正和合理的地区安全秩序，两者密不可分。可以说，"一带一路"倡议是对亚太安全秩序和格局的重构。

美国是当下亚太安全格局的主要建构者、受益者和维护者，因此美国也承担着维护亚太安全格局稳定的重要责任。虽然美国主导的亚太安全架构保持相对稳定的态势，但安全挑战和局部冲突并没有消减。近几年来，美国推行"亚太再平衡"战略，加强在亚太地区的军事部署，加上遏制、对抗、对峙、联盟等冷战思维的影响，亚太地区的安全局势愈加复杂，趋于紧张。大国之间战略博弈，让小国不得不站队选边。在传统安全挑战未有缓解，热点问题时有升温的同时，非传统安全领域的挑战也愈趋多样、突发，对亚太地区稳定构成严重威胁。奥巴马政府对亚太安全政策进行了调整，继续强化在亚太地区的军事能力和安全存在、注重发挥盟友和安全伙伴的作用、通过多元化资源投入弥补安

全的有限性以及对地区热点问题采取有效管控等。特朗普就任总统后，在亚太地区采取收缩政策，但其对亚太地区的安全部署仍可能会采取积极的政策。而"一带一路"倡议所倡导的安全理念与传统的零和博弈安全理念大不相同。2014年5月，在上海举办的亚信峰会上，习近平提出了倡导共同安全、综合安全、合作安全、可持续安全的亚洲安全观，创新安全理念，搭建地区安全合作新架构，努力走出一条共建、共享、共赢的亚洲安全之路。中国倡导共同、综合、合作、可持续的亚洲安全观，倡导亚太安全新架构，致力于通过构建人类命运共同体，来为亚太地区安全困境的破解提供中国理念、中国思维。2017年5月14日，习近平主席在"一带一路"国际合作高峰论坛上指出："将'一带一路'建成和平之路。要构建以合作共赢为核心的新型国际关系，打造对话不对抗、结伴不结盟的伙伴关系。各国应该尊重彼此主权、尊严、领土完整，尊重彼此发展道路和社会制度，尊重彼此核心利益和重大关切。要树立共同、综合、合作、可持续的安全观，营造共建共享的安全格局。"可见，"一带一路"正是中国倡导的共同安全、综合安全、合作安全、可持续安全的新型地区安全观的重要体现。当然，不容忽视的是，"一带一路"的亚太沿线国家面临着复杂的传统安全和非传统安全问题，"一带一路"的推进中也存在安全风险。

2."一带一路"倡议对亚太地区安全的积极作用。"一带一路"倡议提出以来，个别国家误认为中国将借此大力推动地缘政治和安全，如有的学者提出，"一带一路"是一个经济发展计划，但这一倡议的出发点却是安全考量，中国希望通过"一带一路"来改善与亚洲邻国的关系，改善因海洋争端而恶化的中国与东亚和东南亚地区国家的关系，改善中国与中亚、西亚国家的关系。这不仅有助于中国获得资源，而且有助于处理好新疆问题，从而认为"一带一路"是"中国版的重返亚洲战略"，中国借用丝绸之路之名隐藏了这一倡议包含的地缘政治意图，"一带一路"倡议是以"战略意图"为主的。米歇尔·彭纳（Michele Penna）则进一步分析认为，仅仅从经济的角度来看待"一带一路"倡议是错误的和不完整的，因为该倡议还蕴含着地缘政治"再定位"意图。向邻国资助基础设施建设这一"具有中国特色的马歇尔计划"，将会为中国获得巩固其扮演亚洲最重要力量角色的影响力。从政治层面看，中国试图将该构想作为地缘战略工具，构建新的东亚国际秩序。在日方看来，中国的"一带一路"是地缘战略工具。在古代，对中国经济发展更重要的是中西部，1840年鸦片战争以后东部的重要性更加突出。而现在习近平领导中国试图返回到西部，从这一角度看，中国的"一带一路"外交是一种"回归型外交"，中国推行"一带一路"意在重构中国为"宗主国"、周边国家为"朝贡国"的"现代版东亚朝贡体系"。中方如此等等论调，不一而足。中国国防部发言人任国强强调，中国提出的"一带一路"倡议，是在寻求共同发展的基础上，为周边国家和区域合作提供更多的公共产品，为促进各国经济繁荣与区域经济发展做出自己的贡献，"一带一路"倡议没有军事和地缘战略意图，中国不谋求地区事务主导权，不谋求势力范围，不会干涉别国内政。

3. "一带一路"倡议有利于塑造对中国有利的亚太安全环境。近几年来，亚太地区经济结构相互依存愈益加深，但安全结构的走向却愈益恶化，以至于在亚太地区形成了美国主导的安全结构和中国主导的经济结构并存的"二元结构"。从中国、美国和亚太国家三维格局来看，亚太国家对中、美存在"二元依赖"，即在安全上更多依赖美国，在经济上却是更多依赖中国，与此同时，亚太国家对中、美又存在"双重依赖"，即经济和安全上都与中、美两国相互依存。因为美国在亚太的盟友或安全合作伙伴有的又与中国保持战略伙伴关系，这种交错的关系让亚太国家在中、美之间谨慎地寻求平衡，在利益互动中权衡。这种恐怖的"双核驱动"结构，不利于亚太地区可持续、健康的发展，因为难以实现整体的"转型发展"，并将导致中、美之外的国家选择路径依赖的矛盾。他们将在经济和安全的二元结构矛盾中寻求危险的平衡点，最终将耗尽平衡的资本，只剩下利益的交换，不再有战略互信可言。而中、美这两个大国也将难以置身事外，利益也将受损，最终两国关系将回到原点。无疑，"一带一路"倡议及其实施将可能改变此一格局，践行新型的亚太国际关系理念。

有美国学者指出，中国过去向来是一个国际事务的参与者与追随者，而非活跃的领导者、发起者或者公共产品供给者。随着国力的日渐增强以及国际形势的变化需要，中国开始转变国际姿态，努力承担起更多的国际责任。"一带一路"倡议就是中国从一个"搭便车者"向"公共产品提供者"转变的现实写照。"一带一路"倡议或将改变亚太及欧亚地区的大国力量对比和权力架构。当前中国崛起与日本谋求实现政治军事大国地位同时出现在东北亚地区的时空中，中日两国在东北亚地区形成"战略对冲"态势，特别是中日对对方的未来发展均存有战略疑虑，更进一步激活了两国安全困境的螺旋上升，也成为日本抗衡中国"一带一路"倡议的主要原因。

四、"一带一路"倡议对两岸关系的积极作用

1. "一带一路"倡议给台湾经济与台商发展提供机遇。大陆倡议的"一带一路"，对于台湾地区经济发展、特别是台商利益，给予了"妥善安排、优先考虑"的政策优惠，不仅希望台方加入亚洲基础设施投资银行，而且要让台湾优先分享"一带一路"倡议所提供的机遇。2017 年 5 月 4 日，习近平致信全国台湾同胞投资企业联谊会表示，两岸是割舍不断的命运共同体，两岸经济同属中华民族经济。我们愿意首先同广大台湾同胞分享大陆发展机遇，欢迎台湾同胞来大陆投资兴业。事实上，"一带一路"倡议不仅给台商做大做强提供发展机遇，而且对于台商走向亚太与世界都是最佳的发展平台，尤其对于一直想融入国际区域经济整合的台湾经济，是最好的机会。为此，台湾学者提出台湾应该是"一带一路"的"市场分享者"，"不宜因为政治因素而将市场排除在外"，"市场归市场、民间归民间，不要因为政治因素而排除市场与民间的参与"，[①]"对台湾来讲，必须把'一带一路'视为中国大陆经济全球化及全球布局的重要战略，透过与中国大陆既有的联结，来利用机遇进行海外市场布局"。[②] 当然，也正如不少学者所担心的，由于蔡英文上台后，民进党当局被意识形态与民粹主义影响，而对大陆经济与"一带一路"事实上采取排斥的

---

① 陈德昇：《思想者论坛——台湾参与一带一路的路径与前景》，香港《中国评论》月刊，2017 年 4 月号，第 75 页。

② 蔡宏明：《思想者论坛——台湾参与一带一路的路径与前景》，香港《中国评论》月刊，2017 年 4 月号，第 74 页。

立场，不仅对于"一带一路"不闻不问，而且破坏两岸关系和平发展。因此，"一带一路"倡议最终是否有利于台商利益特别是台湾经济发展，已经不取决于大陆，而是取决于台湾当局是否认清形势，是否认同两岸同属"一中"或"九二共识"，由此借助"一带一路"所提供的机遇让台湾经济再度起飞。

2."一带一路"倡议有利于两岸经济合作制度化。台湾作为"中华经济圈"的重要组成部分，在大陆提出的"一带一路"倡议中，自然享有各方面优势与便利，参与到由"一带一路"所引领下亚太区域经济合作中来。可以说"一带一路"倡议的推行为进一步深化两岸经济合作提供了重要契机，也为过往形成的两岸经济合作的进一步制度化带来了机会。如果民进党当局将"一带一路"倡议视为机会，台湾就一定能够享有这样的机遇，但如果排斥"一带一路"倡议，不认同两岸经济交流与合作的发展规律，甚至以"台独"意识形态挂帅，则台方可能不仅无法参与和享有"一带一路"倡议所集聚的优势，反而在亚太区域经济合作中被边缘化也未可知。正如台湾媒体所言："面对'一带一路'，高唱'中国领导世界'可能太高调，忽视'一带一路'对台湾经济可能的影响，则是无知、无感，是鸵鸟式的逃避现实，不论从短期或长期眼光看，未加入'一带一路'都会对经济造成负面影响"，[1]进而挤压台湾对外经贸回旋空间。[2]值得注意的是，2017年5月5日，蔡英文在接受印度《印度人报》、印尼《指南日报》、马来西亚《太阳报》、菲律宾《每日询问者报》、新加坡《海峡时报》以及泰国《民族报》6家东南亚媒体采访中，依然区分"新南向"与"一带一路"，强调双方是完全不同的模式，台湾地区拥有的是强大的民间企业及医疗、教育、人力资源开发、技术创新、农业、防灾等各种软实力，这些都不是金钱或者政治力可以取代或者阻挡的。[3]这显示，民进党当局依然坚持"重南向、轻西进""重国际、轻两岸"的对外经贸发展策略，注重TPP与"新南向"，打用美日、东南亚市场来制约大陆的盘算。这样的算盘，不仅于台湾

---

① 《自外一带一路，失全球最大商机》，台湾《旺报》，2017年5月17日，D5版。
② 《蔡'政府'第二年，两岸经贸形势严峻》，台湾《工商时报》，2017年5月27日，第2版。
③ 徐维远：《蔡再喊话：新南向不与带路竞争》，台湾《旺报》，2017年5月6日，A3版。

经济与两岸经济制度化无益，而且一定会落空，徒然让台湾经济自外于"一带一路"倡议所提供的难得机遇！

3."一带一路"倡议有利于"两岸命运共同体"的构建。2015年5月4日，习近平总书记会见率团来大陆访问的中国国民党主席朱立伦时首次提出，国共两党和两岸双方应"携手建设两岸命运共同体"。大陆提出并积极推动的"一带一路"倡议正是为两岸经济发展和互利合作，提供了重要的机遇和平台，也给两岸人民带来更多新机遇和新红利。两岸同胞应携手共享"一带一路"发展机遇，推动构建"两岸命运共同体"。但蔡英文当局的行为却与"两岸命运共同体"的内涵背道而驰，令两岸携手构建命运共同体遇到巨大的实践困境。构建两岸命运共同体必须坚持"九二共识"的政治基础，绝对不能动摇"九二共识"这一基石。但蔡英文上台以来拒不承认"九二共识"，还不断制造诸如"特蔡通话"这样的事端，冲击两岸关系和平发展的大局。与此同时，民进党当局大力推进"新南向政策"，寄望于通过加入TPP参加区域经济整合，试图与大陆推行的"一带一路"搞对抗。但特朗普上台后以美国利益优先，选择退出TPP，这让台湾当局的希望落空。因此，蔡英文当局放着"一带一路"的大好机遇不充分利用，反而大搞"亲美远陆"政策，这种政策取向不可能符合台湾和台湾人民的利益。

"一带一路"倡议作为中国的国家战略，作为中国倡导的、与亚太各国共商、共建、共享的"命运共同体"，将对亚太地区的经济、安全和政治格局产生积极的、建设性的影响。随着"一带一路"倡议的实施，中国影响力的扩大与提升是必然趋势，进而形塑出新的亚太经济、政治与安全的新格局，应该是难以回避的客观现实。当然，"一带一路"虽然得到了国际社会特别是亚太国家的认可、参与和支持，但仍不是亚太共识，更未成为全球共识，不少国家对其还有疑虑，乃至抵制。如出于经济利益的考量，美国虽已采取有限度的认可，但对"一带一路"的战略疑虑和防范并没有降低。因此，"一带一路"倡议的落实与成效的显现，尽管前景光明，仍有待努力，有待高质量发展。

第二节 以总体国家安全观为指引积极化解台海安全风险

"总体国家安全观"是以习近平同志为核心的党中央对中国国家安全理论和实践的重大创新，是新形势下指导国家安全工作的强大思想武器，体现了中国共产党奋力开创国家安全工作新局面的战略智慧和使命担当。当前中国国家安全中所面临的台海安全风险和挑战，无疑需要在"总体国家安全观"和习近平总书记关于对台工作的重要论述指引下，通过全党与各界爱国有识之士的共同努力，给予化解。

一、台海安全是中国国家安全的重要组成部分

2017年2月17日，习近平总书记在国家安全工作座谈会上指出："要突出抓好政治安全、经济安全、国土安全、社会安全、网络安全等各方面安全工作。"《总体国家安全观（干部读本）》明确提出"国土安全"是"指领土完整、国家统一、海洋权益及边疆不受侵犯或免受威胁的状态"。因此，包括台海安全在内的"国土安全"是中国国家安全的重要组成部分，也是中国"总体国家安全观"的有机构成，更是维护中国国家主权、安全与发展利益的根本所在。在美国持续推进"印太战略"的背景下，中国的"国土安全"，既包括外在的有关国家与敌对势力对中国领土主权的可能侵犯与威胁，也包括内在的民族分裂势力，包括"台独"分裂势力及其活动对中国"国土安全"造成的挑战。

二、当前与未来台海局势中存在的安全风险不少

台湾地区的民进党与"台独"分裂势力及其活动至今依然是中国"国土安全"的重大威胁，也严重威胁台海局势的稳定与中国和平统一的前景。鉴于蔡英文当局至今依然否认"一中"、否认"九二共识"，异化与丑化统一，以"一中一台"定位两岸，以"去中国化"与渐进、和平方式为追求"台独"目标的路线图，从而当前与未来台海局势中存在的安全风险，主要表现在：

1. 台湾地区"政权台独化"。随着 20 世纪 90 年代台湾政治社会的"本土化"与"政治选举化"（即选举政治）的全面展开，"政党轮替"成为台湾政治发展的常态。2000 年 5 月陈水扁上台后，特别是在 2007—2008 年期间，民进党当局不断地挑衅两岸关系，"正名""制宪""入联""公投"等各种"台独"活动把两岸关系引向高度危险阶段。2016 年 5 月，蔡英文上台以来拒不认同体现一个中国原则的"九二共识"，"逢中必反"，不仅使两岸之间的政治互信丧失，国台办与陆委会之间的联系沟通机制中断，"两岸热线"中止，两会协商谈判机制也被迫停摆，而且使 2008 年 5 月以来取得的和平发展成果被毁损，两岸关系和平发展局面面临着巨大挑战，和平统一前景也存在变数。台湾地区"政权台独化"最直接的后果是台湾社会中主张统一的力量被严重削弱，主张"台独"的力量反而有所成长，原先的"'台独'有罪、统一有理"演变成"'台独'有理、统一有罪"的不良社会氛围。

2. 民进党当局两岸政策的"对抗性"。蔡英文上台以来，在"维持现状"幌子下，在内外政策上全面推行渐进的"去中国化"、"去中华民族化"、甚至是"塑造台湾民族主义"的运动。2019 年 3 月 11 日，蔡英文主持召开台当局"国家安全会议"。针对大陆提出研拟"一国两制"台湾方案的主张，蔡英文发表定位为因应及反制大陆"一国两制"台湾方案的"指导纲领"的七条意见，作为台当局"国安团队"与行政部门施政的"行动准则"。这是蔡英文当局全面反制习近平"1·2"重要讲话的"宣战书"（民进党内部称之为"檄文"）。该主张提出的主要目的就是拉抬蔡英文与民进党的社会支持度，并作为 2020 年选举主轴。通过形塑蔡英文与民进党是反对"一国两制""守护台湾主权""维护台湾自由民主"的"捍卫者"的社会形象，来取得台湾民意支持以确保 2020 年之后继续执政。该主张不仅撕下了蔡英文上台 3 年来所标榜的"维持现状"政策的面具，有利于民进党在台湾社会展开"绿色恐怖"活动，制造"寒蝉效应"，阻碍两岸间正常的交流合作，恶化两岸关系，甚至不排除民进党当局在未来推行涉及"主权意涵"的"公投"活动，启动"宪改"列车、推动"法理台独"步骤。

3. "台独"分裂活动的极端化与冒险化。极端"台独"分裂势力并不甘心在 2018 年"九合一"选举中"以台湾名义参加东京奥运会公投"的失败，以"喜乐岛联盟"为核心的"台独"分裂势力一直谋求与推动走向"法理台独"，包括在选举中推动"台独公投"。"台独"势力的极端的冒险活动，不仅分裂了台湾社会，而且其与"港独""疆独"等分裂国家势力的合流，严重威胁着中国的"国土安全"与主权完整。

4. 美国干涉台海事务的"法律化"与频繁化和美台交往的官方化。1979 年中美关系正常化以来，美国一直通过"与台湾关系法"干涉中国内政，干扰中国的统一大业。尤其是随着美国对中国不断发展壮大的内心不能接受并感到焦虑，将中国视为美国"最主要的战略竞争对手"，从各个方面，包括利用台湾问题加大对中国进行遏制的力度，美方明显加紧唆使、挑动、扶持民进党当局与大陆进行对抗，达到 1979 年中美建交以来最严重的程度。其中较之以往更为严重的：一是由美国国会通过一系列"友台法案"。如 2017 年 7 月 14 日，美国众议院通过"2018 年财政年度国防授权法案"，要求美国国防部长在 2018 年 9 月 1 日前提交评估美国海军军舰停靠台湾港口可能性报告，以及美国在夏威夷、关岛或者其他适当地点接受台湾军舰进港要求的可能性报告，并将"六项保证"写入其中。2017 年 8 月美国共和党全国委员会在《支持特朗普对台军售》的涉台决议案中，鼓吹"'与台湾关系法'和'六项保证'是美台关系基石"。2018 年 1 月，美国众议院通过"与台湾交往法"，要求美国政府解除美台高层官员互访的限制。2 月 28 日，美国参议院正式通过该法，3 月 16 日特朗普签署。之后又有美国国会议员提出"台湾保证法"。二是强化美台军事关系。如提出美台军舰互泊，对台军售经常化与便捷化等主张，美国国会甚至希望通过立法形式强化美台军售合作的层次，美军军舰多次频繁穿越台湾海峡，公开承认 2005 年以来派遣现役军人以穿便装的方式"入驻""美国在台协会"台北办事处。三是提升美台交往层次。如在 2019 年借"与台湾关系法"立法 40 周年，频繁派员互访，提升美台各级官员交往层次。四是公开干预有关国家与中国的建交或复交，公开支持台湾当局参与相关国际组织活动。五是美方给予台湾当局在"印太战略"中相应的角色位置。如美台开启"印太民主治理咨商"机制，强化双方在"印太战略"框架内的互动，特别是在蔡英文当局主动投靠、谋求相应角色情况下，台湾问题的外在国际环境有所恶化。

三、"总体国家安全观"是确保台海安全的根本指引

习近平总书记指出：我们"既重视传统安全，又重视非传统安全，构建集政治安全、国土安全、军事安全、经济安全、文化安全、社会安全、科技安全、信息安全、生态安全、资源安全、核安全等于一体的国家安全体系"。台湾问题事关国家统一大业，国家统一是中华民族走向伟大复兴的历史必然。需要以习近平总书记对台工作重要论述为指针，增强忧患意识，确保台海安全无虞。特别是，2019 年 1 月 2 日，习近平总书记在《告台湾同胞书》发表 40 周年纪念会上所作的《为实现民族伟大复兴、推进祖国和平统一而共同奋斗》的重要讲话，是推动两岸关系和平发展、推进祖国统一进程的指导性纲领，也是化解台海风险与挑战的指针。

1. 既要增强国家安全忧患意识，又要树立信心，保持战略定力。中国共产党是生于忧患、成长于忧患、壮大于忧患的政党，"安而不忘危，存而不忘亡，治而不忘乱"。只有增强忧患意识，凡事从坏处准备，向最好处争取，做到有备无患，才能有效防范与化解各种安全风险与隐患。维护国家安全，就是维护国家利益尤其是核心利益，确保国家领土和主权完整。习近平总书记强调："我们爱好和平，坚持走和平发展道路，但决不能放弃正当权益，更不能牺牲国家核心利益。""我们绝不允许任何人、任何组织、任何政党、在任何时候、以任何方式，把任何一块中国领土从中国分裂出去。""我们坚决反对'台独'分裂势力，我们有坚定的意志、充分的信心、足够的能力挫败任何形式的'台独'分裂图谋。"同时，也需要树立必胜的信心，保持战略定力，因为，大陆大台湾小、大陆强台湾弱，这是两岸力量对比的基本格局，也是两岸关系的发展趋势。国家统一是人心所向、历史发展潮流和大势所在，也是两岸之间力量对比的必然结果。事实上，两岸关系总是在战胜困难中开辟前进道路的。

2. 既要发展好、完善好中国自身各方面的进步，又要坚定捍卫国家主权与领土完整。邓小平指出：发展是硬道理。最终实现国家完全统一，需要中国自身的不断发展进步，反对与遏制"台独"冒险与外国势力干涉中国统一，同样需要厚实自身实力。同时，台湾问题事关中国国家核心利益，无论台湾政局如何风云变幻，无论两岸关系如何发展，都需要坚定不移坚持一个中国原则，坚持"九二共识"，坚决反对"台独"及其分裂活动，维护和促进两岸关系和平发展。正如习近平总书记 2016 年在 G20 杭州峰会期间会见美国总统奥巴马所指出：中国政府"坚决维护国家主权和领土完整，坚决遏制任何形式的'台独'分裂行径，努力维护两岸关系和平发展，争取国家和平统一的前景"。

3. 既要"以斗争求稳定"，又要"以发展求统一"。习近平总书记指出："必须清醒地看到，新形势下我国国家安全和社会安定面临的威胁和挑战增多，特别是各种威胁和挑战联动效应明显。我们必须保持清醒头脑、强化底线思维，有效防范、管理、处理国家安全风险，有力应对、处置、化解社会安定挑战。"针对台海局势中的各种风险与挑战，需要未雨绸缪，做好各种应对准备，以敢于斗争、善于斗争来赢得胜利、化解风险。以发展大陆自身、发展两岸关系来为统一奠定扎实的基础。同时，通过发展来谋求国家最终走向统一，两岸交流迈小步、但不停步，促统工作积小胜为大胜，积小统为大统。

4. 既要积极推进两岸社会融合工程，又要积极做好两岸在政治、军事与安全领域"全面对抗"的最坏准备。积极推进两岸社会融合工程，有步骤地解决台湾居民与大陆居民的同等待遇问题，这是两岸和平统一的需要，也是中国共产党执政为民的初衷所在。两岸关系和平发展已是时代潮流，类似"反服贸"的风波，其实是对"台湾社会两岸化"的一次反弹。因此，需要坚持既有正确的对台政策主张不动摇，既要做实、做细、做好台湾民心争取工作，力戒"门面工程"，让台湾广大基层民众真正共享两岸关系和平发展成果，又要坚持反对"台独"的原则立场，包括做争取民进党人士工作。鉴于争取台湾民意工作的艰巨性、长期性与复杂性，需要做好争取台湾民意的长期努力、耐心与细心工作等多种思想准备，重点应在"台胞证功能扩大化"方面，稳步推进，无论在投资、创业还是就业、考试、申报课题等各方面，渐次而全面地推进落实台湾居民同等待遇，以增进台湾社会民众对两岸融合的认同和自身的中国人认同。而台海两岸可能走向全面对抗，是因为蔡英文当局"台独"政治路线的拒不放弃和调整，原因在蔡英文个人理念与个性使然，"蔡氏台独"特点，一是具有执着性格"理念型"，二是有目标、有论述、有包装的"理性型"，三是"韧性型"，也在其误判国际形势，认为国际局势有利于"台独"而非有利于统一。为此，需要坚决反"独"、大力促统，两手并重。反"独"未必一定促统，但是促统却一定能达成反"独"效果，因此需强化促统，以促统来达成反"独"目标。

5.既要通过稳定中美关系以有效化解台海安全风险，又要维护台湾问题的国际与周边安全环境的稳定。一是不让台湾问题干扰中美关系发展大局，应以此为原则对美有关部门、有关人士有针对性地做好工作。特朗普政府对华政策仍处于可被塑造与影响的阶段，应抓住机会有针对性地做好美国相关官员、议员、智库学者的工作。稳住中美关系发展大局，营造好中美双边关系总体氛围，客观上就能抑制美台关系的提升，不让台湾问题重新冒头。二是利用好美行政部门内部矛盾包括总统府与国会之间的矛盾，不给美"亲台派"提供任何挑衅的机会。目前，虽然华盛顿总体涉华舆论趋于恶化，但台湾问题并未成为美国政策圈和智库媒体的关注点，"亲台派"苦于不受重视，缺少热点。三是应同时警告美方和台当局，不要利用"印太"框架在亚太地区生事。特别是警告美方，不要妄图借"印太"框架下的合作，推动台湾地区在地区经济和非传统安全合作中扮演更重要的角色。维持台湾问题的国际与周边安全环境稳定是两岸关系和平发展与国家统一的需要，需要与亚太地区国家建立良好安全关系、避免卷入亚太地区冲突应是中国亚太安全政策的主要目标，保持一个和平稳定的地区安全环境，不仅是维护国家安全稳定的可靠保障，也是稳定台湾问题与两岸关系必要条件。

台湾问题的解决与中国的完全统一，说到底是综合实力的较量。正如习近平总书记所说："从根本上来说，决定两岸关系走向的关键因素是祖国大陆发展进步。"坚持在发展的基础上解决台湾问题的战略思路，以确保台湾不被从祖国分裂出去、推动两岸关系发展取得历史性成就，从基础上依靠的就是大陆不断发展进步和力量的持续壮大。当然，依靠发展来解决台湾问题，并不是无所作为地消极等待，而是在发展的过程中把不断壮大的自身力量转化为发展两岸关系和推进祖国统一进程的资源，扎扎实实做好各项对台工作。发展需要时间，在争取发展的过程中，需要应对各种挑战和风险，尤其是要坚持一个中国原则，维护大陆和台湾同属一个中国的事实，反对和遏制各种形式的"台独"行径，尤其是制止"台湾国家正常化""台湾法理独立"的图谋得逞，确保台湾不被从祖国分裂出去，维护台湾和大陆统一的最基本条件。总之，实现"两个一百年"奋斗目标、实现中华民族伟大复兴的进程，需要不断推动两岸关系和平发展，不断推进祖国和平统一进程。只要全体中华儿女共同努力，一定能在实现中华民族伟大复兴的进程中完成祖国统一大业。

第三章
两岸关系国际环境与国际因素的新变化

　　台湾问题的产生与发展，既是 1949 年前国共内战的结果，也与二战后的国际环境与国际因素相关。台湾问题的最终解决、中国的完全统一，也离不开国际因素、特别是美国因素的排除。即使是 1979 年中美关系正常化之后，美国因素也依然是制约与影响两岸关系发展与台湾问题解决的最大的外部因素。台海两岸关系，并不是处于真空之中，是与纷繁复杂的亚太、周边与国际格局和国际政治的现实环境密不可分的，不可避免地受到国际局势与国际力量的有利与不利的正反两个方面因素的影响。历史的时针指向了"新时代"后，两岸关系的国际环境与国际因素也出现与发生了相当明显地带有趋势性地变化。

第一节　台湾问题的国际环境的新变化

一、冷战后国际政治经济格局的基本特征

　　随着苏联的瓦解与东西方冷战的结束，国际政治与经济的格局基本形成了以美国为主导的国际新秩序，基本特征主要表现在四个方面：

　　1."一超多强"。即美国是唯一超级大国，而中国、日本与德国等属于"多强"。白苏联瓦解后，美国作为全球唯一的超级大国，在经济、军事、科技与舆论主导性上都遥遥领先于其他国家，而中国即使是在 2010 年跃升为全球第

二大经济体之后，与经济总量排名为全球第三的日本、排名第四的德国，以及英国与法国等，在美国这个"一超"——唯一的超级大国面前，只能算是"多强"之一。

2. "北富南穷"。即总体上北半球相对富裕，而南半球相对贫穷。如果把全球一分为二为北半球与南半球的话，那么非常明显的是，全世界的发达国家主要是集中在北半球，而南半球相对而言大多是发展中国家。有一组数据可以说明这个特点，2016 年美国 GDP 总量是 18.57 万亿美元，占全球 GDP 总量的 24%；日本是 4.94 万亿美元，居全球第三；德国是 3.47 万亿美元，居全球第四；中国是 11.22 万亿美元，居全球第二。他们都在北半球。包括 G20 的其他成员，除了巴西、南非、阿根廷与澳大利亚外，也都是在北半球。

3. "西强东弱"。即西方世界的力量总体上比较强盛，而东方世界的力量相对薄弱。自近代以来，随着工业革命与科技革命的不断推进，西方世界国家在经济、政治、军事与舆论等多方面都占据绝对的优势，而东方世界则无疑是要弱小许多，这个状况迄今没有根本性的改变。其结果是如某些人士所言的"经济全球化"事实上是"全球西方化"。

4. "西稳东乱"。即西方世界相对稳定，而东方国家相对散乱。尽管新千年之后，西方社会相继发生了如"欧债危机"、"难民危机"及西班牙加泰地区的独立事件等，令西方世界也不太平，西方也有因克里米亚回归俄罗斯而产生的俄罗斯与乌克兰及欧洲国家的关系高度紧张甚至若干冲突情况，但相比东方世界的西亚地区、北非地区及拉美地区等诸多地区与国家局势的不稳定，甚至军事冲突、政治动乱频仍而言，总体上，西方世界还算是相对稳定，而东方特别是西亚、北非等不少地区，相对是要不稳定得多。

二、世界百年未有之大变局的发展趋势

观察全球政经发展，固然要看基本格局，因为基本格局及其特点反映了全球力量对比与权势的分布，是客观现实的反映，但全球政经发展的态势与趋势更值得人们关注，因为趋势所反映的是即将成为现实的未来的世界。当今世界

百年未有之大变局主要表现在以下方面：

1."西降东升"。即西方世界总体实力的相对走低与东方世界的国家总体实力的相对上升，特别是国际经济力量的对比，总体上正在朝着向有利于东方经济体的方向发展，新兴大国群体力量的相对上升与西方国家经济力量的相对下降在持续进行，已经形成一个趋势，且国际政治经济格局的"三化"比较明显，即国际经济力量构成的多元化、国际权势力量对比的均衡化与国际政治格局的多极化趋势明显。

2."西守东进"。就发展态势看，相对而言，西方世界的实力总体上似乎处于守势，东方世界的实力与影响总体上是在不断地上升、扩大与强化。主导全球经济发展的主要平台，从 G7 到 G20 的演化，两者在全球经济治理中所发挥的重要作用的不同的变化，就是一个显著的例子。过去全球经济治理的主要平台是 G7，现在，又不得不增加了 G20 为全球经济治理的平台，至少是 G20 与 G7 同样成了全球经济治理中不可或缺的重要平台。

3."美降中升"。即美国实力的相对下降与中国实力的相对上升。2004 年中国成为全球经济总量排序的第六名，超过意大利；2006 年超过法国，成为排序第四名；2008 年经济总量超过德国，是排序第三名；2010 年超过日本，成为全球经济总量排序的第二名。当然，与美国相比，2010 年中国 GDP 是6.066 万亿美元，美国是 14.964 万亿美元，美国是中国 2.467 倍，中国只是美国 40.5%，绝对差距不小，达到 8.9 万亿美元。但到了 2016 年，美国是中国1.655 倍，中国是美国 60.4%，绝对差距减少到 7.35 万亿美元。美国依然在上升，但中国上升得更快，双方之间的绝对差距在缩小。中国要赶上美国的经济总量有待时日。

4.经济全球化。尽管近几年来全球范围内出现了声势不小的反全球化与逆全球化的现象，如英国脱欧、特朗普当选美国总统等。因为种种原因，也包括经济全球化自身的原因，经济全球化近几年遭遇了相当大的阻力，甚至出现了反全球化与逆全球化的现象，使全球化速度放慢。特别是新冠疫情的突然爆发，也让经济全球化面临着更大的挑战，经济全球化可能出现不同于以往的新变化，但无论新冠疫情将导致经济全球化承受多大程度上的冲击，面临什么样的困难与挑战，进而全球化的面向出现新的变化，但从长期看，经济全球化是一个必然的趋势，不可逆转。

5. 科技的突飞猛进。全球科技的发展进步，已经在深刻地影响着世界经济与政治的发展，而且未来全球的发展中，科技在其中所扮演的角色与作用将不断上升，成为全球经济、社会乃至于各方面发展进步的重要推手。

6. 全球经济重心东移亚太地区。二战后，西方世界的经济发展要比东方世界快很多。冷战结束后，全球经济发展的中心也依然在西方世界。但是，新千年之后，特别是 2007—2008 年全球经济与金融危机之后，全球经济的重心在不断地东向转移到亚太地区。应该说，这一变化对于世界经济与政治的影响是相当大的。

7. 经济发展速度的"南上（快）北降（慢）"。即南半球国家的经济发展速度相对于北半球国家而言，近几年要快很多。当然，能否持续、且持续多久，值得进一步观察。

三、新时代台湾问题的国际环境的新变化

1. 国际形势总体上是在向有利于中国实现国家和平统一的方向发展。中国综合国力的崛起与国际地位的上升，相对的，制约与影响两岸统一的美国因素，美国整体实力与地位的下降，是有利于台湾问题最终解决的，这是一个发展趋势。

其一：中国综合国力持续上升是不可阻挡的趋势，而且中国的发展崛起开始改变亚太与全球政经发展态势。2010 年中国经济总量是日本的 1.043 倍，是德国的 3.236 倍。到了 2016 年，中国是日本的 2.27 倍，德国的 3.24 倍。继续按照 6% 以上增长，中国经济总量将与占全球经济总量第 3 与第 4 位的日本和德国之间差距持续拉大，与美国的差距持续缩小。虽然大陆人均 GDP 仍低于台湾，但大陆经济综合实力已远超台湾，且这种综合实力已经逐渐转化为政治、军事、外交和文化影响力。

其二：中国的发展离不开世界，世界的发展也越来越需要中国。2016年中国经济对世界经济增长的贡献率30%。2017年中国（大陆）外贸出口总额2.5万亿美元，其中欧洲占30%，美国约占20%。而2001年中国（大陆）出口总值仅2662亿美元，占全球4.3%，排名第6。2015年22749亿美元，是2001年的754%，占13.8%，比排名第2的美国高出51%。

其三：中国积极参与全球经济治理，营造有利于中国与世界发展的环境。客观而言，目前的国际秩序就是美国领导的世界秩序，包括：一是全球占主流的依然是美式价值观或者说是西方价值观；二是美国军事同盟体系依然是美国领导世界安全的基石；三是包括联合国在内国际机构受到美国的影响依然很大，尽管自特朗普就任总统后美国不断地"退群"。随着经济的发展，中国参与全球治理的积极性与能力显著提高，尤其是中国强调"国际秩序"而非"世界秩序"，是以联合国宪章宗旨和原则为核心的国际秩序和体系。

2. 台湾问题解决与两岸完全统一的国际环境与因素依然存在若干的不利之处。主要表现在：

其一：中国的发展导致了"树大招风"。如中国政府倡导的"一带一路"甚至被欧盟视为"分化欧盟"。全球与亚太地区战略态势呈现如下几个"并存"的特色：一是中国与美国的战略对冲或是对抗与合作并存；二是美国为维持亚太领导地位对中国的遏制与利用并存；三是中国周边国家，包括日本等对中国发展机遇的利用与防范并存；四是亚太地区政治对立与经济合作的并存。正是在这样的战略态势下，台海两岸关系发展难以摆脱国际环境与因素的制约和影响。一方面，美、日对"台湾牌"的利用极大化，大打"台湾牌"，但同时又受制于与中国关系的考虑而不敢为所欲为，局限于一定的范围内发展与台湾当局的各种关系，包括军事安全关系。

其二：中国在全球和地区层面影响力快速上升，但同时新型的"中国威胁论"也开始涌现。"新型中国威胁论"在美国对华战略和政策辩论中的表现即"对华接触失败论"的抬头。这种论点认为，美国对华政策的失败主要表现在以下方面：一是美国的政策未能使得中国国内政治体制向自由民主的方向发展，相反，中国政府通过出台一些国内法，如《境外非政府组织管理法》等，加强了对社会的领导和管理。二是美国的政策未能使得中国成为一个更加开放的、以市场经济为主体的经济体。相反，自 2008 年金融危机以后，中国政府对经济的控制逐渐加强，而包括美国企业在内的外国企业日益感到在中国受到"歧视性"政策的限制。三是美国的政策未能使得中国成为"负责任的利益攸关方"。相反，中国试图通过推动世界银行、国际货币基金组织等现有国际机制的改革，甚至创建亚洲基础设施投资银行、金砖银行等新机制，最终是要分化美国的同盟体系，改变地缘政治格局，并通过"一带一路"倡议扩大自身的影响力。同时在东海和南海对邻国采取"单边挑衅"行动，危及美国的利益；受政府支持的通过网络获取美国政府和公民信息的事件大量发生。在上述错误论点的影响下，特朗普政府出台的首份《国家安全战略》报告把中国和俄罗斯并列为"修正主义国家"（revisionist powers），它们和"流氓国家伊朗和朝鲜""跨国威胁组织，特别是圣战恐怖组织"一起称为美国的主要竞争对手。

其三：美国等在事关中华民族伟大复兴的台湾问题上始终没有撒手。1978 年十一届三中全会期间，邓小平曾经提出：中美建交了，台湾问题解决了一半。剩下一半怎么办？靠我们自己。正是建立在 1979 年元旦开始"中美建交、台湾问题解决了一半"这个判断上，邓小平提出了 20 世纪 80 年代的三大任务之一（第二项任务），就是推动实现国家的统一。当然，非常遗憾的是，迄今为止，美国在台湾问题上没有放手，依然通过"与台湾关系法"，甚至国会立法进一步通过"与台湾交往法"等一系列涉台法案，干涉中国内政，导致了台湾问题没有解决与中国的完全统一迄今没有完成。美国的干扰与阻碍，是国际格局与国际形势中国国家统一最大的外部障碍。美国的台海政策主轴迄今依然是"分而不独、和而不统"。美国历届政府台海政策的核心都是没有"弃台"，没有放弃一个中国政策，但也没有严格按照一个中国政策行事。美国国会通过的"与台湾交往法"及特朗普的签署就是在打"台湾牌"。

其四：少数国际势力并不希望中华民族复兴，从而在台湾问题上牵制中国的发展。"美国在台协会前理事主席"卜睿哲于 2017 年 3 月 29 日发表了 30 页的一个中国政策报告，建议特朗普政府对台"四不要"与"八要"：不要把台湾地区是中国的一部分说成是美国的立场；不要使用一个中国原则，而要使用"我们的一个中国政策"；不要以"一国两制"作为解决台海争端的实质方案；如果改善与台湾地区的关系符合美国利益，不要以公开挑战中国的方式来执行这些改变。"八要"是要继续重申以和平方式及台湾地区人民能够接受的方式解决争端是美国的长远利益；要敦促两岸以弹性、耐性、创意和自制来推动两岸关系；要向中国方面强调主要阻碍达成其统一目标的不是美国对台军售，而是台湾地区公众反对大陆方面提出的统一方案；美国要依据台湾地区现有以及未来中国可能的"威胁"，提供台湾地区武器；要继续与台湾地区的"国防圈"互动以决定如何强化台湾地区大的吓阻能力；要在双方议题上继续深化与台湾方面的互动；要继续跟台湾当局合作，在台湾当局还不是会员的国际政府组织中强化台湾当局的角色与参与；任何有关美国对台政策的改变，无论正面或负面，要继续与台湾地区领导人咨商，台湾地区领导人自会判断是否符合其利益。卜睿哲的这个建议将美国对于中国统一的基本立场昭然若揭。

当然，外在的国际环境，包括中美关系、中日关系等，都在调整与变化之中，但从趋势看，有一点是肯定的，即积极的、正面性因素将占据主流，因为中国的和平统一，不仅符合中国人民与中华民族的根本利益，同样也符合亚太与世界各国及人民的利益。

第二节　中美关系新变化及对两岸关系影响

美国因素是制约与影响台湾问题、两岸关系与国家统一的最大的外在障碍，中美关系的发展状况相当程度上取决于美国在台湾问题上的基本立场与政策。特朗普上台以来，美国台海政策出现若干新的调整与变化，未来美国台海政策走向如何？各方看法存在不少分歧，但如果把这个问题摆在百年来的中美关系中来审视，或许可以得到更为清晰的结论。

一、百年中美关系与台湾问题

怎么看 100 年间的中美关系及中美关系中的台湾问题？

自 1949 年 10 月中华人民共和国中央人民政府成立，到 2049 年中国政府所确立的第二个百年奋斗目标的实现，正好是 100 年。这 100 年中美关系，如果从大时段、大历史的视角来看待的话，非常有意义。因为这个 100 年正好可以分成三个大的阶段：

1. "前面 30 年"。即 1949—1978 年的 30 年。这个 30 年，中美两国关系总体上是敌对的，矛盾是对抗性的。双方不仅在朝鲜战场上直接进行了军事冲突与对抗，而且表现在台湾问题上，是美国支持在台湾地区的国民党当局，甚至双方签署"共同防御条约"。期间，中美两国政府之间虽然有对话与谈判，但对抗对立则是双方关系的主流。台湾当局是美国的"盟友"，台湾地区是美国所构建的围堵中国的所谓"第一岛链"，台湾岛是美国对抗新中国的"不沉的航空母舰"。

2. "中间 40 年"。即 1979 年中美关系正常化到 2018 年的 40 年。这个 40 年中，中美两国建立正式外交关系。总体而言，这 40 年中，中美双方之间有合作有斗争，但台湾问题始终是一个中美关系中最重要、最敏感的问题，也是影响中美关系的核心问题。总体看，台湾问题是美国手中的一张"牌"，台湾当局由美国的"盟友"变成了"牌"，成为一个筹码。

3. "后面 30 年"。即 2019 年到 2048 年的 30 年。特朗普就任美国总统后，中美关系出现明显的新变化，中国不再是美国的"利益攸关方"，而是成了"修正主义国家"，被塑造成为美国的"战略竞争者"，中国的发展被形容为是对美国的"战略威胁"，如 2019 年 3 月下旬，美国一群前官员与政策顾问组成"应对中国当前危险委员会"。美国政府不仅是在经贸、科技、人文等一系列问题上开展对中国的遏制与对抗政策，而且在涉疆、涉藏、涉港，也包括涉台等一系列事关中国国家核心利益问题上频繁出手，开展对中国的战略对抗。未来 30 年中美关系会如何开展？不仅事关中美关系稳定与否的前景，而且关系到全球的政治、经济与安全格局。

二、怎么看未来 30 年中美关系中的台湾问题？

未来 30 年，即 2019—2048 年台湾问题在中美关系中据有什么样的位置？值得思考。中国共产党与中国政府所确立的第二个百年奋斗目标是要实现"中国梦"，其中国家统一是必然完成的使命，中共十九大提出"国家统一是中华民族伟大复兴的必然要求"。那么，美国政府及其台海政策就是中国最终统一绕不过去的一道"坎"。这道"坎"必须跨过去，问题是怎么跨过去？

未来两岸关系走向？目前的状况应该是属于"黎明前的黑暗"。两岸关系中存在几对矛盾需要处理：

其一："台独"与反"独"的矛盾。也是分裂与反分裂的矛盾，在这对矛盾中，大陆等反"独"方占绝对优势，"台独"分裂势力并不占优势。

其二：促统与"拒统"的矛盾。就综合实力而言，作为促统一方的大陆占有压倒性优势，但也不得不承认，"拒统"在台湾社会依然是主流意识。这也是两岸迄今没有能够和平统一的台湾社会中的主要障碍所在，即不少民众"不愿统"。

其三："介入"与"反介入"的矛盾。即美国介入台湾问题、阻碍与干预两岸的统一，中国则是反对美国介入台湾问题与两岸的统一。在这对矛盾中，中美两方各自的优势与劣势互有，目前尚未能够决出胜负。

随着中国整体实力的持续上升、且不可阻挡，美国无法不清醒地认识到与中国和好相处的重要性。美国前驻华大使芮效俭认为："和中国打交道这么多年下来，我的感觉是，美中没有理由彼此敌对、并互视对方为战略对手。这并不是说两国间的问题能轻而易举解决，而是说这些问题是有可能解决的。"[①]"正确的领导方式能够管控中美正在出现的竞争，而不至于把两国关系推到敌对的

---

① 朱东阳、王超、胡友松：《中美有责任让合作盖过竞争——专访美国前驻华大使芮效俭》，《参考消息》，2019 年 4 月 3 日，第 11 版。

地步。"①"现在的一个实际情况是美中之间的战略竞争事实上是在经济层面而非军事层面，而美国国内对于在窃取知识产权等一系列关键问题上对华施加更大压力有着广泛共识。"②"美中之间有深厚广泛的经济合作"，"台湾问题有可能引发美中军事摩擦，但如果真的到了这一步，我们就犯了极其严重的政策错误"，"现在还不是在台湾问题上沉不住气的时候"，"不管是美国还是中国，在政策上都需要管控因台湾问题而可能引发的因素，不要让它继续发展，这一点比其他任何事情都重要"。③ 应该说，这样的观点无疑是积极的，是具有战略思维的，也可能是明智的美国领导人将采纳的。

三、对于中美关系发展前景，到底应该怎么去做？

1. 树立信心，保持战略定力与战略耐心。两岸关系总是在战胜困难中开辟前进道路的。台湾问题产生以来，两岸关系历经时势变迁已发生历史性变化，但一直存在着内外交织、新旧叠加的严重问题。如今，推动两岸关系和平发展面临新的挑战和风险，但最终一定是能够战胜挑战与风险，继续开辟前进的道路。

2. 处理好台湾问题中的美国因素，以稳定与发展中美关系。特朗普在台上是否对中国有利？大陆学界对于特朗普当选美国总统对中美关系影响的认知，大体经历两个明显不同阶段：一是特朗普刚当选时候的"机会论"，即把特朗普上台看作是中国与中美关系的机会。二是"威胁论"，从 2016 年 12 月 2 日特朗普接听蔡英文电话，到 12 日特朗普提出"一中政策交易说"开始，普遍认知是由"机会论"进入了特朗普上台对中国与中美关系是一个威胁，至少是"威胁大于机会"的判断。

---

① 朱东阳、王超、胡友松：《中美有责任让合作盖过竞争——专访美国前驻华大使芮效俭》，《参考消息》，2019 年 4 月 3 日，第 11 版。

② 朱东阳、王超、胡友松：《中美有责任让合作盖过竞争——专访美国前驻华大使芮效俭》，《参考消息》，2019 年 4 月 3 日，第 11 版。

③ 朱东阳、王超、胡友松：《中美有责任让合作盖过竞争——专访美国前驻华大使芮效俭》，《参考消息》，2019 年 4 月 3 日，第 11 版。

3. 明确"红线",敢于斗争,善于斗争。台湾问题是中国国家的核心利益,不可交易,不可妥协。需要让美方充分认识到,在台湾问题上中国政府明确的"红线"与底线所在,中国政府捍卫国家主权与领土完整的决心与能力不可动摇。芮效俭就说过:"在某些领域,中国也有自己的根本利益,比如在台湾问题上","总体来说,双方不应该在这些问题上过分敏感,但彼此间确实存在着一些对方不该跨越的红线,中国需要阐明这些红线在哪里,并试图阻住美国跨过它们"。[①] 美国学者陆伯彬也认为,中美"在战略竞争的问题上,我们面临着双边关系被安全关切绑架的风险"。[②] 美国"越来越把中国视为对美国安全的挑战","美中双方可能会视彼此为自己的主要安全威胁,可能会爆发危机,甚至会开展军备竞赛,但那不是传统定义上的冷战"。[③]

4. 争取最佳前景,做好最坏打算。应该做好美国对台政策未来可能失控的准备。在中美战略关系新变局情势下,特朗普政府对台政策失控的可能性是存在的,从而需要中国做好各方面的准备,既要做好不失控的准备,也要做好失控的准备,必要时,不怕中美关系恶化,甚至准备中美关系"破局"的一手。因为只有这样,才可能不至于让中美关系真正地"破局";如果不做好中美关系"破局"的一手,恰恰可能会出现中美关系的"破局"。在美国遏制中国崛起的斗争中,台湾地区成为美国勒索中国的政治牌,因此,"对台政策和对美斗争相互关联,一切对台官方的作为,就是对美斗争的一部分"[④]。华府智库全美亚洲研究局(NBR)最新一期《亚洲政策》期刊推出专题讨论——"圆桌论坛'与台湾关系法'之未来:改编与延续"。戴维森学院教授任雪丽(Shelley Rigger)仕此撰写《"与台湾关系法":过去、现在、未来》之专文,探讨美国国内对于"与台湾关系法"的各种动议及其可能带来的后果。在任雪

---

① 朱东阳、王超、胡友松:《中美有责任让合作盖过竞争——专访美国前驻华大使芮效俭》,《参考消息》,2019年4月3日,第11版。

② 朱东阳、王超:《美无法改变亚太力量转移趋势——专访美国波士顿学院教授、著名"中国通"陆伯彬》,《参考消息》,2019年4月10日,第11版。

③ 朱东阳、王超:《美无法改变亚太力量转移趋势——专访美国波士顿学院教授、著名"中国通"陆伯彬》,《参考消息》,2019年4月10日,第11版。

④ 杨开煌:《对两岸变局的观察》,台湾《观察》月刊,2019年9月号,第17页。

丽看来，"与台湾关系法"至今仍有价值，尽管它不能满足任何人，但它所提供的"模糊性和灵活性"是"优点"而不是"缺点"。任雪丽指出，"与台湾关系法"在美国法律和政策上创造了一个"创新的"架构，允许美国与一个不被承认的"国家"进行互动。在法律上，"中华民国"对美国来说是死的；在实践中，它又是非常活跃。这部法律赋予台湾地区独特的法律和政治地位，台湾地区既没有得到正式承认，也没有被完全抛弃。任雪丽称，"与台湾关系法"使美国得以在与中国政府建立建设性合作关系的同时，继续与台湾当局发展实质性关系。"与台湾关系法"使美国与台海两岸的关系走上平行轨道，并帮助美国将这两对关系之间的溢出效应降至最低。美国不同的政府对该法的不同解读，允许他们与台湾当局有不同程度的接触。"与台湾关系法"还确保了美国国会在监督台湾政策方面发挥作用。它赋予行政裁量权，但不完全控制行政当局。它强调，为美国建造一个符合美国、台湾和大陆要求的美台关系的替代性建构是难以预见的。要在"与台湾关系法"基础上提出一个更强劲的改进替代方案，足以招来中国方面不可避免的强烈反对（大陆方面的反对将更多地指向台湾当局，而不是美国），难度可能比人们想象的要大得多。针对美国国会众议员约霍（Ted Yoho）公开呼吁"承认台湾的国家地位"，任雪丽强调这种观点在某种程度上可能会危及台湾地区，因为，以为美国可以无视中华人民共和国在这个问题上偏好的想法，忽视了中华人民共和国使用武力阻止"中华民国"正式独立的承诺。

第三节　中美贸易战对两岸关系的影响

2018 年年初以来，美国特朗普政府单方面高举了针对不少贸易伙伴国家与地区、特别是中国的"关税大棒"，挑起了全球最大的两个经济体之间的"贸易摩擦"，或称之为"贸易战"。一时之间，中美贸易战引发全球经济与贸易不小的波动。

到底应该如何看待中美之间的贸易战？未来走势与前景又是如何？对于大

陆经济与台湾的经济会产生什么样的冲击？尤其是对于两岸关系、特别是两岸经贸关系的影响，到底会怎么样？都是各方相当关注的重要课题。应该说，需要高度关注这个议题，因为中美贸易战对于各方面所产生的实际影响是不小的，包括对海峡两岸关系的负面影响也是客观存在的，需要做好充分的应对准备。当然，从长远看，"不畏浮云遮望眼"，中美贸易战对于两岸关系的影响是有一定限度的，需要"风物长宜放眼量"。

一、如何看待中美贸易战？

1. 中美贸易战的定位。一开始是属于贸易战的初级阶段——"贸易摩擦"，没有发展到真正的贸易战程度。但后续发展的走势，是走向了贸易战，而且这场贸易战的规模还不小。

2. 中美贸易战的基本特征。主要可以从四个方面来看：

其一：这是美国首先对中国发动的贸易战。美国发动中美贸易战的根源，在于美国国内自身的"内生性"因素。中美贸易战是美国国内政治社会问题发展的外溢，是基于美国内政发展的需要。外交是内政的延续，美国当前对外政策调整的根本原因以"内生"为主，根源在美国精英对于美国自身实力不能继续独霸世界而感到不满和焦虑，产生挫折感，甚至其挫折感非常强烈；也有部分建制派人士因为对特朗普政府及其内外政策的不满而更为焦虑。应该说，是这两种情绪的集中爆发，导致美国对外政策的调整，包括对外贸易政策的调整，也挑起了中美贸易战。

其二：这次中美贸易战中特朗普个人色彩非常鲜明。在美国对华发起的贸易战中，应该是具有浓厚的"特朗普色彩"。因为特朗普个人的认知就是中美经贸关系，是"美国全输、中国全赢"，中国方面提出的中美经贸关系是"双赢"，但特朗普则是认为所谓"双赢"就是"中国赢了两次"。因此，美国特朗普政府采取了包括贸易讹诈、抬高要价就地还价、谈判好的事情推倒重来等一系列出尔反尔的手法，其中都表现出鲜明的"特朗普色彩"。

其三：中美贸易战自开始进行就呈现出不断扩大化的趋势。一方面是贸易战的规模在不断扩大，且短时期内难以中止，另一方面，由贸易战开始延伸到价值观、人权等意识形态领域的对立。

其四：中美贸易战是中美关系中的新的矛盾面向与问题所在。在中美关系中既有的结构性矛盾没有解决的情况下，又出现了贸易战这样的新问题，双方之间的贸易关系由过去是中美关系中发挥积极性作用的"压舱石""稳定器"，发展成为起负面性影响的矛盾的"触发器""导火绳"。

3. 中美贸易战的症结。美国特朗普政府单方面的政策作为所挑起中美贸易战，其意图在于：

其一：解决中美贸易之间的逆差。特朗普政府认为，美国对华的贸易逆差造成美国社会失业、分配恶化问题，产生社会矛盾。实事求是地讲，美方以贸易逆差为借口制造国际经贸摩擦，甚至发展中美"贸易战"，是开错了药方，实在是"美国自己生病，却要他人吃药"。美国减少其自身的全球贸易逆差的最有把握和最好的方式，是通过国内政策改革增加国民净储蓄，同时增加美国出口，包括减少对于出口产品的管制，尤其是对于出口到中国产品的管制。这才是正道！

其二：阻止中国的产业升级，也是美国制造中美贸易战的一大动机。不少人提出，美国挑起中美贸易战，既在于要求降低中美间的贸易逆差，更在于想要阻止中国的产业升级，包括"中国制造2025"。提出"修昔底德陷阱"概念的美国学者格雷厄姆·艾莉森就表示："当前特朗普政府在贸易问题上向中国发难，除对华具体产业政策等不满外，更多反映了美国对于中国崛起的一种沮丧、焦虑与担忧的情绪"，"美国就好像在沉睡了15年之后突然发现：糟糕，中国已经如此强大"。[①]

4. 中美贸易战的影响。中美贸易战是世界上最大的发达国家——美国与最大的发展中国家——中国之间的贸易摩擦与贸易战，是全球第一大经济体与第二大经济体之间的贸易战。因此，中美这次的贸易战是国际贸易史上最大规模

[①] 刘晨、胡友松：《中美需进行"有约束"的竞争——专访哈佛大学教授格雷厄姆·艾莉森》，《参考消息》，2018年10月9日，第11版。

的贸易战，对世界经济产生了重大影响。至少表现在以下四个方面：

其一：破坏了世界贸易秩序，给世界经济发展带来了破坏性的影响。据经合组织预计，如果美国发动贸易战引发其他国家反制，最终导致全球贸易成本上升10%，全球贸易减少6%。可见，美国特朗普政府在贸易政策上的单边作为，对世界经济秩序的冲击是显而易见的。而目前的世界秩序，包括世界经济秩序，是二战后全世界的人民，也包括美国在内，为了追求和平、安定、繁荣、和谐而做出努力后达成的各种国际关系的安排，是各方共同努力、辛苦努力的结果，来之不易。美国特朗普政府的做法，实际上是让美国由世界秩序的"缔造者"变成了"破坏者"。

其二：国际产业分工将出现重组。美国发动的中美贸易战，客观上在破坏全球的产业链，贸易战的长短也决定破坏的程度如何，尤其是贸易战破坏了中美之间正在进行的各方面的产业合作。

其三：伤害了美国的进口商与消费者。增加关税，无疑是加重了美国进口商与消费者的负担。对进口消费品加征关税，最终是一定会转嫁到消费者头上，进而导致物价的上涨和消费支出的下降。这是经济常识。

其四：影响到中美关系的稳定发展。如前所述，中美贸易战的症结在于美国若干人士对于中国发展与崛起的担忧和焦虑，但应该说，这样的焦虑与忧虑是过度了，因为目前的中国，综合实力尽管在改革开放40年中得到了较大的发展，但中国既没有挑战美国全球领导地位的意愿，也没有这个实力。而由贸易战引发的中美关系前景，却使"两国关系可能进入一个合作与竞争并存、新问题新矛盾不断涌现的新时期"[1]。需要强调的是，中美贸易战，是美国先对中国下手，中方只是还手，是被动的。中方并不想搞贸易战，因为贸易战中没有赢家。当然，中方的政策立场是不怕打，因为别人要打，只能奉陪，别无他法！在贸易战问题上，美国显然是高估了自己，低估了中国，也低估了中国人民的决心与耐心。

---

① 秦朔：《风雨过后是彩虹》，《人民日报》，2018年10月19日，第2版。

二、中美贸易战中引起关注的问题

1. 中美贸易战一时结束不了，甚至可能长期化与持久化。在中美贸易摩擦的谈判中，美方提出的条件相当苛刻，中国无法接受，也没有条件能够接受。从而，中美贸易摩擦的升级到贸易战似乎是必然的结果。美国围绕着贸易问题，更加强调与采取削弱与限制中国经济发展的政策，包括对中国采取相关排他性协议的做法；加强中国对美投资或对盟国的投资并购的限制，加强在金融、科技等方面领域对中国的全面压制等。从而，中国自身需要加快建设现代化经济体系，推动经济的高质量发展。

2. 中美关系可能由贸易摩擦到"经济战"，甚至最终滑向所谓的"新冷战"。特朗普政府对华贸易战甚至对华攻击扩大化的目的之一，应该是为美国的中期选举增加政治筹码。尽管中美贸易战可能长期化，但不应该、也要警惕与防止中美全面对抗的出现。中美全面对抗不符合中国的利益，也不符合美国的国家利益。

特朗普当选美国总统后，好像是中国在主张与推动经济全球化，而美国则是反经济全球化。其实美国才是经济全球化的头号受益者，最近中国知名人士傅莹在一次报告中列举了一组世界银行按照美元现价所做的统计：全球国内生产总值（GDP），在 1990 年是 22.57 万亿美元，到 2017 年达到了 80.68 万亿美元。同期，美国的 GDP 是从 5.98 万亿美元增长到 19.39 万亿美元，中国是从 0.36 万亿美元增长到 12.24 万亿美元；同期，美国的人均 GDP 是从 2.39 万美元增长到 5.95 万美元，中国人均 GDP 则是从 318 美元增长到 8827 美元。从这一组数据可以看出，中国在这 18 年中是发展了，但其实美国是发展得更快，中国是人均 8000 多美元，而美国是近 6 万美元，美国依然是遥遥领先中国。人均 8000 多美元的中国如何去"威胁"这人均近 6 万美元的美国？这是值得美国政治人物去深思的！尤其是正如傅莹所指出："中美已在同一全球经济体系内合作 40 年，都在全球资源配置和产业、价值链上拥有无可替代的地位，相互也建立了全方位联系。即便中美真要'脱钩'，也不可能立竿见影，而是要经历长期而痛苦的过程，对双方的经济和人民的福祉乃至全球经济可能造成的损害，恐怕是世界难以承受之重。"[1]

3. 应客观地认知与定性中美贸易战的性质。不宜轻易、无限地上纲上线，甚至提出中美不得不进行"全面对抗"的论断。反倒是应该防止这样的局面出现。不少人提出中美贸易战的性质与实质是"模式之争"与"制度之争"。认为这是一场经济斗争，也是一场政治斗争，既是意识形态之争，也是制度与模式之争，中美关系未来发展到"新冷战"的状态是未来国际秩序下不可排除的发展方向。个人观点则是认为对于中美贸易战的定性需要慎重。还是就事论事比较好，比较策略。尤其不要将中美贸易战上升到"制度之争""模式之争"的层次。因为中国并不想输出自身的政治制度到世界上去，更无意推动中国的政治制度去替代美国的政治制度。因此，中美两国是完全可以和平相处、和平发展的，尽管双方之间存在竞争，但更需要合作，中美关系可以是"既竞争又合作"的关系。

4. 应做好中美贸易战进一步升级背景下应对美国打"台湾牌"的准备。美方视中国的发展为"威胁"，会"挑战"美国在亚太地区和全球的领导地位，尤其是在美国国会与台湾民进党当局的双重推动下，美国行政部门可能加大打"台湾牌"的力度，美在台湾问题上不断"踩线"对中国政府施压的可能性也大大上升。因此，需要对台海局势中面临的困难与风险有充分的估计，把握两岸关系和平发展的方向，增强忧患意识，坚定战略自信，保持战略定力。

三、中美贸易战对两岸关系的影响

1. 从短期与中期看，中美贸易战对于两岸经贸关系的影响不小。主要表现在：

其一：中美贸易战对中国经济产生了一定的负面影响。一是美国挑起的中美贸易战，虽然没有改变中国经济"稳中向好"的态势，但却是中国经济运行

---

[1]　傅莹：《中美关系再次站在方向选择关口》，《参考消息》，2018 年 10 月 18 日，第 12 版。

面临的一个较大的变数。这是无法否认的。二是贸易战没有赢家，中美贸易战对中国的经济增长、金融稳定、贸易投资、就业与民生等诸多方面，造成了一定的负面影响，尤其是被加征关税的重点领域和行业，短期内受到一定的冲击，如 2500 亿美元清单基本涉及中国对美出口中最具竞争力的高科技及劳动密集型产品，因此，对中国整体出口行业的冲击是明显的。短期与中期内，外贸顺差会出现明显下降，对经济、金融也将产生直接影响，债务会有所上升。三是对中国民众对于经济发展的信心造成一定的冲击。毕竟是全球第一大经济体对华的贸易战，很难让所有中国人都看法一致。四是对于中国经济成长的影响也是明显的。对美贸易要占中国总贸易额的 19%，而中国经济的成长过去一直主要靠对外贸易拉动，外贸是拉动中国经济成长的"三驾马车"（外贸、消费与政府投资）中最大的"马车"。五是对中国外向型实体经济也产生影响，导致成本增加、订单减少、工人失业等问题。美国彼得森国际经济研究所所长亚当·S. 波森（Adam S. Posen）认为：世界上最大的两个经济体之间的全面贸易战争是对两国劳动人民的灾难，破坏整个世界经济的未来。他认为最直接的代价是影响经济增长与就业，间接的代价是对世界贸易系统的长期性破坏，减少未来的投资和效率。

其二：中美贸易战对台湾地区经济产生不小的负面影响。台湾地区作为贸易依存度高，且同时与大陆和美国均有紧密贸易往来的经济体，必然会受到中美贸易战直接的波及和影响。从 2002 年起，随着两岸经贸关系持续发展，大陆逐步取代美国成为台湾地区最大的投资与贸易对象，从而中美贸易战直接影响台湾地区经济发展，特别是全球两大最大经济体的贸易战，所营造的经济发展的外在环境就是台湾地区经济难以承受的。

其三：中美贸易战冲击了两岸经贸关系。台湾制造业的生产与出口，七成以上是以原材料、半成品或零组件为主的中间财，其中又以大陆为主要出口市场，2017 年出口金额 1302 亿美元，占台湾出口 41%。从 2016 年大陆海关统计表明，大陆对外出口总量最大的 10 大企业里面，台湾占了 8 家，前 20 大企业台湾占 15 家，大陆对美出口排名前 100 的公司中，台资企业约占四成。竞争力相对比较弱或利润比较薄的台资企业，无疑将受到"关税战"的影响，在短期内会对其整个产业链都造成一个波动。

其四：美国对中国发起的贸易战可能给"台独"分裂势力发出错误信号。美国与中国之间的贸易摩擦及其扩大化、持续化趋势，可能引发的中美关系的严重不确定性，会导致民进党当局在两岸政策的错误道路上持续走下去，包括：一是民进党当局不顾台商的生存问题而恶意地选边站，加码美国，如2018年9月民进党当局赴美采购团签署15.6亿美元大豆采购意向书。二是民进党当局寄希望有"转单效应"，认为中美贸易战有助于吸引台商回台投资与生产，期待产生"渔翁得利"的效应。三是战略上，民进党当局顽固坚持"台独"立场，大力推动台美关系提升，完全倒向美国，尤其是它判断美国的"印太战略"可以制约大陆，进而自我寻求其中的位置与角色，充当美国"反华"的"急先锋"与"马前卒"。四是在两岸关系政策上，民进党当局继续采取对抗性与"台独化"政策，如2017年10月10日蔡英文的演讲就充斥着"两国论"和针对大陆的对抗性思维，暴露出其配合美西方反华势力遏制大陆的险恶用心。这样，两岸关系的僵局就更加难以打破。

2.长远与远程的视角观察，中美贸易战对两岸关系的影响是有一定限度的，并非是完全无法管控损害的。

其一：中美贸易战没有改变、也改变不了中国经济发展向好的基本面。主要表现在：一是近年来中国的经济结构明显优化，提高了对外来冲击的承受力。中国经济发展主要由以往的"出口导向"转向近若干年来的"内需拉动"为主要的模式，自身内需已经是拉动经济增长的重要力量甚至是主要力量。2010年以来，中国出口、投资增速有所下降，但消费增速相对平稳。2007年中国对出口依存度接近70%，2017年外贸依存度是33%，与2012年的47%相比，下降了14个百分比，远低于42%的世界平均水平。消费对经济增长的基础性作用在持续增强，已经成为稳定中国经济大船的"压舱石"。[①]中国2017年GDP总

---

① 石平：《中美经贸摩擦改变不了我国经济稳中向好态势》，《求是》，2018年第17期，第17页。

量 82 万亿人民币中，出口的贡献是 8 万亿左右。当然，这 8 万亿中，美国贡献了三分之一。正是因为如此，如前所述，中美贸易战对中国经济的影响是客观存在的，如果对美国一点出口都没有的话，对经济增长的影响是 0.2%—0.5%。经济成长由 6.5% 降到 6%。

二是中国对外贸易市场的多元化。包括"一带一路"倡议与建设在内的对外贸易多元化的策略，进一步拓展了外贸市场。2018 年 1—7 月，中国境内投资者共对全球 152 个国家和地区的 3999 家境外企业进行了非金融类直接投资，累计实现投资 652 亿美元，同比增长 14%。上半年，中国服务贸易进出口总额同比增长 8.5%，规模创历史新高。[①]

三是中国具有的政治优势，包括制度优势、政策优势，是克服中美贸易战的坚强领导力量。中国有中国共产党的坚强领导，有 13 多亿中国人民的共同努力，有改革开放 40 年所累积的坚实的经济实力与丰富经验，已经具备了应对重大风险与挑战的能力。中国不是"失落 20 年"的日本。

四是中美双方是合则两利，分则两害。因为"中美两国已形成结构高度互补、利益深度交融的经济关系"[②]。美国彼得森国际经济研究所所长亚当·S. 波森（Adam S. Posen）认为："中美贸易总的来说显然是双赢的"，"鉴于中国的发展程度，现在这两个经济体比以前有着更多共同的基本经济利益，包括由那种体制保障和约束的利益"。中美"两国都不可能打赢一场贸易战"。"使用单边的关税威胁作为实现经济目的的手段是错误的。就纯粹的经济而言，关税将伤害下游的生产商和全球供应链，还有美国的消费者。""就外交而言，它以众多方式伤害发达经济体（美国的所有盟友），以及旁观的新兴市场。而就全局而言，它破坏了国际经济行为的规范和规则，它们导致了对所有国家而言的更大的繁荣和稳定。"美国学者格雷厄姆·艾莉森也提出"中美间的竞争态势不会改变，但需要的是'有约束'的竞争。确保竞争在有底线可循、双方能有效

---

① 高云才：《稳中求进，以稳应变》，《人民日报》，2018 年 9 月 10 日，第 17—19 版。
② 任平：《贸易战悲观论调不靠谱》，《人民日报》，2018 年 10 月 17 日，第 2 版。

交流的情况下进行"。①

五是经济全球化是历史的必然，全球化潮流不可阻挡。经济全球化是社会生产力发展的客观要求和科技进步的必然结果，为世界经济增长提供了强劲动力，促进了商品和资本流动、科技与文明进步。站在全球化一边，中国就占据着道义高地，采取的反制举措是为了捍卫国际多边贸易规则，而美国特朗普政府的做法是逆全球化、反全球化，是逆流。在经济全球化过程中，市场机制决定着资源的配置，必然会产生分化的作用，不同国家和地区之间发展的不平衡、不同市场主体利益分配的不平衡等问题是客观存在，中国的发展中也存在不平衡、不充分的问题。关键是如何对待这种不平衡？是因噎废食？还是通过发展来解决经济全球化所带来的不利影响？不同的思路，决定不同的出路！

其二：中美贸易战改变不了两岸经贸合作与交流发展大势。两岸经贸关系，长期以来一直是两岸关系中最活跃、最富有生命力的交流与合作领域，主要受到大陆与台湾经济因素的制约。中美贸易战在短期内对两岸经贸产生了一定的负面影响，但也存在对两岸经贸可能正面的刺激效果。如受中美贸易战影响的大陆弱势产业经过痛苦的转型后，可能浴火重生，包括具备一定的产业基础条件后，引导台企在"一带一路"上进行新全球化布局，将可能是中美贸易战对台商发展的一个正面促进的因素。

其三：中美贸易战改变不了两岸关系和平发展的方向。因为两岸关系和平发展是两岸的主流民意所在，是民心所向，大势所趋，也符合周边国家与地区的利益。

其四：中美贸易战改变不了中国发展与崛起的事实。中国的发展离不开世界，但世界的发展也需要中国。中美贸易战虽然给中国经济发展的外部环境带来了明显的变化，如逆全球化、反全球化盛行，国际经济形势的复杂性上升，不可测因素增多，当今世界正处于百年未有的大变局中，但和平与发展的时代主题没有改变，外部环境相对稳定依然是基本形态。40多年来，中国积极推

---

① 刘晨、胡友松:《中美需进行"有约束"的竞争——专访哈佛大学教授格雷厄姆·艾莉森》，《参考消息》，2018年10月9日，第11版。

进改革开放，特别是以加入世界贸易组织为契机，深度参与国际分工，日益融入全球经济大循环，保持了经济持续、快速增长。中国经济具有长期向好的基本面向与韧性好、潜力足、回旋空间大的基本特质。因此，中美贸易战也改变不了两岸关系走向和平统一的潮流。

青山遮不住，毕竟东流去！

四、政策思考

1. 客观认知变局，保持战略定力。面对美国"遏华"势头与大打"台湾牌"的变局，中国无需惊慌，更不会失措，稳住阵脚，求其在己。中美贸易战在某种意义讲，其实也是一场"信心战"。中美关系大局稳定与否，也不完全取决于美方的政策作为，也取决于中国自身的实力与应对之策；并不全然取决于美国国会通过什么涉华法案，也取决于美国行政部门实际上对华政策的执行程度。中国的经济发展与稳定是有底气的，有 80 万亿人民币以上的年经济总量，6.7%—6.9% 的稳定的经济增长，3 万亿美元外汇储备。中国是汪洋大海，不是小河小溪，已经并继续经得起大风大浪。

2. 坚持改革开放，坚持做好自己。面对美国特朗普政府咄咄逼人的政策态势，发展中国自身，坚持发展是第一要务，按照 2018 年 4 月博鳌论坛上习近平讲话确立的开放日程走，是全方位的对外开放。40 年来，中国积极推进改革开放，特别是以加入世界贸易组织为契机，深度参与国际分工，日益融入全球经济大循环，保持了经济持续、快速增长。中国不会、也没有理由再回到闭关锁国的状态，未来只能是越来越开放。过去 40 年经济的快速发展是在开放的条件下实现的，未来中国的高质量发展也必须在更加开放的条件下实现，包括降低市场准入条件；降低关税，2018 年 11 月 5—10 日在上海召开的首届进口博览会，以及 2019 年的第二届进口博览会，就是对外开放的重要指标，通过进口博览会刺激中国国内消费，提高供给水平，开放服务市场，包括金融、教育、医疗。在对外开放上，中国不能、也不会因噎废食。

3. 保持经济的稳定与成长，稳步推动"一带一路"建设。尤其是通过减税、降低资金成本、土地成本，减少行政管制等举措，让企业降成本、释活力，完善国内市场的运行机制。

4.坚持有理有利有节原则，进行有策略的斗争。竞争并不可怕，可怕的是没有策略的蛮干。需要做好多手准备，应对反应也应该是逐步升级。第一是"和"。因为"和为贵"，中国高举中美关系稳定是第一要务的旗帜，占据着道德与道义的高地，不轻言"斗"。第二才是"斗"，并且做好了"斗"的最坏打算。第三是既斗争又合作，"斗智"不"斗气"，"斗力"不"斗嘴"。做好采取坚决斗争的准备，但坚持谈判解决问题的做法。相信中美贸易战最终一定是"两岸猿声啼不住，轻舟已过万重山"！

第四章
美国台海政策与美台关系新进展
——影响两岸关系的美国因素

美国因素是阻碍台湾问题迄今没有能够解决的最大的外在障碍，从而台湾问题也一直是中美关系中最重要、最敏感的问题。这不仅是因为台湾问题事关中国主权与领土完整，事关中国国家核心利益，事关中国人民民族情感。自1979年建交迄今的中美关系中，台湾问题一直存在，只不过在不同时期，表现形式有所不同。美国台海政策及其动向，对中国与美国关系、台美关系及海峡两岸关系产生直接影响。特朗普就任美国总统后，台湾问题一度成为干扰中美关系正常发展障碍性因素。

第一节　特朗普政府台海政策新变化

特朗普当选美国总统，给美国政治与全球政经格局投下了最大的"不确定因素"。所以，学界戏称目前最能够确定特朗普政府内外政策的就是其"不确定性"。随着2017年1月20日特朗普正式就任，特朗普政府台海政策动向对中国与美国关系、美台关系以及海峡两岸关系产生直接冲击与影响，因为美国是影响台海局势最重要的外部因素，而海峡两岸关系变化又反过来影响特朗普政府台海政策、中国与美国关系，甚至影响亚太地区局势演变。特朗普政府台海政策基本特征是有别于奥巴马政府、不在施政优先位置、会突出台湾地区在亚太战略中地位、美国经济利益极大化倾向明显。要旨在于让美国利益最大化，服务与服从于"让美国重新伟大"目标，从属于美对外战略、亚太政策与中美关系。台海政策主轴仍是"分而不独、和而不统"，不会弃台，不会放弃一个中国政策，但也不会严格按照一个中国政策行事，更不会支持中国统一，不希望两岸关系紧张或发生军事冲突，应不会让台湾问题成为中美关系发展中主要或核心障碍。

一、特朗普政府台海政策的基本特征

特朗普政府的台海政策具备如下基本特征：

1. 特朗普政府的台海政策将有别于奥巴马政府。这是因为：一是作为美国共和党总统，在对华政策上必然修正或者改变民主党奥巴马政府的对华政策，不同的对华政策会产生不同的中美关系，从而对台海政策带来不同的影响。二是特朗普个人及其团队人员素养不同于奥巴马政府人员。团队成员不仅缺乏政治经验，缺乏对国际政治的了解，而且对中美关系基本情况的了解也显然不足，包括一个中国原则对于中美关系重要性的认知不足，从而在其对华政策与台海政策的决策上必然存在更多的盲动性或不确定性。三是特朗普个人理念与思想倾向将对中美关系与台海政策产生一定程度影响。特朗普个人理念与思想倾向中的"极端""保守"特性，特别是对中国的若干不当认知，将深刻影响其未来对华政策的决策。特朗普个人在选举中与当选后的若干言论已显现有些"离谱"或"不靠谱"。当然，预测特朗普就任后美国内外政策，需注意可能存在的三个落差，包括竞选语言与政策兑现之间落差，个人认知与执政团队认知之间落差，特朗普个人主张与美国官僚体系认知之间落差。但作为成功商人转型为美国总统，甚至从其就任后的政策动向看，特朗普是在努力兑现选举承诺。四是美国共和党政纲将对特朗普政府台海政策产生一定的影响。2016年美国共和党党纲提出了"美台共享民主、人权、自由市场经济及法治等理念，基于"与台湾关系法"继续推动双方关系的发展，并信守1982年里根总统对台提出的'六项保证'（Six Assurances）"①。在这份党纲中，不仅没有提及一个中国政策与中美三个联合公报，反而片面强调了"与台湾关系法"，而且首次提出"六项保证"。这是需要特别注意的。

2. 特朗普政府的台海政策不在其施政优先位置。特朗普政府施政排序可能有三个倾向：一是美国国内议题重于全球议题；二是经济议题大于军事议题；三是实用主义重要于意识形态。因为特朗普的决策思维是"先美国后世界""由美国到世界"。在内外政策特别是在经贸领域可能采取若干贸易保护主义的政策与做法，但美国的对外政策应该难以真正回到"孤立主义"的道路。台海政策应该也非特朗普政府施政的优先事项，台海与朝核、南海及中美经贸等都可能是特朗普政府与中国进行讨价还价的砝码，但基于中美关系远远地大于或重要于台湾问题，两岸和平依然符合美国对华利益的需求，美国应该不希望两岸关系紧张或发生军事冲突，从而不会置台湾问题于施政优先、突出的位置。

3. 特朗普政府台海政策从属于美国对外战略、亚太政策与中美关系。特朗普政府的全球战略应是一个中心、两大基本点、三个战略区块与四种手段，即一是以"让美国重新伟大"为中心，提升美国经济、改造基础设施，全球战略服从与服务于这个中心工作，重点在提升美国的实力而非影响力。二是统筹内政与对外两个大局，内外联动。三是重视中东、亚太与欧洲三个战略区块。四是综合运用外交、军事、经济与文化四种手段达成目标。其亚太战略迄今尚未完全成型，目前做法是"先继承、再调整"，重点应在军事与经贸两个层面。美国亚太政策倾向是不再为外交政策而牺牲美国经济利益，而是相反，要让外交政策服务于美国经济利益需求。从而中美关系与中美经贸关系必将是特朗普政府亚太政策中的重要内容，而台海政策只是美国全球战略、亚太政策与对华政策下的一个部分。

4. 特朗普政府的台海政策将把经济利益置于优先地位。一方面，可能将凸

---

① Republican Platform 2016.https://prod-static-ngop-pbl.s3.amazonaws.com/static/home/data/platform.pdf.

显台湾地区在美国亚太战略中的角色与作用，这不仅是特朗普团队的主张，也是共和党主流的观点，即使美国民主党中也有不少人有此认知，从而必将提高台湾问题在中美关系中的份量，特别是从长远看，这一特征将不断显现。另一方面，在与台湾地区交往中，"先经贸、后政治"，无论是军事安全关系还是经贸关系中，美国经济利益极大化的倾向明显。因为特朗普政府的台海政策立足点是基于美国利益，至少是美国利益优先。这也是为什么美国官方一直将台湾当局开放美牛美猪进口问题作为台美协商经贸与投资的先决条件。

二、特朗普政府台海政策的倾向与要点

特朗普政府可能不断地提升台湾问题在中美关系中分量，但其政策主轴应该与以往历届美国政府差异不大，将视中国与美国关系各方面发展程度来处理美台关系。

1. 特朗普政府不断地提升台湾问题在中美关系中的分量。即将"台湾牌"视为与中国打交道的一个重要筹码。鉴于美国民主与共和两党的主流人士普遍认为过去 8 年奥巴马政府"对台不够友好"，过于重视中国政府在台湾问题上的立场，忽视了台湾的战略地位与台湾当局的安全与经济利益，美台关系没有随着海峡两岸关系的和平发展而提升等认知，特朗普政府的台海政策不仅可能突出台湾地区在美国亚太战略中的位置，视之为"安全与经济伙伴"，而且提升美台实质关系。

2. 特朗普政府台海政策的主轴仍是"分而不独、和而不统"。特朗普政府没有改变美国历届政府台海政策的核心，即海峡两岸之间处于分离状态、但台湾不能公开宣布"独立"；期待与要求两岸之间保持和平与稳定、不发生战争，但两岸始终处于不统一的状态。因为这样的状态也一直被认为最符合美国的国家利益。

3. 特朗普政府台海政策的基本点。主要有：

一是特朗普政府没有"弃台"。虽然"弃台论"声音一直在美国学界持续，但始终不是美国学界，特别是战略界与政策界的主流意见。基于意识形态与传

统上台美"友谊"，台湾地区是美国重要的"经济伙伴"的定位在未来尚难以改变。美国可能会因为打"台湾牌"而有不少人将台湾地区视之为美国的"筹码"，但台湾地区在美国战略界与决策层的考量中，不仅是"筹码"，也是"伙伴"。坎贝尔就曾将台湾地区列为美国在亚太地区与文莱、印尼、新加坡等并列的"重要的战略伙伴"。

二是特朗普政府没有公开地放弃一个中国政策。因为一个中国政策是中美关系的政治基石。这是 1978 年以来美国历届政府所认同的，1972 年《中美上海公报》指出："美国方面声明：美国认识到，在台湾海峡两边的所有中国人都认为只有一个中国，台湾是中国的一部分。美国政府对这一立场不提出异议。它重申它对由中国人自己和平解决台湾问题的关心。"可见，正是《中美上海公报》确立了一个中国原则，从而开启了中美关系正常化的步伐，"为中美交往与合作铺下了第一块基石"，"构成了中美关系的政治基础"。[1] 1978 年 12 月 16 日的《中美建交公报》提出："美利坚合众国承认中华人民共和国政府是中国的唯一合法政府。在此范围内，美国人民将同台湾人民保持文化、商务和其他非官方关系。""美利坚合众国政府承认中国的立场，即只有一个中国，台湾是中国的一部分。"同年 12 月 18 日美国政府的声明承认："自 1979 年 1 月 1 日起，美利坚合众国承认中华人民共和国是中国的唯一合法政府。""同日，即 1979 年 1 月 1 日，美利坚合众国将通知台湾，结束外交关系，美国和中华民国之间的共同防御条约也将按照条约的规定予以终止。美国还声明，在 4 个月内从台湾撤出美方余留的军事人员。""今后，美国人民和台湾人民将在没有官方政府代表机构，也没有外交关系的情况下保持商务、文化和其他关系。"该声明强调："美国深信，台湾人民将有一个和平与繁荣的未来。美国继续关心台湾问题的和平解决，并期望台湾问题将由中国人自己和平地加以解决。""美国相信，同中华人民共和国建立外交关系将有助于美国人民的福利，有助于对美国有重大安全利益和经济利益的亚洲的稳定，并有助于全世界的和

---

① 杨洁篪：《坚持〈上海公报〉原则，推动中美关系健康稳定发展——纪念中美〈上海公报〉发表 45 周年》，《人民日报》，2017 年 2 月 28 日，第 6 版。

平。"① 1982 年的《中美八一七公报》称：美国政府"重申，它无意侵犯中国的主权和领土完整，无意干涉中国的内政，也无意执行'两个中国'或'一中一台'的政策"。对于这一个中国政策在中美关系中的重要性地位，特朗普个人可能不是太清楚，但美国共和党主流与美国社会精英的主流是清楚的。2016年 12 月 16 日，奥巴马在年终记者会上表示：美中关系的重要性高于其他任何双边关系；美中关系对世界经济和美国国家安全等有着重要影响。如果美中关系破裂或两国陷入全面冲突，所有人的境况都会变差。奥巴马的表态是比较有代表性的。在中美关系中，美国不会放弃台湾这张"牌"，不会放弃插手台湾问题的做法，但应不至于在台湾问题上搞出太大动作。美国宾夕法尼亚大学东亚研究中心主任戴杰认为：中美三个公报确立了一个双方都可以接受的框架来处理台湾问题，对美国来说，这种安排就是美方奉行一个中国政策，不支持"两个中国""一中一台"或"台湾独立"，不同台湾当局发展"外交"关系，不与台湾当局签订"安全协定"，不支持台湾当局加入只有主权国家才能参与的国际组织等。②

三是特朗普政府也没有严格遵守一个中国政策。即对于一个中国政策，特朗普政府言行不一，不仅强调一个中国政策包含"与台湾关系法"，而且使一个中国政策空心化。特别是特朗普政府可能提升台湾地区在美国亚太战略中的地位，改变奥巴马政府基本不打"台湾牌"或少打"台湾牌"的做法。如果这样，未来中美关系中围绕台湾问题的弹性空间就会变小，从而对中美关系与中国的涉台外交形成重大挑战。

四是特朗普不会支持中国的统一。基于美国国家利益至上的考量，在未来几年中美国应尚难以支持中国的完全统一。

五是特朗普政府应不希望两岸关系出现紧张态势或者发生军事冲突。这是美国社会主流的意见，如葛来仪在《在 2017 年管控两岸关系：对特朗普政府的

① 《美利坚合众国政府声明》，《台湾问题重要文献资料汇编》，第 1144 页，中国社科院台湾研究所等编，红旗出版社，1997 年 4 月。

② 戴杰：《应确保中美关系基础不动摇》，《人民日报》，2017 年 2 月 28 日，第 3 版。

建议》报告中，就提出维护台湾海峡的和平稳定仍然是美国的重要利益，报告认为维护两岸和平稳定的责任"主要在北京与台北，但华盛顿也可发挥作用"。①

三、影响特朗普政府台海政策的主要因素

特朗普政府的台海政策受到多重因素的制约和影响，如特朗普个人及其团队对台湾问题的认知，美国政府涉及中美关系与台湾问题的国务院、国防部及国会等官僚体系对于台湾问题的认知及其作用，中美关系既有基础以及台湾方面对美政策与工作等等，均会对美国台海政策产生一定的作用与影响。

1. 特朗普及其团队对台湾问题的认知及对中美关系重要性的认知是十分重要的影响因素。特朗普个人对于台湾问题及其在中美关系中敏感性的了解与认识不是很深，对于中美关系看法，特朗普及其团队是把中国视为挑战美国的重要力量，还是认识到中美关系健康稳定发展有助于"让美国重新伟大"的目标？不同的认知，决定着不同的中美关系以及台海政策。从 2017 年 2 月 10 日与习近平通话看，特朗普似乎应是已正确认识到中美关系稳定发展对于美国国家利益的重要性了，至少是回归到一个中国政策的轨道了。

2. 美国政府官僚体系对台湾问题的认知及在中美关系决策中的影响力，也是影响美国台海政策的重要因素。应该指出，美国官僚体系特别是国务院与国防部等对于台湾问题的认知是比较深刻的，了解台湾问题是中国的核心利益及其在中美关系中的重要性与敏感性，但美国官僚体系对于特朗普政府台海政策的影响力能发挥到多大程度尚是一个变数。各个官僚体系与特朗普团队之间的"磨合"看来是必不可少的。美国前总统奥巴马谈及中美关系中一个中国政策问题时曾指出："一个中国是他们国家概念的核心，如果想颠覆这样的理解，必须想清楚后果，因为中国人处理这事件的方式不会和处理其他议题的方式相同。他们甚至不会以处理南海这一美中间已经高度紧张议题的方式来处理。这反映出他们自我认知的核心。"奥巴马的说法代表着美国原先官僚体系对中美

---

① 新华通讯社：《参考资料》，2017 年第 34 期，第 3 页。

关系的认知，即"对中美两国而言，中美三个联合公报规定的原则有助于防止台湾海峡发生严重的危机"[①]。

3. 中国与美国既有关系一直在制约美国台海政策的走向与动向。事实上，美国台海政策和美台关系终究只是中国与美国关系的"副产品"，受到中国与美国关系的深刻制约与影响。对于中美关系，中美两国不少学者普遍认为特朗普上台后中美关系开局可能会有波折，虽然未必遭受严重损害，但也应该难以大幅升温，理由是"美国战略界对华战略判断在整体滑向负面，包括对中国战略的威胁性、中国政治的不确定性、中美经贸的互利性、中国亚太政策的排美性等等，都在认真思考和评估，认为既有对华战略框架已不足以应对中国崛起，要求重估、重修对华战略的主张开始影响决策层"[②]。美国负责东亚与太平洋事务的前助理国务卿库尔特·坎贝尔（Kurt Campbell）在其所著《重返亚太：美国亚洲理政的未来》[③]一书中曾经提出：美国的未来与亚洲的未来交织在一起，因为亚太地区"大国的可怕崛起、其经济体惊人的增长，以及令人忧心的民族主义冲突升级"，让美国必须重返亚太，强烈呼吁今后美国对亚太地区的方略国策要灵活、机敏、别出心裁。

未来中美关系不论是"开低走高"还是"开低走低"，中美关系历经数十年发展，事实上已经形成了共同利益远大于分歧的共生结构。在经贸、全球热点问题的解决、反恐与区域稳定、安全等方面，都是难以不友好相处的，哪一方都承受不了彼此进行对抗的代价。中美两国贸易额 2016 年达到 5196 亿美元，是 1979 年的 200 多倍。[④] 正如美国驻华大使马克斯·博卡斯所言：中美双方之间的"经济日益相互关联"[⑤]。而台湾地区与美国贸易额只有 600 多亿美元，是大陆与美国贸易额的十分之一。中美贸易支持了约 260 万个美国就业机会。

[①]　戴杰：《应确保中美关系基础不动摇》，《人民日报》，2017 年 2 月 28 日，第 3 版。

[②]　袁鹏："特朗普冲击波"重塑中美关系》，《参考消息》，2017 年 1 月 4 日，第 11 版。

[③]　Kurt Campbell, *The Pivot: The Future of American Statecraft in Asia.*

[④]　杨洁篪：《坚持〈上海公报〉原则，推动中美关系健康稳定发展——纪念中美〈上海公报〉发表 45 周年》，《人民日报》，2017 年 2 月 28 日，第 6 版。

[⑤]　马克斯·博卡斯：《开启美中关系新篇章》，《人民日报》，2017 年 1 月 12 日，第 3 版。

"在世界高度互联互通的 21 世纪，没有贸易战的空间。"①

1990 年至 2015 年，美国在中国投资金额是 2280 亿美元。中国在美国投资金额是 640 亿美元，加上 2016 年中国投资美国的 300 多亿美元，这样接近 1000 多亿美元。2015 年在美国的中国企业为美国本土新增了约 1.3 万个工作岗位，增幅 12%。2016 年当然更多。目前受雇于在美国的中国企业的美国人总数超过 10 万人，比三年前增加 4 倍。至 2016 年 9 月底，中国持有美国国债余额是 1.157 万亿美元，约占外汇存底的三分之一。显然，"一个紧张对立的中美关系不符合其战略利益。而要想把美国经济搞上去，要想让美国重新变得伟大，特朗普需要一个健康稳定的中美关系"②。美国前驻华大使也认为："历经几十年且一直得到两党历届政府支持的美国的中国政策，一直是欢迎一个稳定、和平与繁荣的中国的崛起。我们欢迎中国在透明的、以规则为基础的制度中作为一个承诺自己责任的全球领导者，这个制度巩固了亚太地区几十年来所享有的和平与繁荣。"③

当然，笔者持"审慎乐观"看法，也并不是等于说中美关系从此一定一帆风顺。特朗普在美国会首度演说称自从 2001 年中国加入世贸组织以来，美国有 6 万家工厂倒闭，并且提到 2016 年美国与世界其他国家的贸易赤字达到近 8000 亿美元，其中中国对美顺差占了相当比例。从而，美国与中国不仅在经济上可能产生摩擦，而且双方经济关系既竞争又合作，但竞争大于合作，包括在制定经贸规则中要排斥中国的参加。尤其是在亚太地区，美国不可能放弃其领导地位，甚至会努力维护其在亚太地区的角色与作用，包括大幅提高国防开支，重整美国军队特别是海军和空军，海军军舰由 274 艘增加到 350 艘；承诺亚洲国家安全是地区稳定的基石。特朗普政府内部可能也有若干人士主张以强硬姿态面对中国，或将利用贸易和货币问题争取对美国有利的条件。美国军方也有人士可能希望加剧中美之间的战略竞争，提升美国军力；包括蔡英文与

① 芭芭拉·富兰克林：《期盼美中关系稳定并富有成效》，《人民日报》，2017 年 2 月 10 日，第 3 版。
② 袁鹏：《"特朗普冲击波"重塑中美关系》，《参考消息》，2017 年 1 月 4 日，第 11 版。
③ 马克斯·博卡斯：《开启美中关系新篇章》，《人民日报》，2017 年 1 月 12 日，第 3 版。

特朗普通话，也是或者期待通过强化打"台湾牌"来制约中国，但这样的通话"有可能强化台美实质关系，但不会影响美中战略关系；它会增加美中战略互疑，但不会导致美中战略冲突。因为，美国的对台政策只是从属于美国的中国政策，并且只是美国全球战略下的一环"①。特别是"美国对中国政策历来只服务于美国的国家利益"②，特朗普要"让美国重新伟大"，无法不通过与中国各方面的合作来实现，2017 年 2 月 8 日特朗普给习近平信件祝贺中国人民节日快乐，希望与中方发展建设性关系。③2 月 10 日在与习近平通话中，特朗普强调充分理解美国政府奉行一个中国政策的高度重要性，强调美国政府坚持奉行一个中国政策。④ 特朗普在与安倍共同召开的记者会上也表示：他与习近平进行了"十分良好的"和"十分热切的"谈话，美中双方正处于友好相处的过程中，美与中方代表就诸多问题进行了会谈，美中相处好了，对中国、日本、美国等区域内各国都有益。白宫发表的声明也表示特朗普同意遵守一个中国政策，两国代表将就涉及共同利益的诸多问题进行讨论和谈判。⑤ "习特通话"显示，特朗普及其团队不仅已经认识到一个中国政策是中美关系的重要政治基础，而且中美关系走向影响地区与世界局势。正如习近平所指出："作为最大的发展中国家、最大的发达国家、世界前两大经济体，中美两国在维护世界和平稳定、促进全球发展繁荣方面肩负着特殊的重要责任，拥有广泛的共同利益。发展长期健康稳定的中美关系，符合两国人民根本利益，也是国际社会普遍期待。"2017 年 2 月 27 日，国务委员杨洁篪在美国白宫与特朗普会面。杨洁篪转达习近平主席对特朗普的问候，特朗普对此表示感谢，并请杨洁篪转达

---

① 赵春山：《展望两岸关系中的"川普因素"》，《第六届两岸关系和平发展学术研讨会论文集》，第 4—5 页，上海台湾研究所、复旦大学台湾研究中心，2016 年 12 月 23 日。

② 孙昌国：《诚实面对国际局势，趋利避害》，台湾《旺报》，2017 年 2 月 11 日，A3 版。

③ 黄发红：《外交部发言人：高度赞赏特朗普对习主席和中国人民对节日祝贺》，《人民日报》，2017 年 2 月 10 日，第 3 版。

④ 新华社 2017 年 2 月 10 日北京电：《习近平同美国总统特朗普通电话》，《人民日报》，2017 年第 1 版。

⑤ 高石：《美国总统特朗普：美中友好相处对亚太各国都有益》，《人民日报》，2017 年 2 月 12 日，第 3 版。

他对习近平的问候。^①美国国务卿蒂勒森 3 月 18 日访华期间表示，自尼克松总统访华以来美中合作促进了彼此发展，美中双方也能努力妥善处理分歧，确保了两国不冲突不对抗，推进了互利合作。19 日，蒂勒森再次对习近平表示：美方愿本着不冲突不对抗、相互尊重、合作共赢的精神发展对华关系，不断增进美中相互了解，加强美中协调合作，共同应对国际社会面临的挑战。特别是 4 月 6—7 日在海湖庄园的"习特会"，习近平与特朗普初次谋面，但坦诚相见，达成重要共识，"为新时期中美关系发展指明了方向，推动开启合作共赢新篇章"^②。应该说，所有这些都昭示着中美关系发展正在朝着积极的方向平稳过渡和发展，从而从根本上制约着特朗普政府台海政策。

4. 台湾的民进党当局对美工作对于美国台海政策及中美关系也有一定的影响。如特朗普与蔡英文通话就对中美关系产生严重的负面影响，通话被认为是民进党对美工作重要政绩：一是为错误地"押宝"希拉里当选而扳回一城；二是开启 1979 年台美"断交"以来首次"历史性对话"，突破了美对台政策底线，也被国际社会视之为对一个中国原则的挑衅；三是开启特朗普上台后台美关系"大突破的良好一步"，也为民进党当局未来进一步推行"亲美"路线奠定基础；四是有利于提升民进党执政支持度。当然，"蔡特通话"对蔡英文个人可能是"小确幸"，但对台海两岸、乃至对美国与中国关系却是"大危机"，"它害了台湾，同时也伤了美国"，"对两岸关系乃至台湾未来安危造成极大的、乃至负面的影响"。^③未来民进党当局对美工作，取决于民进党当局对亚太形势的评估与对美工作。民进党当局认为，亚太与中美关系竞合形势对台湾是有利有弊，有利之处在：一是中美关系在特朗普上台后的竞争层面必然加剧与加重，双方间斗争性升高。这样台湾地区的角色与战略地位也相对升高。二是特朗普团队、美国共和党以及由共和党占多数的美国参众两院的主流人士对台湾地区相对友好。三是台湾方面与美国、特别是与共和党传统的友谊。不

---

① 章念生、高石：《美国总统特朗普会见杨洁篪》，《人民日报》，2017 年 3 月 1 日，第 3 版。

② 霍小光等：《把中美关系的大厦建得更牢、更高、更美——记习近平主席赴美国佛罗里达州海湖庄园同特朗普总统举行中美元首会晤》，《人民日报》，2017 年 4 月 9 日，第 2 版。

③ 姜新立：《川蔡通话：害了台湾，也伤了美国》，台湾《祖国文摘》，2017 年第 2 期，第 45 页。

利之处在：一是不能确定特朗普的个性与领导风格；二是中美经贸冲突可能影响到台湾地区在大陆的企业，即台商利益，以及与在大陆台商企业有关联度的台湾岛内相关产业，即生产上过度依赖大陆企业将面临新的挑战；三是美国停止推动 TPP、制造业回流美国、贸易保护主义将给台美经贸关系提出的挑战。因此，民进党当局应对特朗普上台后的对美工作，必将是持续推动"亲美"政策，强化与美国实质关系及双方经贸机制性安排，以确保"台湾主权独立"的状态不被改变。民进党当局对美工作在以下方面展开：一是强化与特朗普团队间沟通联系。通过彼此间密切的联系与沟通，让美方了解民进党方面想法与推动台美关系"诚意"，以及台湾"贡献国际社会的能力"，也设法让台湾地区的利益、需求和诉求融入特朗普政府对外政策、特别是对台政策中，台美"共谋亚太和平"。民进党当局对外政策，尽管对于"西进"只是希望"维持现状"，但在"东向亲美""北上友日"与"积极新南向"政策下，希望形成一种结构性趋势。民进党期待台湾地区在亚太地区和平稳定中扮演积极性的角色，从而希望在亚太的各种议题中，保持与美日的协调功能。二是深化与美方的合作关系。通过合作，让特朗普团队了解到：台湾地区对于美国、对于美国对外政策与国家利益的重要性，台湾地区不能被当成美国与中国政府讨价还价"筹码"，台湾地区不是"筹码"，是美国政治、经济、"安全"、社会的"伙伴"，台湾方面与美国存在"价值""民主"等共同利益，不是可以交换的商品。三是扩大台湾地区的国际参与。不仅包括台美双方经贸机制，而且包括台湾地区与亚太地区国家双方经贸协定和多方经济合作机制上，都希望取得美方支持与协助。

5. 海峡两岸关系演变对特朗普政府的台海政策也有·定的影响。自 2016 年 1 月 16 日蔡英文当选，特别是 5 月 20 日正式上台以后，海峡两岸关系迅速由过去 8 年的"热交往"向"冷和平"转化，不能排除向对立与对抗的方向发展。这样的发展态势，可能增加美方打"台湾牌"以牵制中国的空间，特别是在美国政学界普遍认为台湾当局处于两岸关系中弱势一方、美方需要给台方应有的照顾的认知下，特朗普政府由此提升美台关系似乎顺理成章。当然，美方也需要认知到：在两岸对抗进一步升高的情形下，美方打"台湾牌"的任何动作，都有可能被民进党当局错误地理解为支持其对抗大陆，而使两岸局势偏离美方所期待的和平稳定的方向。

第二节　特朗普上任以来的美台关系

特朗普当选并就任总统后，美国与台湾地区关系取得较大进展，特朗普与蔡英文通话，台美高层往来频繁，军事安全关系有所发展，美国国会通过一系列"友台法案"。其中原因有在中国发展崛起改变了中美关系基本态势背景下，美战略界与政策界"疑华""遏华"势力上升与政策抬头；兼具"政治素人"与"商人思维"及"特立独行性格"的特朗普个人因素；美国传统上支持台湾方面力量在发挥重要作用；民进党当局加大力度迎合特朗普政府政策偏好与对美游说工作和金钱攻势发挥了相当大作用。台美关系可能有进展，高层官员交往可能有所突破与强化，台湾地区在美国"印太战略"中地位与作用有所显现，双方经贸关系有一定程度进展，美继续支持台湾当局参与国际组织活动。而台美关系同时面临结构性制约因素与问题，如中美关系的制约，台美经贸分歧，美台实质关系提升的内在阻力，特朗普政府政策的"不确定性"等。

一、特朗普当选与就任总统后美台关系新进展

2016 年 11 月 8 日特朗普当选美国总统与 2017 年 1 月 20 日正式就任后，美国与台湾地区的关系取得了比较大的发展，主要在以下方面：

1. 特朗普对台政策主张有所偏离一个中国政策轨道。突出表现：一是蔡英文与特朗普通话。2016 年 12 月 2 日，台湾地区领导人蔡英文与特朗普通电话。应该说，"蔡特通话"是一个非常严重的事件，是 1979 年中美建交以来的头一遭。特朗普个人可能对通话的政治敏感度认识不足，但显然应是有特朗普身边人士在设计特朗普去做这件事。二是特朗普在其个人的推特中主张将台湾问题与中美关系中的经贸问题挂钩、做交易。2016 年 12 月 11 日，特朗普宣称："我充分理解一个中国政策，可除非我们与中国在包括贸易等其他方面达成协

议，否则我不知道我们为什么非要被一个中国政策束缚住。"① 不仅如此，特朗普还主张把台湾问题与人民币汇率、朝核问题、南海等挂钩或"打包"，增加与中国讨价还价的砝码。特朗普的思路是美国在对华关系（主要是经贸关系中）吃亏。在此思路指导下，认为台湾问题是可以谈判的，美国不必受到一个中国政策的约束。特朗普对华政策重点是美国经贸利益，不是台湾问题和一个中国政策，后者是特朗普用来谈判和交易的"商品"。

2.台美高层往来频繁，官方、半官方往来有所提升。如特朗普就职典礼邀请台方官员参加。蔡英文派遣了由台湾地区前"行政院长"游锡堃带队的庞大团队参加特朗普就职典礼。美国不少议员频繁访问台湾地区。

3.军事安全关系有所发展。一是台美军事合作提速，如特朗普上任后于2017年6月宣布对台军售14.2亿美元，且军售质量有所提升。美方邀请台湾军方参与2018年美国海军"反潜猎杀操演"与观摩美军"黑镖反无人机演习"。2017年8月后，美台先后进行"蒙特利会谈""美台国防工业会议""美台国防检讨会谈"等。二是双方军事官员互访层级提高。三是非传统安全合作在持续深化。美方甚至要求台方在南海问题上配合美国的政策步调，提升美、日、台三方协作的能力。在特朗普第一任期内，美国售台各类武器高达180亿美元。

4.美国国会通过一系列"友台法案"。如2017年7月14日，美国国会众议院通过《2018年财政年度国防授权法案》，要求美国国防部长在2018年9月1日前提交评估美国海军军舰停靠台湾港口可能性报告，以及美国在夏威夷、关岛或者其他适当地点接受台湾军舰进港要求的可能性，并将"六项保证"写入其中。2017年8月美国共和党全国委员会在《支持特朗普对台军售》的涉台决议案中，鼓吹"'与台湾关系法'和'六项保证'是美台关系基石"。2018年1月，美国众议院通过"与台湾交往法"，要求美国政府解除美台高层

---

① "Trump says US not necessarily bound by one China policy", interviewed by Chris Wallace of Fox News , on December 11, 2016, Reuter, available at:http://www.reuter.com/americanews11122016/trumpsaysusnotnecessarilyboundbynechinapolicy/.

官员互访的限制。2月28日，美国参议院正式通过该法，并送特朗普签署。国会甚至希望通过立法的形式强化美台军售合作的层次。

5. 台美贸易关系有所升温。自台湾地区被美国列入16个对美贸易逆差对象后，蔡英文当局"驻美代表处"主动向美国商务部提交报告，说明台美贸易逆差的成因。为了迎合特朗普提出的"美国优先""公平贸易"诉求，蔡英文当局加大对美采购，2017年9月，台湾"农委会"副主委黄金城带团赴美签署总金额约30亿美元的农产品采购意向书。蔡英文指派前经济部门负责人何美玥带团赴美参加"选择美国"投资高峰论坛，推动台商投资美国。蔡英文当局拟通过解禁美猪进口提升台美投资与贸易框架协议（TIFA）。

台湾当局"驻美代表"高硕泰在离任时曾列举台美关系进展，包括：2016年12月"川蔡通话"，他称为"自1979年以来双方元首级直接互动之首例"；蔡英文4年中六度"过境"美国，途经8座城市，均获美方高规格礼遇，美方逐次放宽蔡英文"过境"限制，待遇"不亚于正式访问"；美方高层包括副总统彭斯、国务卿蓬佩奥、商务部部长罗斯、卫生部部长阿扎、前国安顾问博尔顿、现国安顾问奥布莱恩、国务院发言人等总共发表近百次肯定台美关系的言论、专文或推文，均为历年罕见；台湾方面在2017年11月1日加入美国"全球入境计划"，继2013年免签安排后，更便利民间交流。美国国会参、众两院4年来提出及通过的"挺台"法案累计约达40项，包括"台湾旅行法""国防授权法""亚洲再保证倡议法""台北法案"等，并由特朗普签署成法。众议长佩洛西等数十位跨党派国会议员2019年4月出席在国会山庄举办的纪念"与台湾关系法"40周年酒会。2019年12月联邦众议院发起支持台美洽签"双方贸易协定"（BTA）及2020年5月支持台湾参与世卫大会（WHA）2封联名函，分获跨党派160位及200位以上众议员连署，创历年新高。台湾当局自2020年4月起陆续捐赠美国超1000万片医用口罩。无论如何概括，特朗普上台以来美台关系取得进展、获得提升则是不争的事实。

二、台美关系升温与有所进展的深层背景与原因

特朗普当选与上台后台湾地区与美国关系的升温，既有特朗普个人理念与政府政策主张的因素，更有美国政治社会结构演变与中美关系结构性矛盾的大背景。具体说主要受到以下因素驱使：

1. 在中国的发展崛起改变了中美关系基本态势与格局背景下，美国战略界与政策界"疑华""遏华"势力的上升与政策抬头。正如傅高义所指出："现在美国还没有习惯另外一个国家势力这么大。"[①] 在美国政策界主流看来，近年来的发展，不仅中美关系中既有的结构性矛盾没有得到解决，而且又产生新的对抗性矛盾。由此，首先是"台湾牌"的作用上升。认为台湾问题是美国对华政策的重要筹码，需要加以运用。当然，这也是美国对中国存在战略疑虑与中美关系中结构性矛盾因素所使然，包括特朗普核心团队的亚太和对华政策顾问观点存在偏激，不少人敌视中国，他们一方面认为美国需要强化同盟体系制衡中国，另一方面强调美对台政策必须重视"台湾人民的意愿"。其次是"美国亏欠台湾论"也应运而生。美国政策界与智库界主流对台湾当局相对比较友好，对台湾当局的处境持"同情"立场与态度，一直认为奥巴马执政八年中，美国"亏欠台湾"，从而同情蔡英文与民进党。全球台湾研究所执行所长萧良其在美国《国家利益》双月刊网站 2017 年 8 月 24 日刊文提出：美国需要制定一项面向 21 世纪的台湾战略——六项保证以及发表的其他文件时间是 1982 年，而局势今非昔比，需要在原来保证的基础上做出新的保证——表明维护台湾地区的民主制度是美国的一项重大利益，美国不会支持大多数自由台湾民众不支持的结果，美国也不会与中华人民共和国"共同处理"台湾问题，这对于调整框架以在 21 世纪增进美台关系都是非常必要的。

总体而言，因为美国战略界对于中国崛起的担忧，不仅会恶化中美关系，而且其可能的政策选择是打"台湾牌"。如曾经是特朗普首席战略师的史

---

① 刘劼：《中国在国际舞台上方向是对的——专访美国哈佛大学教授傅高义》，《参考消息》，2015 年 9 月 10 日，第 11 版。

蒂夫·班农（Steve Bannon）就认为美国及西方精英阶层过去几十年所犯的一个"最根本的错误"就是"以为随着中国越来越繁荣，它会变得更为开放和民主"。[1] 甚至有评论者指出：美国国内有关对待中国的共识已经由"鼓励与中国进行接触"转向"对中国进行报复与抵制"。[2]

2. 特朗普个人因素。作为兼具"政治素人"与"商人思维"及"特立独行性格"的美国总统，特朗普个人因素在美国的对外政策包括对华政策中发挥了比较大的影响。有学者把特朗普的个人因素视为一种"确定性"，特朗普"个人的特质将直接决定着其实现目标过程中的风格、偏好以及局限性"。[3] 首先是特朗普本人的认知是认为一个中国政策是可以谈判的。应该说，这是直接影响着其当选后的对台政策行为，"蔡特通话"与特朗普在推特上提出"一中"政策与中美经贸挂钩等，都是这种思维的反映。其次是商人重利轻义的交易性格，让某一时段在某一问题上进行交易的可能性增大，从而给了台湾当局方面容易达成交易的空间。再次是特朗普的领导风格——"抓大放小"，抓其关心的事项，不关心其无意关心的事项，结果会容易产生对相关政策的忽视甚至漠视，从而让行政部门或传统对台友好力量或有一定权力的"有心人士"，如薛瑞福等拥有发挥个人影响力的空间，在处理对台事务时的"自由裁量权"增大，进而出台各种"友台""利台"的政策动作来鼓励与支持"台独"，特别是当政策界主流产生"亲台"与"友台"倾向时，某一部门如国防部的部门政策可能上升为美国政府的政策而出台。

3. 美国既有传统上支持台湾当局的力量发挥了重要作用。台湾当局长期开展对美国政党与国会，甚至行政部门如国防部、国务院等部门人脉的工作。首先是美国国会因素在美国对华政策中的影响力不小。美国国会中一直存在相当

---

① 班农在日本东京的演讲：《大觉醒：全世界工人阶级和中产阶级联合起来》，凤凰网：http://news.ifeng.com/a/20171123/53520705_0.shtml，2017年11月24日查阅。

② 《美对华政策趋强硬，"华盛顿共识"不复存在》，美中时报网站：http://www.sinoustimes.com/contents/22/22996.html，2017年11月25日查阅。

③ 刁大明：《特朗普政府对外决策的确定性与不确定性》，《外交评论》，2017年第2期，第69页。

大的"反华""反共""亲台"势力,一直是制衡美国行政部门对华外交、推动"友台"法案的主力军。如美国参议院中有五分之一以上人员是"台湾连线"成员,众议院中则有130多名议员是"台湾连线"成员,近几年来通过的一系列"友台法案",涉及美国台海政策、美台军售、支持台湾当局的国际参与等多个层面,如2016年12月2日,美国国会众议院通过《2017年财政年度国防授权法案》,12月8日参议院通过,第2943号法案的第1254节是"美国与台湾地区之间高级军事交流"。12月23日,时任总统奥巴马签署生效。该法案要求美台之间高级军事交流每年至少进行一次,并在美国与台湾地区两地轮流进行;同时要求国防部长等提交依据"与台湾关系法"提供台湾地区防御性武器的计划的说明。其次是美国利益集团特别是"军工复合体"在其中发挥一定的作用。由美国军队、军工企业与部分国会议员组成的庞大利益集团,在美国售台武器的利润与取得订单、解决美国人民就业等方面都有巨大的利益所在。再次是美国智库与战略界主流比较"亲台"。如2017年1月美国战略与国际问题研究中心所发布的研究报告就是典型案例。认为美国虽应维持一个中国政策,但必须加强与台湾地区的防务与经济关系,放松长期以来美台间官方和军事交流的限制,推动台湾当局拥有更大的"国际活动空间"。[1]需要指出的是,台湾当局与美国传统上深厚的联系与关系,在美国台海政策中的作用不容低估,正如台湾有学者所承认:1979年以来,"台湾与美国维持了一个除了正式外交关系之外,在几乎所有其他领域关系紧密的'准盟邦'关系"。[2]

4. 民进党当局加大力度迎合特朗普个人及其政府的政策偏好与对美游说工作和金钱攻势发挥了相当大的作用。民进党当局全力迎合美国,积极寻找自身定位,积极发挥自身在美国国会的优势,积极探求游说、花钱及承诺提高军事预算的方式。民进党当局的内外战略是"亲美远陆""联美抗中",对美工

---

[1]　Bonnie S Glaser,"Managing Cross-Strait Ties in 2017:Recommendations for the Trump Administration",Center for Strategic and International Studies,January 26,2017.available at:https://www.csis.org/analysis/managing-cross-strait-ties-2017.

[2]　黎宝文:《台湾在美中互动中的第三方影响》,台湾《远景基金会季刊》,台北,"财团法人两岸交流远景基金会"编,2017年第4期,第1—2页。

作一直是台湾当局对外政策"重中之重"，是第一位工作，花钱游说力度相当大，蔡英文当局比马英九更肯花钱。"台湾人公共事务协会（FAPA）""美台商会"等在华盛顿，特别是在美国国会有较大影响力。台湾当局官方长期与美相关游说公司保持合作关系，一定程度上影响了美国政府台海政策。随着特朗普上台，民进党推动"美国确认和强化'六项保证'"列为对美工作重点与抓手；突出强调台美"共同利益"，2016 年 9 月成立的"全球台湾研究所（Global Taiwan Institute，GTI）"是目前台湾当局在华盛顿最为活跃的新一代对美游说机构。

对于 2017 年 11 月特朗普访华，蔡英文派遣了多方人马反复与美方沟通，要求特朗普访华不得损害台湾地区利益。最终反馈结果是：无论是白宫、国务院还是国防部，都明确表示不会迁就大陆而损害台湾地区利益，但他们也强调不能保证特朗普个人在与习近平见面时会一定"按照剧本演出"，不能保证不出意外，存在"不可控""不可知"空间。这让蔡英文对特朗普访华不敢掉以轻心，专门成立小组以为应对。台"外交部"北美司司长陈立国称：台方已经与美国行政部门沟通，提出"三不"原则："中美领导人交往时不要以台湾为筹码""不要牺牲台美关系""不要有任何意外"。尤其关注是否有第四公报。[①]对于特朗普访华，蔡英文当局的陆委会做了三点回应：一是"中华民国是主权国家，一年多来台湾作为亚太区域负责任的一方，坚定捍卫国家主权尊严，致力维持两岸关系和平稳定现状，符合区域各方的利益，也获得国际社会的高度肯定，我方乐见区域的和平稳定与繁荣，未来政府仍将坚定既定政策，同时呼吁中国大陆与台湾共同创造台海及区域发展新机遇"；二是"多年来，美国依据台湾关系法六项保证，及支持两岸关系发展的坚定立场，这是美方对台湾安全的坚定承诺，我们也欢迎美方持续深化与扩大台美各方面的交流合作，政府将持续关注亚太整体的战略情势发展，并加强与区域各方的对话与合作"；三是两岸关系改善，是区域及台海双方共同的期待与责任所在，"与美中加强双

----

① 徐维远：《川普访中，我促勿牺牲台美关系》，台湾《旺报》，2017 年 10 月 18 日，A7 版。

边交流互动趋势一致，当前两岸关系的开展首重双方的理解，这是双方共同的责任与努力的方向"。① 应该说，蔡英文当局的游说当然发挥了一定的作用。事实上，自 1949 年台湾问题产生以来，在大陆与美国关系发展中，台湾"一直扮演重要的'工具'角色"，"台湾较少直接影响美中互动，但是台湾第三方影响在美中关系中仍然扮演间接角色"。② 包括对于特朗普的访华，美国众议院 4 位"台湾连线"共同主席与 36 位参议员联名要求特朗普像"历任美国总统一样，公开重申台湾关系法"。所以有评论认为这是"策动游说的结果"。③

三、台美关系的发展

2017 年 6 月 3 日，美国国防部长马蒂斯在新加坡举行的"香格里拉安全对话"上声称，美国会提供台湾当局需要的军事装备，主要是依据"与台湾关系法"，美国的一个中国政策没有改变。应该说，美国的一个中国政策的原则立场不会变，但一个中国政策的具体做法会变；中美关系基本稳定的大框架不会变，但中美关系中的竞争性与斗争性不会少。

1. 台美关系的新的进展。主要表现在以下方面：

其一：美台高层官员互访成为常态，甚至高层官员交往和互访有所突破。自 1994 年美国对台政策检讨以来，美台高层官员互访事实上得到再度松绑，无论是经贸、"安全"或是其他领域高层官员互访成为美台交往的新进展。民进党当局高度重视与推动和美国官方交往关系的提升，并对特朗普政府提出更为实质性要求，对美工作重点不再要求特朗普政府在大陆极端在意的敏感问题上帮助，但期待在实质问题上提供助力，如台湾地区学者就认为"美国不会放弃亚太战略利益下的台湾"，尤其对于台湾方面而言，"在中国大陆国际与军事

---

① 林敬殷、许依晨：《府：期待美中积极促进区域和平》，台湾《联合报》，2017 年 11 月 10 日，A2 版。

② 黎宝文：《台湾在美中互动中的第三方影响》，台湾《远景基金会季刊》，台北，"财团法人两岸交流远景基金会"编，2017 年第 4 期，第 1—2 页。

③ 郭崇伦：《军售、议员挺台，川普守底线》，台湾《联合报》，2017 年 11 月 10 日，A2 版。

的围堵下，很难排除美国的国际与军事方面的奥援"。① 因此，实现美台高层直接对话，美政府高层官员公开会见到访的民进党当局政治人物；在美国主导的国际会议上邀请民进党当局官员参加等。

其二：强化台湾地区在美"印太战略"中的地位与作用。过去奥巴马政府一直避免把台湾地区拖入美国亚太同盟体系与大陆的竞争中，对台湾地区在该体系中的定位比较模糊，特朗普政府则是改变既有做法，推动台湾当局在其中扮演重要角色，推动台当局与美国同盟国，特别是日本的合作，以此凸显该体系对于维护地区安全重要性。这方面的进展也包括美国继续售台武器与台美在安全、情报关系上的提升。2017 年 12 月 11 日，蔡英文会见"美国在台协会理事主席"莫健（James Moriarty）时称台方"会在国防议题上与美国持续强化双方合作"，台湾是"印度—太平洋区域的自由民主国家，自然是'自由开放的印度—太平洋战略'中的相关者"，"会与美国合作稳定朝鲜半岛情势，并与美国在此区域的盟友深化合作"，"相关成果显现台美关系处于前所未有的友好状态"，要推动更紧密的台美双方经贸关系，包括加强在"新南向政策"上的合作。莫健表示，美国身为"印太区域"的一员，确保伙伴安全相当重要，并且相信台湾地区的安全对于全区域的安全更是不可或缺的。美国对于台湾方面的支持，如同支持"与台湾关系法"般坚定。② 蔡英文当局之所以急于谋求自身在美国"印太战略"中的位置与角色，其中的一个考量是对于特朗普 2017 年 11 月的访华中得出了一个错误的认知。在特朗普访华中，蔡英文当局最担心的三种情境都没有出现：一是特朗普访华期间，中美之间没有签署第四公报，甚至也没有发表《中美联合声明》。由此蔡英文当局得出特朗普政府与中国政府之间分歧不小的结论。二是特朗普访华中没有将台湾议题与中美之间经贸问题、朝核问题等挂钩，即美方没有因为在美方关切与关心的重大问题上需要中国政府配合与支持，而在台湾议题上对中国政府让步，台湾没有成

---

① 翁明贤：《解构中共十九大后对台双推战略及其影响》，上海市公共关系研究院、台湾战略研究学会主办《首届两岸韬略论坛》，第 19 页，2017 年 12 月 15 日。

② 吕伊萱、苏永耀：《中国驻美公使呛"武统论"，莫健批不恰当》，台湾《自由时报》，2017 年 12 月 12 日，A1 版。

为"筹码"或者"被牺牲"。三是特朗普访华期间没有公开说反"台独",甚至也没有说"不支持台独"。由此民进党当局认为,特朗普访华涉台议题重要性的下降,既说明中美双方之间在一系列重大问题上的分歧不小,无法顾及台湾议题,也说明特朗普政府尽管承诺"继续奉行一个中国政策",但无意在台湾问题上再向中国政府让步。由此民进党当局也得出三个错误的结论:一是美国继续支持蔡英文与民进党。因为民进党得到台湾主流民意支持,因为蔡英文的内外政策,包括两岸政策,不仅符合台湾民意,也符合美国亚太战略与美国利益,从而获得特朗普政府肯定。二是美国看重台湾地区的战略地位与作用。台湾地区在美国地缘战略的角色不可或缺,无论是过去奥巴马政府的"亚太再平衡"战略或者是特朗普提出的"印太战略",台湾地区的角色不可或缺,也因为台湾地区的"民主"、制度与价值和美国一致。三是美国高度重视台湾地区与美国之间关系。不仅重视台美经贸、文化关系,而且高度重视台美政治、军事与安全关系,从而在美国的对外关系议程中,台美关系与中美之间的关系是并行发展,并不完全受制于中国和美国之间关系的制约。

应该指出,蔡英文当局这样的评估未必完全符合事实。特朗普访华中,双方没有在台湾问题上进行纠缠,恰恰说明双方已经达成共识,台湾问题在中美关系中回归常态处理,美方坚守"一中"政策是双方关系正常发展的政治基础,本来就不是双方讨论的议题,正如有台湾学者所言:"台湾问题没有急迫性,本来不应成为双方讨论的重点。"[1] 台湾问题的淡化彰显在此问题上中美双方共识增强。

美台"军事安全"关系有所强化,其中突破点在提高与提升对台军售数量与质量,情报互换与军事官员互访得到加强,甚至建立一定的机制。2017年12月18日,美国公布特朗普政府首份国家安全战略报告后,台湾当局"外交部"表示,美方重申对台的"安全承诺",展现对台湾关系的支持,是正面发展,盼未来在特朗普政府的新战略架构下,持续深化台美各项合作。"北美司

---

① 郭崇伦:《军售、议员挺台,川普守底线》,台湾《联合报》,2017年11月10日,A2版。

司长"陈立国在新闻会上称，美国在安全战略报告中描述与台湾当局的"安全"合作关系，"显示特朗普政府充分体认台湾是美国在亚太地区重要的安全及经济伙伴"。[①]有学者提出："以结果为导向的特朗普政府在未来完全有可能利用南海问题、钓鱼岛问题、台海问题等地缘政治因素来对中国政府施压，以迫使中国在经贸领域给予美国更多实惠。"[②]12月23日，陈建仁、李大维在"台美日三方安全对话"研讨会上称：台湾地区有意愿参与美国和日本"开放且自由的印太区域"战略，希望台湾也是CPTTP中的一员。[③]

其三：美台经贸关系有所进展，但不是没有困难和障碍。随着特朗普政府不通过TPP协议，民进党当局期待通过加入TPP谈判而强化台美经贸关系的希望落空，包括在美国与中国经贸摩擦有所上升情况下，加强美台双方经贸关系将是必然的选择，特别是强化双方投资与贸易关系。台湾地区是美国第10大贸易伙伴，但台湾地区对美国的贸易顺差较大，如2015年，台美贸易667.6亿美元，其中台湾对美出口409亿美元，自美国进口258.6亿美元。到2016年9月止，台美贸易额482亿美元，其中对美出口292亿美元，自美国进口190亿美元，台方顺差102亿美元。这样，倡导贸易保护主义的特朗普上台后，美国要求台湾方面开放市场成为必然，台美经贸关系虽有所进展，但也是困难重重。民进党当局基于发展台美政治关系的需要，希望以经贸关系为"敲门砖"，推动的重点在争取台美双方自由贸易协定的前期研究、启动谈判与若干进展，但美方重点将是降低贸易逆差，解决包括美猪在内的货品进入台湾地区的障碍，而这又是民进党当局难以处理的难题。美方对台湾当局能否接受高规格标准的经贸协议以开放其市场，一直抱有较大怀疑。

其四：美方继续支持台湾当局参与国际组织活动。由于两岸关系和平发展面临严峻挑战，台湾当局参与国际组织的活动无疑受到较大限制，但美方对台方国际参与的支持力度是不减反增，一方面是民进党当局的要求，另一方面是

---

① "中央社"，2017年12月19日台北电。

② 周俊：《特朗普政府的贸易政策——基于美国国内贸易政治视角的分析》，《国际展望》，2017年第6期，第55页。

③ 徐伟真：《台湾盼加入印太、CPTTP》，台湾《联合报》，2017年12月24日，A2版。

美国的"台湾牌"使然，国会"亲台"与"友台"议员积极推动，美国行政部门继续声援与支持台湾当局参与国际组织的活动，也包括多边经济合作机制，从而两岸在国际场域的竞争加剧。

2. 台美关系面临结构性制约因素与问题。主要包括以下方面的因素：

其一：中美关系的制约与影响。中国的发展、自身实力及对美政策，对于中美关系稳定发挥着重要的作用，也制约着台湾地区与美国关系的发展。2017年2月8日，特朗普给习近平信件祝贺中国人民节日快乐，希望与中方发展建设性关系。①2月10日在与习近平通话中，特朗普强调充分理解美国政府奉行一个中国政策的高度重要性，强调美国政府坚持奉行一个中国政策。②从通话看，特朗普应是已回归到一个中国政策的正确轨道，认识到中美关系稳定发展对于美国国家利益的重要性。这其中，不仅是中国一贯并将继续从战略高度与长远视角看待与发展中美关系，而且特朗普政府也多次公开表达了推动构建"未来50年的中美关系"的主张。如2017年3月18日国务卿蒂勒森在访华时提及在中美"正在对决定两国未来50年关系方向的问题进行研究"③。一方面，特朗普政府在不少全球与地区问题上需要中国的支持，另外一方面，无论中美双方之间关系如何存在竞争，维持基本中美关系大局应该是不得不然的选择，从而美方在台湾问题上，对台湾当局的支持一定是比较有限的。台美关系事实上从属于中美关系。2017年11月8—10日，美国总统特朗普正式访问中国。中国政府以"国事访问＋"的方式隆重接待特朗普。双方不仅签署了2350亿美元经贸"大单"，而且在9日习近平与特朗普的会谈中，双方都肯定2017年初以来中美关系取得的重要进展，认同中美关系事关两国人民福祉，也关乎世界的和平、稳定、繁荣；合作是中美两国唯一正确选择，共赢才能通向更好

---

① 黄发红：《外交部发言人：高度赞赏特朗普对习主席和中国人民对节日祝贺》，《人民日报》，2017年2月10日，第3版。

② 新华社2017年2月10日北京电：《习近平同美国总统特朗普通电话》，《人民日报》，2017年第1版。

③ Erin McPike, "Transcrpt: Independent Journal Review's Sit-Down Interview With Secretary of State Rex Tillerson." March 18, 2017.HYPERLINK, http://ijr.com/2017/03/827413-transcript-independent-journal-reviews-sit-interview-secretary-state-tillerson，上网时间2017年11月15日。

未来。有关台湾问题，习近平强调："台湾问题是中美关系中最重要、最敏感的核心问题，也事关中美关系的政治基础。希望美方继续恪守一个中国原则，防止中美关系大局受到干扰。"特朗普则表示："美国政府坚持奉行一个中国政策。"

中美关系大局稳定的另外一个基础是经贸关系的"你中有我"与"我中有你"。2017 年中美贸易总额 3.95 万亿人民币，同比增长 15.2%，占中国进出口总值 14.2%，其中对美国出口 2.91 万亿元人民币，增长 14.5%，自美国进口 1.04 万亿元人民币，增长 17.3%，对美贸易顺差 1.87 万亿元人民币，增长 13%。

而中美高层交往特别是习近平与特朗普的私谊对于中美关系稳定发挥重要作用。正如外交部部长王毅所言：2017 年一年之内，习近平与特朗普三度会晤，多次通话通信，"为新时期的中美关系确定发展方向，打造对话平台，致力于在相互尊重、互利互惠基础上实现中美关系稳定发展"[1]。因此有学者认为：中美"元首、政治家的个人特质在彼此外交决策和战略互动中的影响力在加大"[2]。习近平与特朗普之间保持的密切的沟通关系对于中美关系的稳定确实发挥了稳定性的重要作用。其中从特朗普当选到就任，中方做了大量工作，甚至是进行了坚持不懈的斗争，最终让特朗普政府由偏离"一中轨道"回归到"一中"的正确道路上，回归中美三个联合公报。特朗普个人对于台湾问题的认识有了好的开始。4 月 6—7 日海湖庄园会晤中，据驻美大使崔天凯接受中国国际广播电台专访时透露，习近平与特朗普就中美关系中的根本性问题包括台湾问题以及其他涉及中国主权和领土完整的问题深入沟通。针对特朗普上台后首度售台武器 14.2 亿美元，习近平在 2017 年 7 月 3 日应约与特朗普的通话中强调："我们很重视总统先生重申美国政府坚持奉行一个中国政策，希望美方切实按照一个中国原则和中美三个联合公报妥善处理涉台问题。"特朗普表示：

① 吴绮敏等：《迈入新时代，展现新作为——外交部部长王毅回顾 2017 中国外交并展望明年工作》，《人民日报》，2017 年 12 月 25 日，第 3 版。

② 赵树迪、黄任望：《"特朗普特质"与中美关系前景初探》，《太平洋学报》，2017 年第 6 期，第 103 页。

"我愿重申，美国政府继续坚持一个中国政策，这一立场没有变化。"[①]7月8日，习近平在德国汉堡会见特朗普时再度强调："双方要尊重彼此核心利益和重大关切，妥善处理分歧和敏感问题。"[②]2017年11月9日特朗普重申："美国政府坚持奉行一个中国政策。"2018年1月16日在习近平与特朗普通话中，习近平提出："双方要相向而行、相互尊重、聚焦合作，以建设性方式处理敏感问题，尊重彼此核心利益和重大关切，维护中美关系健康稳定发展势头。"特朗普表示："美方高度重视对华关系和美中合作，愿同中方一道，推动双边关系取得更大发展。"[③]2018年2月9日，中共中央政治局委员杨洁篪在会见美国国务卿蒂勒森时再度阐明了中方在台湾等问题上的立场，要求美方认真对待中方关切，蒂勒森表示美方继续奉行一个中国政策。[④]

其二：台美经贸上的分歧不小。其实，台湾市场对美开放的难度相当大，特别是在美猪出口到台湾地区的问题上。因为，台湾地区70%的猪肉是自产而非进口，这与台湾地区牛肉进口占比90%不同。而美方又相当在意台湾当局开放进口美猪及商标著作权等问题，甚至认为唯有民进党当局解决这些问题，才能就双方经贸议题进行协商。尤其是特朗普政府为了满足"美国优先"的国家利益需要，对台经贸政策与立场是相当强硬。莫健在接受台湾《天下》杂志访问时表示："我持续敦促台湾解决美国牛肉和猪肉的问题"，"我认为这对创造一个良好的贸易关系氛围很重要"。[⑤]美方"驻台代表"也公开表示：台湾地区在农业与知识产权议题上还有努力的空间。[⑥]同时也是因为，美国的对台政策，是基于美国自身的利益，而非台湾地区的利益。特别是民进党

①　新华社北京7月3日电：《习近平应约同美国总统特朗普通电话》，《人民日报》，2017年7月4日，第1版。

②　杜尚泽等：《习近平会见美国总统特朗普》，《人民日报》，2017年7月9日，第1版。

③　新华社北京1月16日电：《习近平应约同美国总统特朗普通电话》，《人民日报》，2018年1月17日，第1版。

④　章念生等：《杨洁篪同美国国务卿蒂勒森举行会谈》，《人民日报》，2018年2月10日，第3版。

⑤　林河名：《莫健：敦促台湾解决美牛猪问题》，台湾《联合报》，2017年12月17日，A4版。

⑥　林上祚：《美猪议题，蔡让步？梅建华：类似讨论从未发生》，台湾《联合报》，2016年2月4日，A2版。

当局的对美工作，是将台湾地区的利益捆绑在美国的国家利益一起，台湾地区的利益成为美国国家利益的一部分。因此，民粹主义泛滥、经济问题泛政治化是处理台美经济关系中所面临的大难题，民进党当局很难在经贸议题上"以拖待变"，或者难以借由别的其他方式来弥补与满足美方的需求。

其三：美台实质关系的提升存在其内在一定的阻力。一是美国行政部门与国会的对台政策步调不一。行政部门回归"一中"立场，强调反对单方面改变现状，支持两岸通过对话解决分歧，但国会则是坚定支持台湾当局，推动"六项保证法制化"。二是特朗普政府在对台军售上的商业利益重于战略与安全考虑，将制约美台军事合作的效果。三是特朗普政府对民进党当局虽然基本信任但也存有疑虑。从台方来看，蔡英文答应台湾当局的"国防"预算达到 3%，应该存在相当大的难度。民进党当局内外政策所面临的矛盾与挑战不少，一是民进党当局既不希望自身成为美国与中国交易的"筹码"，但却是要凸显台湾地区在美国"印太战略"中的地位与角色，甘愿做"棋子"。二是在台海两岸之间"维持现状"目标与不承认"九二共识"的政治基础之间的矛盾难以解决。三是蔡英文提出"维持现状"与统一台湾目标之间的矛盾。四是美台关系的变化与矛盾，台湾地区在美国对华政策中由过去的"战略筹码"变成"具体筹码"，美国已经从是台湾地区的"保护者"变成"支持者"。① 特朗普的智囊或同情台湾，但不支持民进党当局在两岸问题上的挑衅举动，要求民进党当局对中美关系"不添乱"，坚持"维持现状"的承诺。美国方面担忧两岸之间因为缺少沟通管道而误判，不利于两岸关系稳定，容易导致争端的升级甚至冲突，不让出现"尾巴摇狗"（苏起语）的现象。

其四：特朗普政府的政策对台湾当局也存在不利之处及"不确定性"。自20 世纪 80 年代以来，台美关系最重要的基础是美国承诺"保卫台湾的民主"。而特朗普上台迄今从未强调美国民主的"优越性"，更遑论如过去小布什般肯定"台湾的民主与价值"。特朗普宣布美国退出 TPP 及特朗普不重视"民主"

---

① 纪欣：《与郭震远教授对谈两岸形势》，台湾《观察》杂志，2017 年 9 月 1 日，总第 49 期，第20 页。

等意识形态,"这将导致蔡英文当局'联美'的三管齐下的战略,即经济、价值观与安全,缺少两条腿"[1]。此外,特朗普政府的台海政策发展存在不确定性。西方有不少人担忧美国对台政策出现第三次的转变:第一次是杜鲁门在朝鲜战争爆发之际介入台湾问题;第二次是尼克松访华。未来是否有第三次战略性剧变?或者美国至少会弱化与台湾当局之间的关系?目前虽难定论,但美国社会中"弃台论"的出现却是绝非偶然。

第三节 新冠疫情暴发以来的台美关系

2020年初新冠疫情突然爆发后,蔡英文当局借机发展与提升和美国的关系,特朗普政府也基于美国自身需要,发展与提升和台湾地区各方面关系,台湾当局与美国关系在一定程度得到了较快发展与提升。其中原因在特朗普政府基于"以台制华"战略需要而大力推动、极大化"台湾牌";蔡英文当局凭借"疫情高于政治"幌子积极主动推动及台湾社会存在发展与美国关系的社会支持基础。台美关系进展产生的影响不小,不仅鼓励"台独"势力,影响台湾地区政治局势发展,而且影响到两岸关系与中美关系健康发展,可能引发中美关系再度激烈对抗,影响台海地区和平稳定,加剧两岸关系进一步对抗。

一、新冠疫情暴发以来台美关系的新进展

新冠疫情暴发以来台美关系的新进展主要表现在:台美不仅在防疫抗疫中密切"合作",而且借机强化美国在安全方面支持台湾当局的力度,除了对台大规模出售武器外,频繁派遣军舰和军机例行性地穿行台湾海峡;台美高层往来频繁,层次有所提升;美国国会进一步通过"友台法案",并由总统特朗普正式签署生效。台湾"驻美代表"高硕泰称台美关系提升至历来最佳状态且稳

---

① 林冈、周文星:《利益与价值:美国"弃台论"及其逻辑根源》,《第四届两岸智库学术论坛——新形势下两岸关系:挑战与应对》,中国社科院台湾研究所等,2017年11月26日,第128页。

健增进，展现"台美强劲互信与恒久伙伴关系"。

1.台美强化疫情方面的"互助"与"合作"。主要表现在以下四方面：

其一：通过正式签署疫情合作"联合声明"的方式，提升彼此关系。2020年3月18日，台湾当局外事部门主管吴钊燮与"美国在台协会台北办事处处长"郦英杰正式签署"台美防疫伙伴关系联合声明"（以下简称"声明"），声称"为共同对抗源自中国武汉的新冠肺炎病毒，台美双方将进一步强化台美咨商与合作机制，在此伙伴关系之下将分享最佳做法，合作进行相关抗疫措施"，内容包括：快筛检验试剂的研发、疫苗的研究与生产、药品的研究与生产、追踪接触者相关技术机制与科技、举行科学家与专家的联合会议、防疫医疗用品及设备的合作与交流。吴钊燮声称，鉴于防疫是长期作战，为了因应未来防疫需要，进行首波台美"合作"，美方在全球缺料抢料情况下，为台湾地区保留每周30万件防护衣的原料，而台湾地区则是在产能稳定后，每周将提供美方10万片口罩。该"声明"签署，表面上是"关乎民众生命"之需，实质是借机提升双方之间"官方"关系，因为美方签署者是"半官方"身份的"美国在台协会"的处长，而台方则是以"外长"身份。民进党当局曾在1月23日公告宣布停止口罩出口，台湾民众出境一人最多只能带5盒共250个，超出部分将被充公。由于1月23日正是湖北武汉宣布封城的日子，因此，蔡英文当局此举极具针对性，就是不出口口罩给大陆。而今台方宣布美台"合作"防疫后，台湾当局计划每周供应美方10万片口罩。可见台当局的"依美抗陆"的政策实质。台当局外事部门发言人欧江安表示，"外交部"、"卫福部"、"驻美代表处"及"AIT"、美国国务院等相关单位，透过电话会议讨论几个重要议题，主要是台美"共同抗疫合作"相关事务，透过此会议台美建立新的"战略关系"。4月9日，台当局再宣布第二波送口罩总共600万片中，再给美国100万片，且强调这100万片口罩是提供美国疫情形势特别严峻的州，支援第一线防疫的医护人员。"美国在台协会"为此在脸书上发文"感谢"，美国国务卿蓬佩奥也发表推文表示："在此艰难时刻，真正的朋友会互相帮助、团结一致。美国感谢台湾地区捐赠200万个口罩，支持我们前线的医护人员。在全球对抗新冠肺炎的战役中，台湾地区所展现的公开透明及慷慨大方是世界的楷模。"5 月 5 日，台湾当局宣布启动第三波"国际人道救援"，宣布援赠欧美国家和"新南向"国家共计 707 万片医用口罩，其中 228 万片援赠美国。担任美国参议院外委会亚太小组主席的共和党籍参议员科里·加德纳还特别录制 1 分钟影片感谢，称他所在选区科罗拉多州上次分得 10 万片，这次还是 10 万片，强调台湾当局的这一慷慨之举，再次说明台湾当局应该获得世卫组织观察员身份。[①]

其二：蔡英文当局借助美国力量散布"台湾防疫经验"。吴钊燮声称，是因为"美国在台协会（AIT）"看到这波疫情中台湾地区"表现优异"，因此双方"合作携手"对抗疫情。在疫病测试方面，试剂十分重要，因此"AIT"也和台湾的"中研院"在谈合作；疫苗也是过去就有和美方合作，台湾地区在这波疫情开发的追踪接触者科技，美方也认为这是可以从台湾地区学习的部分。因此，美方认为需要有更完整的"合作"，因此，发布台美"携手合作"声明。4 月 9 日，吴钊燮以预录影片方式，在美国华府智库"哈德逊研究所"线上研讨会中发表专题演讲，介绍台湾地区对抗新冠肺炎疫情的经验与国际合作成果，呼吁支持台湾当局参与世卫组织，他强调"台湾模式"提供"民主国家"防疫更好的做法，吁请美国及各国支持台湾当局参与世界卫生组织，让台湾当局与国际社会分享成功的"抗疫经验"。[②]

其三：美台官方人员通过虚拟论坛讨论台湾地区的抗疫与全球参与。据美国国务院 4 月 2 日晚间透露，美台官方高级官员于 3 月 31 日举行一个网络虚拟论坛，"分享台湾抗击新冠的经验"，并讨论了如何扩大台湾地区在全球舞台上的参与。与会者主要有"美国在台协会 (AIT)"、美国国务院、台湾"驻美经济文化代表处 (TECRO)"和台湾"外交部"的高级官员，包括"AIT 台北办事处长"郦英杰（Brent Christensen）、美国国务院国际组织局代理助卿普莱尔（Pam Pryor）、国务院亚太首席副助卿科沙普（Atul Keshap）、国务院

---

①　台湾"中央社"2020 年 5 月 5 日华盛顿电。

②　http://bj.crntt.com/doc/1057/3/3/1/105733129.html?coluid=46&kindid=0&docid=105733129&mdate=0410114647.

亚太副助卿费德玮（Jonathan Fritz）、国务院国际组织局副助卿库克（Nerissa Cook）。台方参与者包括"驻美代表"高硕泰、"外交部政务次长"谢武樵、"外交部国际组织司司长"陈龙锦。讨论重点是创建论坛，与世界各国分享"成功的、受到国际赞誉的"抗击新冠疫情的"台湾模式"。与会者还讨论了恢复台湾当局在世界卫生大会观察员地位的问题，以及台湾当局与世界卫生组织之间加强协调的其他途径。美国国务院称，最近美国和台湾当局宣布"加强合作"，防止新冠疫情传播；与台湾当局和理念相近的国家合作，扩大台湾当局的国际参与，是这一努力的重要组成部分。为的是更好地理解"台湾模式"，以及台湾当局为国际社会带来的"慷慨贡献"和令人印象深刻的专业知识，将使世界各国受益。不仅如此，美国卫生部长还与台当局"卫福部"官员进行电话会议。美东时间 4 月 27 日早上，美国卫生与公共服务部长阿扎（Alex Azar）与台湾"卫福部长"陈时中举行电话会议。阿扎在通话后发推特称，感谢台湾方面与美国分享"最佳实践和资源"所做努力，但他没有公开谈论支持台湾当局参与世卫组织事宜："今天早上我和台湾的陈部长谈了有关新冠疾病暴发的问题。我为台湾与美国分享他们的最佳实践和资源所做的努力向他表示感谢。现在，全球卫生伙伴关系比以往任何时候都更为重要，我欣赏台湾的贡献。"需要注意的是，台湾当局官方推特突出了此次"有成果的"会谈是聚焦于台美"合作"，包含世卫组织（WHO）时，阿扎的推特却是并没有谈到美国支持台湾当局参与世卫组织的事情。而台湾当局官方传出消息称，在这个 30 分钟热线通话中，阿扎"重申美国将持续全力支持台湾扩大参与 WHO 与全球卫生事务"。 美国卫生部与台湾当局官员的接触，与环保、经贸一样，一直被美台双方视为双边官方交往中"不那么敏感的"领域，也是过去几年双方官方交往比较活跃的领域。2016 年 10 月下旬，时任美国卫生部全球事务首席副助理部长 Holly Wong 曾访问台湾地区，并参加"台湾全球健康论坛"。2017 年 5 月 21 日，未获邀参加世卫大会的陈时中，在日内瓦世卫大会会场外，与时任美国卫生部长普莱斯举行双方会谈，约 45 分钟。2018 年 8 月 29 日，陈时中访问华府并与美国卫生部长阿扎会谈，这是台湾"卫福部长"首次访问华府，但台湾当局官方在陈时中回到台北后的 9 月 1 日才对外发布消息。2019 年 3 月，美国众议员约霍致函阿扎，建议他 4 月访台，但阿扎终究没到台北，改由已经卸任的美国前卫生部长普莱斯访台。因此，此次电话会议则被台湾媒体称为双方卫生首长的"首次正式通话"。

其四：美国强化对台湾当局参与国际组织活动、特别是世卫大会的支持。新冠疫情使台湾当局参与世卫组织（WHO）、国际民航组织（ICAO）等国际组织的议题再次成为舆论焦点。一方面，蔡英文当局借机提出参与世卫组织（WHO）的诉求，蔡英文呼吁："希望中国能善尽国际责任，让疫情公开透明，并与台湾充分共享疫情咨询"，呼吁"WHO 不应因为政治的因素排除台湾，WHO 要有台湾参与的空间，台湾就在全球防疫的第一线"。其言论，是希望对外引发国际社会对台湾地区的关注与同情，对内则渲染悲情与恐慌，再提"台湾被中国大陆打压而被排除在外""成为全球防疫网漏洞"等。另一方面，美国国务卿蓬佩奥在美国国会通过"台北法案"后，公开表达了支持台湾地区参加世界卫生大会的态度，他在 2020 年 3 月 30 日电话新闻发布会上说，国务院将遵守该法，全力支持台湾地区在世卫组织大会上获得应有的作用。台湾外事部门通过官方脸书，"感谢"美国贯彻以具体行动支持台湾地区参与国际组织活动的立场，表示愿意深化与美国的全球伙伴关系，"共同捍卫自由和民主"等普世价值。2020 年 5 月 1 日，"美国在台协会"也通过"脸书"表示支持台湾地区以观察员身份参加世卫大会，表示美国坚信台湾地区在世界卫生中扮演要角，且应以观察员的身份受邀参加将于本月召开的世卫大会，将台湾地区纳入世卫大会将有助于实现全民健康的目标，并帮助台湾地区与世界分享成功预防新冠病毒的"台湾模式"。"AIT"称，自即日起至世卫大会召开，每天都会分享"脸书"帖文"声援"台湾地区参与世卫大会及扩大台湾地区的国际参与。5 月 11 日，美国会参议院以"一致同意"(unanimous consent) 方式通过经修正之"要求国务卿拟定策略协助台湾重获世界卫生组织观察员地位法案"(S.249)。此前美国众议院曾于 2019 年 1 月通过主旨相同的法案 (H.R.353)，但因为案文内容与参院版法案不完全一致，因此，众议院仍须审议参议院版本法案。

2. 台美高层交往再度有所突破。主要是赖清德的"访美"与蓬佩奥录音视频祝贺蔡英文连任等。

其一：台湾当局候任副领导人赖清德的"访美"。2020年2月5日（当地时间）下午，赖清德在访问团顾问萧美琴、"驻美代表"高硕泰与代表处政治组组长赵怡翔陪同下进入美国国安会晤谈70分钟。当天，赖清德还会晤了美国众议院议长佩洛西和参议员科宁。6日，赖清德出席美国"全国祈祷早餐会"，聆听美国总统特朗普和副总统彭斯演讲。出席美国"全国祈祷早餐会"是此次赖清德以"个人身份"访问华府的重点行程之一。美国"全国祈祷早餐会"每年2月第一个星期四在华盛顿希尔顿酒店举行。通常有3500人参加，其中包括来自100多个国家和地区受邀者。它由美国国会主办，并由基督教组织联谊基金会组织，被设计成一个政治、社会和商业精英聚集和祈祷的论坛。根据白宫提供消息，今年（2020年）早餐会与会者包括特朗普、彭斯，国安顾问奥布莱恩，以及国务卿蓬佩奥、美国防长埃斯珀等9位内阁部长，超过200位美国国会参、众议员参加。6点50分左右，赖清德便在高硕泰夫妇陪同下进入举办早餐会的华盛顿希尔顿酒店。10点35分，赖清德离开。据台湾"中央社"报道，赖清德的桌位位于会场最前排，与特朗普同党盟友、共和党参议员格雷厄姆（Lindsey Graham）同桌，隔壁桌有蓬佩奥。2月7日赖清德展开在华府最后一个拜访行程——在哈德逊研究所与美国智库专家学者见面一个多小时。包括卜睿哲（Richard Bush）、何瑞恩（Ryan Hass）、史博丁（Robert Spalding）、王晓岷（Robert Wang）、黑考特（Scott Harold）、石明凯（Mark Stokes）、费学礼（Rick Fisher）、博斯科（Joseph Bosco）、马明汉（Michael Mazza）、马翊庭（Tiffany Ma）、谭慎格（John Tkacik）等参与，其中许多人是前政府官员，不少人立场是明显"亲台派"。美国国务院台湾协调处长蓝莺（Ingrid Larson）和"美国在台协会执行主任"罗瑞智（John Norris）也加入。11点35分，会谈结束后，哈德逊研究所美国海洋力量中心主任克罗普西（Seth Cropsey）送赖清德等到大门口。蓝莺被媒体问及对于会谈的感受时，只说了

"有意思的"（interesting），但拒绝回答其他问题。卜睿哲接受媒体访问时表示，不愿意称"这是1979年以来最高层访问"的特别说法，因为"人们所说的是错的"。他说，此次访问给了"赖院长"一个机会看望许多老朋友，同时也在他就任新职务前，与特朗普政府官员交换看法，这是有用的事情。鲍尔亚洲集团资深主任马翊庭说，会谈谈到了美台关系等话题。问赖清德此访意义何在？她说："有任何台湾高层代表来美国，都有意义。"前美国防部官员博斯科称赖清德"令人印象深刻，很有见解，有政治家风度"。"亲台"色彩明显的博斯科称，赖清德以"当选副总统"身份来访很好，希望有朝一日赖清德能以"副总统"身份来美，也希望蔡英文能以"总统"身份来访，到美国会演讲，与特朗普见面。赖清德一行8日离开华府前往纽约，与侨界见面后返回台湾。此行，尽管赖清德采取了"低调""非官方"形式，但因为赖的个人身份及台湾当局"驻美代表处"全程陪同安排，无疑是具有官方性质的交流活动，且是1979年以来台湾地区候任副领导人首访美国，首次参加"全国祈祷早餐会"，首次与美方智库交流。为此，外交部发言人华春莹6日表示，中方坚决反对美台开展任何形式官方往来，这一立场是一贯、明确的。中方已就美方允许赖清德赴美活动向美方提出严正交涉，敦促美方恪守一个中国原则和中美三个联合公报规定，停止美台官方往来，不得安排美国领导人、政府官员和国会议员同赖清德进行任何形式接触，慎重妥善处理涉台问题，停止向"台独"势力发出错误信号，以免对中美关系造成严重损害。

其二：美国国防部前印太事务助理部长薛瑞福访台。2020年2月中旬，特朗普政府原助理国防部长薛瑞福（Randy Schriver）访问台湾地区，并与蔡英文会面。19日薛瑞福在台湾"国防安全研究院"就美台关系进行演讲时称，中国台湾是美国"印太战略"的核心，美国希望与台湾地区在贸易、安全、情报分享等方面扩展合作，美国在台湾地区与日本等印太各方之间将发挥桥梁作用，促成更多三方合作。美国与台湾地区关系非常不一样，虽常有人说美台关系不是联盟，但美台之间存在"与台湾关系法"，尽管美国每一任总统对台湾地区都有不同看法，但都仍遵循"与台湾关系法"这一美国国内法，美国对台关系建立于美国的国家安全利益及美国与台湾地区的共同价值，这个看法深植于美国各党派。所以，假如"台湾地区面对中国大陆的军事挑战"，美国在过去都做出相应反应，如 1995 年、1996 年的"飞弹危机"，及 1957 年、1958 年"台海危机"。他表示，过去三年美台关系实质增进，特朗普签署《台湾旅行法》，这些作为都显示台湾地区并不是美国与大陆的谈判筹码，且美国协助台湾地区建立"国防"体系，不只是美国的策略，也是美国两党共识。而美国未来到底会支持台湾地区多久，则取决于台湾地区自己，但目前美国会继续坚定支持台湾地区。他相信大陆不会贸然对台发动战争，因为在美国可能介入及帮助台湾地区下，台湾地区对大陆是一个很难攻击的目标。但解放军未来若认为有足够能力，为维护"一国两制"体系，就有可能对台湾地区采取较激进作为，所以美台要密切合作，避免让解放军产生它有这个能力的认知。

其三：民进党当局主要官员在会晤莫健时鼓吹美台"建交"。"美国在台协会（AIT）主席"莫健（Amb.James F.Moriarty）一行 5 人于 2020 年 3 月初访台。5 日，蔡英文会见莫健，感谢美国众议院在 415 票赞成、0 票反对下通过"台北法案"，期盼台美能够签署双方贸易协议，共同为印太区域的和平稳定发展贡献力量。莫健表示台美关系除了长久商业战略伙伴、合作关系外，还拓展到技术、人道关怀等，称台美关系就是"休戚与共、共存共荣"。同日，"立法院院长"游锡堃则是再度建议莫健未来继续协助台美签订自由贸易协定（FTA），并考虑检讨与台湾地区间"正式外交关系"。因为游锡堃日前会见"AIT 台北办事处处长"郦英杰时曾表示希望"台美建交"，但郦英杰当面没有回应。游锡堃表示，希望美方可以继续支持台湾地区加入 WHO。莫健回复称美方一直都有在协助台湾地区加入更多国际组织，未来也将持续全力帮忙。他保证会竭尽所能地推动台美关系更加紧密，特别是在经贸领域的成长，因为"两国"都有着开放透明的市场机制。双方就台湾地区在"印太战略"地位、美国协助台湾地区扩展台湾地区"国际空间"等议题交换意见。

其四：美国国务院助卿出席台湾当局"驻美代表处"举办"台湾之友"酒

会。美国务院负责亚太事务的助卿史达伟（David Stilwell）等多位美国行政部门资深官员出席于 2020 年 2 月 26 日 18 时 30 分至 20 时举办的"台湾之友酒会"，并致辞。高硕泰表示，"中华民国台湾"重视与每一个"友邦"的情谊及合作关系，并感谢"友邦"坚定支持台湾地区参与国际组织，也感谢美方多次在不同场合表达支持台湾地区与"友邦"持续深化伙伴关系，乐见未来台美共同与"友邦"密切协调与合作，共谋互惠互利。

其五：蓬佩奥以公开声明方式祝贺蔡英文连任"就职"。美国东部时间 2020 年 5 月 19 日，美国国务卿蓬佩奥公开发表声明，祝贺台湾地区领导人蔡英文连任"就职"。这是自 1979 年中美关系正常化以来，美国国务卿首度公开以国务卿身份祝贺台湾地区领导人"就职"，其行为十分恶劣，影响极其严重。因为蓬佩奥的作为已突破美国政府既有"一中"政策框架，违背了历届美国政府坚持的一个中国政策，是"一中"政策立场上的重大退步。蓬佩奥作为美国最重要的内阁成员和最高层级外交官，不只是个人行为，而是国务院行为，其声明就挂在国务院网站上。

其六：美国卫生及公共服务部部长亚历克斯·阿扎（Alex Azar）访台。2020 年 8 月 9 日美国卫生及公共服务部部长亚历克斯·阿扎率团访问台湾地区，系六年来首位访台的美国政府内阁成员。10 日双方签署"医卫合作了解备忘录"，由"台湾美国事务委员会主席"杨珍妮与"美国在台协会办事处处长"俪英杰签署。表面上是"双方合作"，却是没有任何实质内容，对于台湾民众最关心的美方何时、如何支持新冠疫苗给台湾地区，协议没有任何承诺与规范，甚至协议文本都是英文，而无中文版本，也算是史无前例。

其七：美国国务院次卿克拉奇访台。2020 年 9 月 17—19 日，美国国务院第三号人物——副国务卿克拉奇访台。此人主要负责经济发展以及能源环境事务，开始说是赴台主持"美台经济与商业对话"，可能是因为美国特朗普政府内部存在分歧，因为美台经济对话属于美国贸易代表署权益，访台重头戏改为 19 日出席李登辉追思仪式，强调美国将透过"分享民主与经济的价值，来维持与台湾及多元民主的联结，来彰显李登辉的成就"。蔡英文当局宣称此人是

1979 年以来美国"访台最高层级的官员"，"乐见他与我方讨论如何就各项优先领域，强化台美经济合作"，"再次彰显美国对台美关系的重视和支持"。其实应该只是配合美国特朗普政府选举需要的一场自我陶醉的戏码。

3. 美国国会持续通过"友台法案"与特朗普签署法案实施。美国国会众议院 2020 年 3 月 4 日通过"台北法案"，以"国会意见"的方式支持台湾地区"巩固邦交"，参与国际组织，推进美台经贸关系。"台北法案（TAIPEI Act）"是由参议院外委会亚太小组主席加德纳（Cory Gardner）和共和党籍众议员匡希恒（John Curtis）分别于 2019 年 5 月和 10 月牵头提出的"2019 年台湾盟友国际保护及加强倡议法案"（Taiwan Allies International Protection and Enhancement Initiative Act）（简称"台北法案"），4 日在众议院表决时，以 415 票赞成、0 票反对获得通过。根据众议院"国会意见"（sense of Congress），认为美国应支持台湾地区强化与印太地区及世界各国的"正式外交关系"及非正式伙伴关系。对于显著强化、增进或升级与台湾地区关系的国家，应以适当及符合美国利益方式，提升美国与该等国家经济、安全及外交交往。对于采取严重或重大行动对台湾地区安全或繁荣造成伤害的国家，美国行政部门应以适当并符合美国利益方式，考虑改变与该国的经济、安全及外交接触。法案呼吁美国行政部门利用美方影响力或其他工具，适当争取台湾地区在国际组织上的参与权利，支持台湾地区成为不以主权国家为参与资格的国际组织会员，并在其他适当组织中取得观察员身份。在经贸方面，该法案认为，强化经济关系将有助美台经济增长；美国贸易代表办（USTR）应与美国国会协商，寻求进一步增强美台经贸关系。2020 年 3 月 19 日，参议院通过该法案。3 月 26 日（美东时间）特朗普正式签署，法案生效成为法律。该法案把台湾地区称之为"国家"（nation），严重违反一个中国原则和中美三个联合公报规定，违背国际法和国际关系基本准则，干涉中国内政。外交部发言人对此表示强烈不满和坚决反对。28 日，国台办发言人表示世界上只有一个中国，大陆和台湾同属一个中国。台湾问题是中国的内政，不容任何外来干涉。世界上 180 个国家同中国建交，美国早在 40 多年前就在一个中国原则基础上同中国建交。现在美国却签署法案阻挠其他主权国家同中国发展正常国家关系，毫无道理、自相矛盾，违背国际法和国际关系基本准则。①27 日台湾当局外事部门则是发布新闻稿，称诚挚欢迎与感谢美国行政部门及国会对台湾"外交"空间、"国际参与"、深化台美经贸与安全关系，以及对台湾民主成就的肯定与一致支持。

4. 美台军事安全关系不断深化。军事安全关系一直是台美关系深化的重要领域，长期以来是"只做不说""多做少说"，特朗普上台以来在持续进行。如2019 年 12 月 20 日，特朗普签署《2020 财年国防授权法案》，该法案规定美国国防部针对"美台网络安全工作组"提交可行性报告；依据《台湾旅行法》推动美台资深国防官员及将领交流；提供台湾参与实战及军事演习的机会；维持常态性派军舰穿越台湾海峡；鼓励盟友及伙伴跟进穿越行动等。2020 年 4 月29 日，美国太平洋空军司令布朗在夏威夷召开有五大洲十八个国家与地区空军参加的视讯防疫会议，邀请台湾地区及涵盖五大洲十八个国家与地区的空军司令讨论疫情与今后合作方式。参与视讯会议的国家与地区包括澳洲、孟加拉国、文莱、加拿大、智利、法国、印尼、马来西亚、蒙古、尼泊尔、新西兰、菲律宾、韩国、新加坡、斯里兰卡、台湾地区、泰国、美国，以及日本航空自卫队。韩国媒体拍到"中华民国国旗"与各国并列。根据美国太平洋空军（PACAF）发布新闻稿，布朗在会中说："如同几个月前我们面对面举行的研讨会，这次视讯会议也是本于合作因应全球挑战的共同信念。从合作到战斗，现在又经历 COVID-19 疫情，我们依然紧密团结。"布朗所指前次面对面会议，应该是指 2019 年 12 月 2 日至 6 日举行的太平洋各国空军司令研讨会（Pacific Air Chief Symposium）。这场视讯会议聚焦各国与地区分享因应疫情期间做法，并期盼各国与地区在"后疫情时代"恢复交流与训练，以及承诺在印太地区持续保持合作。布朗说："世局将出现很大不同，我们之间如何操作、训练与联系也将有所改变，但透过像这样的视讯交流机会串联彼此，将是确保印太地区和平安全的关键。"美国太平洋空军称，这场十九个国家与地区空军司令视讯

---

① https://www.fmprc.gov.cn/web/fyrbt_673021/jzhsl_673025/t1762517.shtml.

会议，凸显空中力量在政府整体防疫里的灵活度与重要性，在绝佳时机点展现盟国与伙伴间的分享与团结。在特朗普上台 4 年时间里，美国售台 138 亿美元武器。2020 年 8 月，美国宣布售台 66 架、620 亿美元的 F-16 战机给台湾地区，也是自特朗普上台以来美台间最大的军购案。如果加上 20 世纪 90 年代美国售台 150 架（因各种原因毁损 8 架），台方将拥有这类战机 208 架。

二、台美关系取得新进展的原因

新冠疫情发生后台美关系得以获得提升原因，主要在于美国特朗普政府在疫情面前强化政治操作，甚至蓄意"甩锅"中国、开展对华对抗的战略选择，而蔡英文当局在"疫情高于政治"幌子下积极主动的推动也是重要原因。不可否认，台湾地区社会所存在的发展与美国各方面关系的社会支持基础也是台湾当局与美国关系得以提升的基本条件。

1. 美国特朗普政府基于"以台制华"战略需要。基于对华战略遏制政策，美国特朗普政府大力推动与提升和台湾当局的关系，这是台美关系得以提升第一大因素。

其一：台美关系提升是在美国特朗普政府恶化中美关系的大背景及美国持续对抗中国的政治需要下得以实现的。苏起认为，特朗普政府对华采取"竞争战略"或者"遏制战略"的真正关键仍是因为担忧美国全球领导权位被中国挑战，甚至美国两党及行政、立法部门都支持，至少是不反对特朗普的对华遏制政策，正是因为他们都忧虑中国对美国权位的挑战。至于美国有人把"竞争"归因于中美制度的不同，有人说是价值观或意识形态的差异，有人说是文明的冲突，甚至有人责怪中国领导人的强势作为，有人认为是美国对中共民主转型的期待落空，等等，不一而足，这些都是"虚"的。美国特朗普政府是从地缘政治与战略需要出发，以拉拢台湾地区进入"印太战略"为抓手，来强化与推进"印太战略"，打造对中国的战略竞争地缘政治的主平台。正是美国特朗普政府拥有增强对华战略博弈的动因，加剧了美国与台湾当局的勾连的增多。基于防范与遏制中国的发展，防范中国发展后"挑战"美国在全球、特别是亚太地区领导地位的需要，近几年来，美国特朗普政府加大了在涉台、涉港、涉疆、涉藏以及南海等问题上对华施压的政策力度，此次借助新冠疫情来强化与大打"台湾牌"，不过是美国特朗普政府对华遏制战略的重要一环。如 2020 年 6 月 15 日，美国国防部长马克·埃斯珀就发表推文称，美国将与日、韩、新西兰、澳大利亚、东南亚国家和其他太平洋岛国持续建立更紧密关系，重申"维持对民主台湾的承诺"①。

其二：台美关系提升也是因特朗普政府决策团队中对华鹰派人多势众的结果。如蓬佩奥就是具有"反华亲台"国务卿的标签，是特朗普政府"反华"政策具体的制定者和实施者。特别是新冠疫情暴发后，蓬佩奥的工作重心就与疫情、与台湾地区密切相关，一度时间，连续十几天多次发文支持台湾地区参加 WHA，宣传台湾地区抗疫表现，称赞台积电到美国投资等，多次在记者会上公开肯定台湾当局表现，更以"5G 国家安全三连胜"（5G National Security Trifecta）来解释美国封杀华为的举措，并称台积电到美国投资 120 亿美元，也是"5G 国家安全三连胜"不可分割的一部分。蓬佩奥的一系列举动无疑是其反华政治立场的真实流露。不仅如此，蓬佩奥个人极端反华行为，也带动了整个美国行政当局的反华立场步步为营。正是因为蓬佩奥给蔡英文连任"就职"贺电，"美国在台协会主席"莫健、多位参众议员、前任政府高官也纷纷通过视频表示祝贺，美国现任助理国务卿史达伟和副国家安全顾问博明也加入这一行列中，导致"贺电"成了美国务院挺台的"标配"。因此，必须看到，特朗普政府大打"台湾牌"，其中所反映出来美台关系的若干深层次变化。美国国内要求政府在台湾问题上改变"战略模糊"的论调不容忽视，美国"亲台"势力以及"台独"分子从近一个时期中美关系的"对抗螺旋"中发现了"战略机遇"。"亲台"势力的幕后操作所发挥的作用不可忽视。

其三：台美关系提升也是美国特朗普政府转移国内民众不满其抗疫糟糕表现、"甩锅"中国的结果。随着美国国内新冠疫情的持续不断，为了转移美国

---

① 台湾"中央社"2020 年 6 月 15 日电。

国内民众视线，特朗普政府采取"甩锅"于中国的做法，不仅指责中国对于新冠疫情的信息不透明，而且借疫情开展战略上全方位遏制中国的政策行为，"台湾牌"成为最好、最廉价的工具与手段。从而，不仅是一向"亲台"的美国国会接连通过"台北法案"等，构筑提升美台关系的法律基础，而且以特朗普与蓬佩奥为首行政部门借势发力，频打"台湾牌"，不仅提升了美国与台湾当局实质关系，而且也进一步促使蔡英文当局加大"倚靠美国、对抗大陆"的投机决心。

2. 蔡英文当局积极地推动与实施"对美一边倒"政策，是台美关系得以提升的第二大重要因素。

其一：蔡英文当局强力推动，是台美关系提升的重要原因。蔡当局之所以"对美一边倒"地推动台美关系，主要是基于以下因素的考量：一是基于推进"台独"目标的实现，需要取得国际上最大的"靠山"——美国的大力支持。二是基于回馈年初"二合一"选举中美方在各方面对蔡英文与民进党的倾力支持、助其连任。三是在蔡英文看来，疫情大流行是其发展与美国关系并以此扩大台湾地区"国际参与"的机会。从而不惜代价，强力推动。

其二：蔡英文当局在抗疫问题上与美国亦步亦趋，"抗疫政治化"。一方面是蔡当局拿防疫物资，特别是口罩，大做对美关系的文章。2020 年 4 月 1 日蔡英文宣布，将捐赠 1000 万片口罩给受疫情严重影响国家，其中包括捐赠美国 200 万片。另一方面是美方看蔡当局表现来做提升美台关系的文章。4 月 2 日，美国国安会在推特上引述路透社新闻表示："感谢台湾民众在我们持续与冠状病毒大流行对抗之际，给予慷慨支持与合作。"美国国务院一位不具名发言人也在 4 月 1 日赞扬台湾地区"不只是民主成功故事，更是患难时的真朋友"。事实上，大陆援助美国的口罩数量更多，却是未见美方如何地给予"感谢"。4 月 23 日，台美设立"抗疫数位合作平台"，双方并首次进行科技防疫合作，"美国在台协会台北办事处处长"郦英杰与台当局"行政院副院长"陈其迈、"政务委员"唐凤等人举行"台美防疫"记者会，称希望透过数位平台，让台美防疫专家学者一起集思广益、交流，找出科技对抗疫情的新方法。[1] 其实际做法，正是披着防疫抗疫的招牌，进行着政治性的活动。

其三：蔡英文当局花大力气游说导致了美国行政部门不断"友台挺台"。蔡当局对美游说的力度与所付出各种资源较之马英九执政时代是前所未有的，游说重点不仅在传统的国会系统，而且扩及智库系统与美国国防部、国务院等行政系统。正是在民进党当局多年游说和运作下，以蓬佩奥为首美国国务院在新冠疫情暴发后，已经抛弃美国行政当局相对比较中立、客观、不过于"亲台"的传统做法，甚至转而高度"配合"和"支持"蔡英文，高调支持民进党当局。台美关系的新进展，就是与民进党当局对美"全方位"的游说工作密不可分的，是其对美工作的"进展"与"成果"。

3. 台湾社会因"二合一"选举兴起的"台湾民粹主义"提供台美提升关系的社会支持基础。台湾社会一向"亲美"，"亲美"属于"政治正确"，"二合一"选举尤其将台湾社会既有的"亲美情结"推展到了极致，形成"反陆抗陆"的"台湾民粹主义"浪潮，加上防控疫情需要采取"物理隔离"的举措，搭配着防疫抗疫中台湾民众自保心态的膨胀，进而视美国为"安全保护伞"、视大陆为"威胁"的社会心理弥漫整个台湾社会，且通过网络进行广泛的传播，"对抗大陆、亲近美国"成为台湾社会新的主流民意与政治正确。

三、台美关系新进展的影响 [2]

1. 严重影响中美关系的健康与稳定发展。主要表现在：

其一：台美关系的提升给稳定、合作与协调的中美关系带来巨大的挑战与不确定性。台湾问题向来是中美关系中最重要、最敏感的问题，牵动着中华民族的利益与中国人民的情感，但只要美方慎重处理台湾问题，完全可以不让台湾问题影响中美关系发展大局，中美关系正常化以来40年的发展历程已经证

---

① http://bj.crntt.com/doc/1057/4/7/3/105747305.html?coluid=46&kindid=0&docid=105747305&mdate=0424002211.

② 感谢邵育群与童立群在这部分内容写作中提供的支持。

明了这一点。但如果基于对华遏制战略的需要而大打"台湾牌"，提升美台关系，尤其是不断地碰触中国政府在台湾问题上的底线，那么一定损害中美关系的稳定与健康发展，损害中国的国家利益，也损害美国的国家利益。事实上，美国通过国会立法在前、行政部门实践在后的方式，寻求逐步"掏空"中美之间政治基础的三个联合公报的核心内涵，将美台之间以往暗中互动中所赋予的"国与国"交往关系内容公开化。因此，中方对美国在对台政策方面的主要批评是美国的"一中"政策已经变得"空洞"，"美国似乎在远离它的'一中'政策"，特别是美国现在与台湾当局官员有"更频繁、更高级别和更公开"的会面。"美国在台协会前主席"薄瑞光承认："以往即便有这种会面，我们也不会公开承认。"中方也抱怨美国军舰每个月经过台湾海峡的军事行动，甚至还有科研船停泊到高雄等，这些都是"前所未有的举措"，也因此都被中方认为"极其危险"。

其二：台美关系的提升事实上改变了美国历届政府所标榜与坚持的一个中国政策。破坏了过去 40 年来中美在台湾问题上的默契，损害了中美关系的基石，严重破坏中美关系发展的政治基础，对中美关系未来发展是一个严重挑战。对此切不可掉以轻心。中美双方事实上曾经在台湾问题上达成共识和妥协，中方坚持一个中国原则，美方坚持一个中国政策，这是中美建交并发展双边关系的政治基础。如今美方肆意改变其政策的实质内容，就是在破坏中美关系发展的政治基础。蓬佩奥等的系列政策行为可能是美国加速与台湾地区"正常化"关系的"探路石"，表明既是对美国国内亲台政客"美台关系正常化"的呼应，又是在切实地实践与台湾地区建立真正的"伙伴关系"，强化及制度化与台湾地区的结盟关系，其政策行为影响巨大、危害严重。因此，中美关系发展的真正出路在于双方基于历史与面向未来的积极构建，以历史演进的大视野看待中美关系的新格局，审慎与妥善处理与台湾地区的关系，才是中美关系的健康稳定之道。

其三：台美关系的提升为美台继续发展进一步实质性的官方关系铺路。实际上，美国过去曾多次给台湾当局领导人"贺电"，2012 年马英九连任时，奥巴马除了亲致贺电，据传还写亲笔信给马英九（不曾曝光）。蓬佩奥"贺电"的恶劣影响在于网络时代，通过推特发表推文的快速传播，以及信息公开透明，媒体接连炒作，且直呼蔡英文为"总统"，已经非常明确表达了美方及蓬佩奥本人在台湾问题上毫无顾忌的想法，中美关系与两岸关系均发生重大变化的大背景下，这样的"贺电"无疑是美国将"台湾牌"打到极致，妄图升级中美关系对抗的表现。蓬佩奥在"贺电"中还强调：一是蔡英文有绝对的民意支持；二是台湾地区"民主制度是世界的典范"；三是发展"美台伙伴关系"是美国两党共识；四是美台对地区发展的看法一致。从这四点来看，美方是在为继续发展美台实质性关系、甚至"官方关系"进行造势和铺路，主要在于：一是强调美台各自内部都全力支持发展关系，没有任何政治阻力；二是强调用"民主的台湾"抵御"专制的中国"，符合美国利益和世界利益；三是美台实质关系的主要体现将集中在"印太地区"。

其四：台美关系的提升为美国政府其他部门与台湾当局发展进一步关系"松绑"，使双方交往呈现"全面常态化"。国务院作为美国外交政策的最主要制定部门和执行部门，一直以来行事谨慎，专业性较强。但由于之前一直被批评在对台政策上"自我约束"，"害怕得罪北京"，且目前被"政治野心强、专业能力差"的蓬佩奥带领，从而在突破一个中国政策上迈出一大步，其对政府其他部门的政策具有"示范效应"，实际上是将为政府其他部门与台湾当局发展关系"松绑"。后续美台可能在经贸、军事、网络等多个领域出现更多的"实质性合作"。美国国务院在蔡英文"就职"同一天宣布，出售台湾18枚MK-48 AT重型鱼雷及相关设备，这笔"军售案"总价值高达1.8亿美元。美国国务院政治军事局约在2小时前在官方的推特宣布授权此一"军售案"，1小时后又连发3条贴文，"祝贺"蔡英文展开第二任任期。

2. 影响台湾政治局势的演变及其方向。主要在：

其一：将进一步巩固民进党在台湾地区的执政地位。不可否认，美国的政策动向对于台湾地区政治局势的影响不小，美国提升与台湾地区的关系，一定会被视为对于执政的民进党当局的支持，一定会被视为对于民进党当局内外政策的支持，即使这不是美国特朗普政府的政策原意，也会被民进党当局操作为实际上的效果，从而形成对于民进党继续执政比较有利的国际氛围与环境，冲击台湾地区的两党政治格局。

其二：将助长"台独"势力气焰。美国基于自身战略与安全利益来提升与台湾当局的实质关系，谋取一时利益，势必会让"台独"势力误以为美国是支持其"台独"主张与行为，因为有了美国的支持，"台独"势力必将采取进一步的极端"台独"举措，甚至逆历史潮流而动，大肆推行法西斯"台独"，从而对于台湾社会的自由与民主的秩序产生相当大的负面影响。

其三：将深刻影响台湾的社情民意的走向。作为一个岛屿，特别是作为经济上高度外向型与依赖国际市场的高度发达的工商业社会，台湾社会深受国际政治与经济的多重影响，特别是美国对台湾地区社会的影响巨大。美国的台海政策及其动向和美国的文化、思想意识，在过去 70 年中影响着台湾数代人的思想与观念，迄今也依然在影响着台湾青年人的观念，未来也将继续影响着台湾的社情民意走向。

3. 严重冲击台海两岸关系的和平稳定。主要在：

其一：将鼓励蔡英文当局与"台独"势力进一步挑衅台海两岸关系。美国台海政策的任何举动，对于台湾社会的影响极大，对于台湾政党的内外政策的影响极大。因此，如果不能遏制住美国在"一中"政策上的后退，对于蔡英文当局与"台独"分裂势力将是一个极大的鼓舞，未来他们必将在"台独"道路上不断地走下去，进而严重威胁台海两岸和平稳定，影响中国的和平统一大业。

其二：将影响大陆对台和平发展政策的实施及其效果。自 1979 年以来大陆的对台政策就是"和平统一、一国两制"，力争以和平的方式、两岸融合发展的政策，实现两岸关系的和平发展，进而实现两岸的和平统一。但在美国不断提升美台关系，进而影响台湾社会民情在统一问题上的立场，势必影响大陆所推动的和平发展与和平统一政策的成效，影响和平统一的进程。

其三：将对世界上其他国家的对华政策产生不良的示范性作用。特别是美国的盟国很可能效仿其做法发展与台湾当局的关系，从而不利于中国政府维护国际社会"一中"框架与中国最终的和平统一。目前，美国的多个盟国，如澳大利亚、英国等国内都有较强的声音，在鼓噪调整对华政策。几乎所有盟国都认为台湾地区的"抗疫模式""非常成功，值得学习"。同时，法国、荷兰等国家仍在对台军售问题上蠢蠢欲动，随时准备趁乱谋利。美国台海政策的举动对这些国家来说都是"信号"，如中国政府不能采取有力与有效应对措施，它们可能纷纷跟上，发展与台湾地区的实质甚至是官方关系。

四、台美关系发展的局限性

1.台美关系发展受制于四方面因素。台美关系尽管有进一步发展，也事实上受到以下四方面因素的制约：

其一：受制于中美关系大框架与美国利益的需要。随着中国综合国力的不断上升，中美之间的差距将持续缩小，中国在中美关系中起着越来越大的作用。这样，必然使美国政府在台湾问题上有所自我约束，否则将严重破坏中美关系而致使美国根本利益受损。如美国在2020年虽然是"全力"支持台湾地区参与WHA，但美国却是并不自行提案，只是支持他国提案。基于美国自身利益考虑，美国尚不敢公开放弃一个中国政策，如对于"台美建交"问题，"美国在台协会"于2020年3月10日透过发言人孟雨荷回答时表示，维持现状让台海两岸和平繁荣40年，尝试改变此现状会威胁两岸稳定。不可讳言，这个情况并不完美，但现在的美台关系是史上最好。美方认为"维持现状"让两岸社会跟经济提供和平繁荣40年，认为尝试改变此现状会威胁两岸关系的稳定。

其二：受制于国际政治的现实。国际社会的政治现实就是一个中国格局越来越牢固，越来越多的国家坚持一个中国政策，美国单方面无法撼动国际政治的一个中国格局的现实，也难以构筑"反华包围圈"。2020年3月27日，蓬佩奥在G7峰会上，要求把"中国武汉肺炎"写入联合声明，就受到其他六国外长的联合反对，造成联合声明难产。况且，疫情是一时的，国际政治现实是长久的。对于台湾地区向美英等国家捐赠一千万片口罩，中国外交部发言人华春莹于 4 月 1 日评论道：美国国内疫情形势十分严峻，中国一些地方省市和企业纷纷向美国人民提供力所能及的帮助。如果台湾地区有能力愿意提供帮助的话，乐见其成。但想提醒一点，如果岛内个别人想借疫情搞什么政治操弄，可能他们就得自省自重了。

其三：受制于台湾地区地位和筹码的下降与美国"台湾牌"的成本增大。如果说在冷战时期，台湾地区在美国对抗中国等社会主义阵营中还是比较重要的一个"同盟者"的话，那么到了中美建交时期，事实上就是台湾地区已经成为美国的一个还有一定用处的筹码，迄今也依然是筹码。未来，台湾地区作为筹码与"牌"的角色不会马上就消失，但"牌"的作用将是越来越小，而不是越来越重要。近些年，台湾地区在政治、经济、文化等各个领域全面衰退，搞"台独"的本钱事实上已经丧失了。因此"台湾牌"已经开始贬值，进而美国打"台湾牌"的成本将是越来越高，越来越不划算。

其四：受制于台美之间的基本矛盾。美国不是"圣诞老人"，美国支持台湾地区是基于美国的战略利益，不是"做公益"。美方要求台湾当局放开进口美牛、美猪，以此作为开展台美 TIFA 协商的敲门砖就是一个例证。美国特朗普政府要求台湾当局参与"印太战略"，也是为了防范中国挑战美国霸权，把台湾当作"马前卒""看门狗"，绝对不是美国要尽什么"义务"。台湾还有多少利益可以为美国所用值得各方思考。

2. 美国特朗普政府台海政策发展趋势存在三种可能性。主要有以下三种可能前景：

其一：美国坚定"挺台"并引发中美军事冲突甚至战争，解放军统一台湾。即美国在支持台湾当局的道路上"一条道走到黑"，以致引发中美之间的直接军事冲突，解放军武力统一台湾成为中国唯一的政策选择，两岸武力统一成为现实。这种可能性存在，但有多大，取决于美国政府，即"球在美国手上"。

其二：美国继续"挺台"但力度有所节制，台海目前局面持续一段时间。

随着中美战略博弈的不断深化，美国的对台政策可能进一步加强对台湾地区的政治支持、"外交"支持和军事安全上的支持，台美关系还会进一步发展，同时，中美关系也维持在基本框架内。

其三：美国实施"弃台"政策与两岸和平统一得以实现。美国基于自身利益考虑，或是与中国在台湾问题上达成"交易"，或是通过逐步的"弃台"政策，不再给予台湾当局军事上、安全上与政治上的支持，放手两岸和平发展与和平统一。

第五章
台湾政局新变化
——影响两岸关系的岛内因素

台湾政治局势新变化不仅决定与规范台湾政治社会的演变与发展方向，而且影响两岸关系的发展状况与程度。2000年5月国民党首次失去在台湾50年执政权，陈水扁与民进党上台，台湾第一度政党轮替。由于陈水扁与民进党当局拒不认同一个中国原则，谋求与推动"激进台独"，两岸关系一度走上"高危"阶段。2008年5月台湾第二度政党轮替，马英九就任台湾地区领导人，两岸关系走上和平发展的轨道，两岸"三通"成为现实，两岸双方在"九二共识"的基础上实现制度化协商。2016年5月，台湾政局再度发生逆转，第三度政党轮替。蔡英文上台后拒不认同体现"一中"原则的"九二共识"，并且推动"渐进式台独"的政策与活动，两岸共同政治基础的丧失，让两岸关系再度陷入紧张与僵持状况，和平发展面临巨大挑战。

第一节　台湾第三度政党轮替对两岸关系影响

2016年1月16日，台湾地区领导人与"立委"的"二合一"选举结果正式揭晓，正如选前各方所预料，不仅国民党惨败、失去政权、蔡英文上台，而且民进党在行政、"立法"两方面全面执政。决定与影响选举结果的核心原因是台湾内部经济、社会等因素，不是两岸关系因素使然，更非大陆对台政策与对台工作的问题。但毫无疑问，这样的选举结果对两岸关系的影响却也是显而易见的，两岸关系和平发展面临着诸多严峻的挑战。

一、蔡英文上台后面临的问题与矛盾

1.蔡英文上台后面临的四大问题。2016 年 5 月 20 日，蔡英文正式就任台湾地区领导人，尽管蔡英文这次的上台有别于 2000 年民进党首度的"少数执政"，即只掌握台湾地区行政权，没有把控台湾地区"立法权"。蔡英文与民进党是"全面执政"，即不仅掌握行政权，而且民进党的席次在立法机构也是多数。但面临的问题依然不少，概括起来主要是四大问题的挑战：

其一："求变"的民意如何落实？由于马英九团队与国民党执政的不力，蔡英文选举中打出的"求变"旗号，由此满足了部分对马英九与国民党执政不满者的诉求，但选举中所反映出来"求变"的民意期待应该如何落实？这是蔡英文需要处理的第一个难题，特别是蔡英文在选举中对选民包括对年轻选民的承诺如何兑现？年轻人如何才能真的如蔡英文竞选中所言"不用房贷而买得起房屋"？恐怕不易实现，许诺容易兑现难！

其二：分裂的社会如何弥合？历经多次选举，台湾已然就是一个分裂的社会，尤其是在政治意识方面，蓝绿壁垒分明，特别是蔡英文对于马英九执政期间提出的"政党合作""党主席会面"都是刻意排斥。选举中更是一味区分蓝绿之间的敌我意识。到了当选后却是高喊"团结台湾""台湾没有分裂的本钱"。事实上分裂的台湾社会确实应该进行弥合，这责任在马英九执政时当然主要应该由国民党主动与承担，在蔡英文上台后恐怕主要是蔡英文需要承担，但昨非今是的做法如何自圆其说？有待蔡英文与民进党的政治智慧与包容心，问题是民进党有容得下国民党及"团结国民党"的雅量吗？

其三：外在严峻局势如何处理？事实上，随着经济全球化与区域经济一体化步伐的加快，台湾地区事实上面临着在区域经济整合边缘化的危机，特别是在两岸关系处理不好的情况下，这样的危机与外在区域整合的严峻局势反而因为蔡英文与民进党上台而更加困难。马英九能够处理的台湾"国际参与"，蔡英文不能；马英九不能处理的台湾的"国际参与"，蔡英文更加不能。

其四：两岸关系的挑战如何应对？由于蔡英文所代表的民进党是主张"台独"的政党，与大陆所坚持的国家统一的立场完全相悖，这就决定了蔡英文上台后的两岸政策很难与大陆的对台政策相向而行，双方之间的矛盾与斗争难以避免。蔡英文如何实现选举过程中所信誓旦旦的"维持两岸现状"的目标？

2. 蔡英文上台后面临五大矛盾。作为在野党，也许可以不负责地批评各方、特别是当政者的政策，但在自己当政后，政党与政治人物就都需要担负起"责任"两字。蔡英文上台后面临五大矛盾需要处理：

其一：民进党"全面执政"与民意信任度有限之间的矛盾。蔡英文与民进党的执政，这次是从"中央"到地方、从行政到立法的"全面执政"，经过2014 年"九合一"地方选举与2016 年"二合一"这两项选举，民进党的"全面执政"得到了落实。但是，蔡英文这次选举的个人得票只比2012 年落选时的得票增长 80 万票。这显示蔡英文尽管当选了，但是台湾多数民众对蔡英文的执政依然存有相当大的疑虑，即台湾民众对蔡英文的信任是有限的，不是全面的信任。

其二："团结台湾"的目标与分裂台湾的现实之间的矛盾。如前所述，台湾是一个分裂的社会，蓝绿之间一直高度对立，迄今并没有根本性的改变。所以，蔡英文当选后提出"不因选举而分裂，会因民主而团结"。她说"知道自己有一个很重大责任，就是去团结"，尽快与主要政党召开"共商国是机制"，让台湾摆脱政治恶斗的旧思维，迎接"新政治"。[1] 甚至提出"未来改革的路上不能没有"朱立伦与宋楚瑜。[2] 当然，台湾政治社会不会因为蔡英文提出"团结台湾"这样的口号而真的团结了，却是因为"选举民主"而一直陷入"民主内战"！况且，当马英九在职期间，一心一意要与在野党领导人蔡英文见面时，蔡英文何曾愿意与马英九团结在一起！人们何曾见过"马（英九）蔡

---

[1] 郭琼俐、郑宏斌等：《民进党完全执政》，台湾《联合报》，2016 年 1 月 17 日，A1 版。

[2] 郑宏斌、郭琼俐、丘采薇：《谦卑再谦卑，改革第一里路开始》，台湾《联合报》，2016 年 1 月 17 日，A3 版。

（英文）会"？如今蔡英文上台了，提出要国民党与民进党开展团结了。这谈何容易！

其三：民意期待改变台湾经济社会现状与民进党执政能力不足之间的矛盾。蔡英文在竞选中提出的发展经济、落实分配正义等问题，如何在就任后去推动与实现，其实都是问题，甚至就是难题。偏绿学者施正锋就认为蔡英文最大的挑战，"对内是提振经济和落实年轻人的分配正义"①。特别是选举中的许诺如何在选举后去兑现，着实不易！正如台湾《联合报》社论所指出："选举领先的幅度越大，代表选民的期望值越高，也就意味着蔡英文要迅速向人民回应及展现的政绩越多，才不致让人民感觉期待落空。"②

其四：外在国际严峻的局势与台湾内部寻求共识困难之间的矛盾。区域经济整合是国际与亚太地区的发展潮流，台湾地区无法不参与区域经济的整合，但是，一方面，由于蔡英文当局没有处理好两岸关系而难以推动台湾地区实质参与区域经济整合；另一方面，参与国际区域经济整合需要台湾地区对外开放市场，而台湾社会民众在要不要开放台湾市场的问题上，恐怕很难取得共识，连要不要"进口美猪"都是问题，谈何开放台湾其他的市场！

其五："维持两岸现状"的目标与不放弃"台独"立场之间的矛盾。蔡英文为求当选提出了"维持两岸现状"的承诺，提出在两岸之间要"积极沟通""不挑衅"与"无意外"，但在其否认"两岸同属一中"的"九二共识"情况下，即在坚持既有"台独"立场情况下，如何实现"维持两岸现状"的承诺与目标，是相当矛盾的，特别是蔡英文能否摆平民进党内"台独基本教义派"的牵制，实在是一个不小的难题，况且蔡英文自身就是一个"理念台独"者。

3.民进党对台湾内外形势的错误估计。2016年5月20日民进党再度上台未久，不仅是正如台湾媒体所言民进党新当局与台湾民众没有"蜜月期"，而且施政起步也是跟跟跄跄，不少政策举措可谓"荒腔走板"。何以至此？其因

---

① 施正锋语，《解读2016年大选》，台湾《联合报》，2016年1月17日，A18版。
② 社论：《期待蔡英文开展新局，不只带一半人民前进》，台湾《联合报》，2016年1月17日，A2版。

在民进党对台湾内外形势的三个错误估计。笔者称之为"高估""低估"与"错估"。

其一：民进党的"高估"。一是民进党高估自己的执政能力。其实，自2008年下台到2016年，这八年来，民进党作为反对党的表现并不如人意，只有反对，没有建树。但因为是反对党，其所谓"成功"，特别是选举胜选就可以建立在马英九与国民党的施政不力、绩效不彰的基础上，靠国民党执政与施政犯错就能收割成果。结果是，过去因为反对国民党而提出的主张，如今却是因为自己执政而需要去推行，昨非今是。自然也凸显了民进党自身执政能力的不足。二是民进党高估台湾社会民意对民进党的支持。民进党自当选后，一直标榜自己是代表"新民意"，而国民党则成为"旧民意"，企图以此与国民党进行区隔。殊不知，民意哪里有"新""旧"之分，民众在意的是其切身的利益，执政党的政策主张符合民众利益，民意当然就支持；但一旦执政党的政策主张不符合民众利益，民意当然就反对。台湾的主流民意一直是"和平""稳定"与"发展"。民进党当局在冲之鸟礁与"美猪不开放"问题上立场上的退却，不符合台湾民意，民众当然就反对。三是民进党高估台湾民众对国民党的不支持。从而自蔡英文当选开始，民进党不是踏踏实实地做好台湾民众期待改变经济、改变社会分配不公等事情，而是忙于"清算"国民党，忙于斗争国民党，要把国民党彻底打趴下。其实，"二合一"选举中国民党的落败，并不是台湾民意已经全面性地倒向民进党，而是国民党的支持者的不投票，所以投票率低，加上民进党支持者的不离不弃与青年选民支持蔡英文。因为民进党高估了自己，从而在一系列政策问题上背离了民意，背离了主流民意的期待。

其二：民进党的"低估"。一是民进党低估"九二共识"共同政治基础在两岸关系和平发展中的基础性地位。两岸关系和平发展不是天上掉下来的，是历经20多年两岸关系的风风雨雨后，让国共两党都有了共同的认知后共同推动的，但民进党错误地以为不坚持"九二共识"也能够让两岸关系和平发展，也能够享有和平发展的果实。二是民进党低估大陆在原则立场上的坚持。无论是2016年1月16日投票前还是在蔡英文当选后，大陆一直强调2008年5月以来两岸关系之所以走上和平发展道路，是因为两岸执政的双方都认同"九二共识"，都认同两岸同属于一个中国，两岸关系是一个国家的内部事务。台湾无论哪个政党执政，都必须认同与坚持这一个共同的政治基础。否则，"基础不牢，地动山摇"。但是，人们看到的是，民进党自胜选以来，一直没有在关系到两岸关系和平发展的政治基础问题上做明确的表态，包括在蔡英文5月20日的"就职演说"中，依然采取了模糊的表述，大玩文字游戏，视严肃的政治问题如儿戏。这其中的缘由，不仅是民进党政治立场与态度的顽固不化，坚持"台独"立场，在两岸关系问题上，"不求有功，但求无过"，不求有进，但求不倒退太多，而且是民进党对中国共产党与大陆坚持原则立场上认识的严重不足，误以为只要自己是台湾民众选举上台，大陆能拿它怎么样？只要掌握台湾地区政权，大陆为了和平发展，自然会向民进党靠拢！大陆为了争取台湾民心，自然会依然"让利"台湾！这是民进党对中国共产党不了解所得出的错误判断，是民进党不了解大陆在涉及国家主权与领土完整问题上的坚定立场与信心。三是民进党低估大陆反"台独"的坚定决心。"台独"是两岸关系和平发展的障碍，是两岸最终走向和平统一的障碍，也是中华民族伟大复兴"中国梦"实现的障碍。坚持一个中国原则、反对"台独"是大陆对台政策的基本点与政策底线，毫不动摇。但民进党对此的认识却是不清的，甚至是模糊的。误以为不放弃"台独"主张，也能够与大陆"打交道"。

其三：民进党的"错估"。一是民进党错估了两岸关系和平发展大势。两岸关系的发展大势是两岸之间的力量对比正在不断地向有利于大陆的方向发展，正在不断地向有利于和平发展与和平统一的方向发展，无论是两岸之间的经济力量、军事力量或者是"软实力"，两岸之间的天平在不断地向大陆倾斜。这是两岸的有识之士都有的认知。但民进党错误地以为时间在"台独"一边，误以为形势发展对"台独"有利。二是民进党错估了台湾社会、经济对大陆的依赖程度。两岸交流30多年来两岸关系的发展已经让两岸之间彼此产生不低的依赖，特别是台湾社会与经济对大陆的依赖度更高。而民进党出于追求"台独"的梦想，企图改变这样的依赖，由此提出了"新南向政策"，公然提出

"告别过去过于依赖单一市场（指大陆）的现象"。殊不知，两岸经济、社会与文化发展的规律，难道是民进党不想依赖就能不依赖、想切断就能够切断的吗？民进党一厢情愿的想法与做法，显然是违背了社会经济发展的规律，自然行不通！三是民进党错估了两岸关系的外在影响因素。不仅是高估了美国对民进党的支持，误以为美国与中国之间的冲突面向会不断上升，甚至难免一战，民进党可以火中取栗，忽视了中美之间的合作面向。误以为日本的安倍政府会不断支持民进党、发展日台关系，忽视了日本发展与台湾地区关系是为了日本自身的利益，日本更不会为了"台独"而开罪大陆。正是错估了美、日这两岸关系中最大的两个影响因素，错误地提出"靠美""联日"的对外政策，在两岸关系上"不用功"，甚至轻视两岸关系，从而导致5月20日蔡英文上台之后两岸关系形势的急转直下，不利于两岸关系的和平发展，当然，最终也严重地影响到了台湾民众的切身利益。

二、吴敦义任国民党主席后面临挑战与任务

1. 吴敦义面临三大挑战。2016年"二合一"选举中国民党失去执政权后，朱立伦辞去国民党主席职务。2017年5月20日，吴敦义以52%多得票率，在第一轮选举中击败党内对手洪秀柱、郝龙斌、詹启贤、韩国瑜及潘维刚，当选中国国民党主席，由此结束国民党"后马英九时代"，开启期待中的"吴敦义时代"。但吴敦义面临的挑战不少，概而言之，吴就任后面临三大挑战：

其一：民进党对吴敦义个人与国民党的追杀和清算。蔡英文上台与民进党"全面执政"后，充分运用手中所掌握的政权机器，以"转型正义"之名，通过"清算党产""年金改革"等多种途径，对国民党及其社会支持基础进行大肆清算与打击，以达成民进党即使施政不佳也能长期执政的目标。吴作为国民党内少有经历过多场选战的"战将"与他出生南投县、比较"本土"的政治色彩，是民进党长期执政最大的障碍，一直被视为"眼中钉、肉中刺"，在吴掌握国民党机器并对民进党再次形成一定威胁情况下，蔡英文与民进党当局对吴的打击必然有增无减，不肯罢手。

其二：国民党与泛蓝阵营的"一盘散沙"如何进行整合和团结协作。自国民党失去政权后，面临民进党的步步紧逼与清算，国民党中央、"立院"党团、各级党部以及支持者群体都是有心无力，或纷纷跳船求生，或投靠民进党。朱立伦请辞党主席后，国民党竟然有6人竞争党主席职位，比较激烈的竞争，也再度对国民党的社会形象及内部团结形成一定程度伤害，需要新任党主席在就任后去弥平。面对"比较团结的民进党"，"不团结的国民党"如何进行有效整合，这无疑是吴敦义就任党主席后的首要挑战。

其三："一无所有"的国民党如何重振党务并吸引年轻人支持。这"一无所有"不仅指维持党务需要的经费，而且是指党的理念与立党之魂。长期习惯于依靠党产来进行党务运作的国民党，在党产被民进党当局清算与"归零"后，既需通过募款等多种方式进行党务的推进，也需要改革党务运作模式，不是依靠经费来进行党务运作，而是通过党务运作来募集资金。特别是如何重整国民党中心思想与理念，从而重新吸引年轻人支持，甚至加入国民党、为党奉献，成为吴敦义最大的挑战。

2.吴敦义任国民党主席后面临的四大任务。包括：

其一：牵制与反对蔡英文和民进党当局"台独"活动。蔡英文与民进党当局因为拒不承认"九二共识"与"两岸同属一中"的意涵，尤其是民进党当局肆意推动的"台独"分裂活动，使两岸关系和平发展面临巨大的挑战，也让台湾经济与民生问题的解决困难重重，从而，坚持既有政治立场、反对民进党当局的"台独"活动，应是吴敦义领导的国民党的重要任务。

其二：整合国民党与团结泛蓝阵营。整合国民党各力力量，是吴当选党主席后的"起手式"，也是与民进党开展政党斗争的基础。其次是团结泛蓝阵营的各方势力，达成在野力量与非民进党力量的大整合，共同制衡蔡英文与民进党当局。因为只有整合与团结非民进党、反民进党力量才能有效制衡依然"全面执政"的民进党，也才是国民党唯一出路，也是首要任务。

其三：重建国民党党魂与重拾支持者信心。要整合国民党各方势力与团结泛蓝阵营，坚持国民党的立党初心与国家统一应是其中关键。如何在党意与民意间取得平衡、兼顾立党之魂与执政之基是吴敦义重拾支持者的信心，甚至让中间选民转而支持国民党的关键所在。

其四：谋划并打赢 2018 年地方选举。在台湾这样的选举社会，选举胜负不仅决定权力与资源分配，而且代表该政党及其政策主张是否合乎民意。如果选举获胜，当然就是代表其政策立场得到了主流民意支持；如果选举失利似乎就是代表其政策主张不得民心，至少没有得到多数民意的理解与支持。因此，如何谋划并打赢 2018 年 6 都与 16 县市长以及县市议会的民意代表选举，即"九合一"选举，成为吴敦义能否巩固在国民党内领导地位的第一道"试卷"。

三、蔡英文上台对两岸关系的影响

蔡英文上台让两岸关系和平发展的方向与道路面临重重波折，和平发展的进程受到冲击，无论是发展速度、发展程度与两岸之间的协商、互动都受到阻碍，对台工作面临着新的挑战。具体表现在：

1. 台湾地区政权的再度"台独化"给两岸关系造成巨大冲击。民进党的"全面执政"与势力大扩张是台湾政治发展的新趋势，也可能是新常态，这不仅深刻规范与制约台湾政治生态的发展走向，而且对两岸关系和平发展形成了全面性的冲击。包括：两岸关系和平发展的政治基础受到严重冲击甚至被侵蚀，和平发展的成果将可能被毁于一旦，两岸签署的协议的执行存在困难；两岸关系和平发展的局面遭到严重破坏，国台办与陆委会联系沟通机制中断，"两岸热线不通"，两会制度化协商停摆；和平发展的良好发展势头受到破坏，发展前景充满挑战。

2. 马英九所推动的两岸和平与和解的政策可能被抛弃。国民党的再次在野，其因虽然并非是其两岸政策与路线的问题使然，但马英九八年来所推行的两岸和平与和解路线因国民党的下台而遭到抛弃。蔡英文与民进党并不继承马英九所确定的两岸政治和解路线。

3. 民进党当政后加速推动"去中国化"教育。加上台湾社会自身一直在发展的社会运动，台湾社会的自我孤立，导致台湾地区对大陆的离心力越来越大，也进一步导致台湾社会中统一市场更趋狭小。

4.台湾媒体的"绿化"倾向进一步加剧。随着民进党再次当政，台湾媒体的政治倾向进一步"民进党化"，这不仅是因为民进党重视把控媒体、善于把控媒体，而且不少媒体基于自身生存需要而采取"政治正确"的做法，这样，台湾政治发展中日益突出的媒体政治、名嘴政治、民粹政治等都将对两岸关系和平发展形成负面影响。

5.台湾民意产生新的变化。在主张"台独"的民进党执政下，特别是"台湾意识"的极大强化，可能演变为"台独意识"的社会基础与温床。这当然不利于两岸关系和平发展，也不利于未来两岸的和平统一。特别是，越来越多的台湾民众通过选举，逐渐形成"台湾命运共同体"的感觉与意识，表现在自我认同上，也不再认为"自己是中国人"，而是"台湾人"，甚至不再是"既是台湾人，也是中国人"，特别是台湾青年人对大陆的疏离感越来越强烈。对此，全国政协主席俞正声警示称："今年（2016）5月以来，由于台湾新执政当局拒绝承认'九二共识'、拒不认同两岸同属'一中'，破坏了两岸关系和平发展的政治基础，致使两岸双方政治互信丧失，两岸关系和平发展成果遭损毁，制度化交往机制停摆，持续八年的两岸关系和平发展良好势头受到严重冲击，两岸同胞尤其是台湾同胞的切身利益受到损害。这是两岸同胞都不愿意看到的局面。"两岸关系陷入困局。

四、蔡英文无法模仿"柯文哲模式""维持两岸现状"

蔡英文之所以无法模仿"柯文哲模式"来进行两岸政策调整并稳定两岸，是因为"柯文哲登陆模式"有其特殊性：

1.柯文哲登陆是立基于"两岸城市交流"的定位。不少评论者都将柯文哲登陆的"密钥"着眼于柯文哲提出"了解与尊重'九二共识'"，其实并不尽然！首先是上海市与台北市均有持续推动两地城市交流的意愿，正是在此意愿的驱动下，双方多次展开了沟通与协商，柯文哲不仅公开表达了"在当今世界上并没有人认为有两个中国""一个中国不是问题""尊重两岸过去已经签署的协议和互动的历史，在既有的政治基础上，以互相认识、互相了解、互相尊重、互相合作，让两岸人民去追求更美好的共同未来"等主张，而且柯文哲提出两岸交流的目的是"促进交流、增加善意"，两岸交流的前提是"互爱、互信、互谅""两岸一家亲"。其次是柯文哲明确地将台北市与上海市的交流定位在"两岸城市交流"，他说："因为我们把台北与上海的交流定义成两岸城市交流。因此，我们在台北市政府秘书处之下设立了大陆小组专门办理大陆事务，另有国际事务小组处理外国事务。我们了解两者的不同。"正是柯文哲在两岸关系性质上做了清晰的说明，明确了两岸两地——台北市与上海市的"双城论坛"的定位是"两岸城市交流"，即不是"国与国"的关系。这是"双城论坛"能够举办、柯文哲能够顺利登陆的重要政治基础，而不是柯文哲所概括的"一五新观点"。当然，蔡英文与民进党如果也能够在关系到两岸关系性质的核心问题上说清楚、讲明白，强调两岸关系不是"国与国"的关系，或者明确说是"一个中国的内部事务"等，这才是真的掌握了两岸关系通关的"密钥"。

2. 作为政党的民进党与柯文哲并不一样。或许有评论者会提出柯文哲个人政治理念属于"深绿"或"墨绿"，以及柯文哲说过类似的"两国一制""殖民文化论"等大陆方面并不认同的言论。大陆既然能与柯文哲开展交流，也就应该能与蔡英文进行对话！这里其实需要明确区分蔡英文与柯文哲两人的不同。首先，柯文哲是无党派人士，不是民进党党员，柯文哲的若干说法属于个人理念层次；而蔡英文是民进党主席，民进党坚持"台独党纲"。其次，柯文哲的若干说法只是其个人意见或主张，只是停留在"说说"的层次，并没有形成什么样的恶劣结果，况且柯文哲之前来过大陆 18 次，进行有意义的医学交流。而蔡英文任党主席的民进党，不仅一直缺席于两岸交流，而且不断地在阻碍两岸交流，包括带领民众围攻陈云林的访台，煽动学生发动"反服贸运动"，鼓动支持中学生"反课纲微调"等，民进党破坏两岸关系发展的记录历历可见。可以说，在两岸关系和平发展的进程中，民进党的角色一直是负面的，而不是积极的，是破坏性的，而不是建设性的。

3. 柯文哲至少对"九二共识"表示了"了解与尊重"，而蔡英文对两岸关系和平发展重要政治基础——"九二共识"的看法，一直是"三不"，即"不存在""不承认"也"不接受"，甚至污蔑两岸关系是"国共关系"，声称国民党的财团垄断了两岸交流的全部红利，等等。

第二节 "九合一"选举对两岸关系影响

2018年底"九合一"选举及结果改变并翻转台湾政治基本格局，开启了台湾政局新的演变趋势，政党政治形态与蓝、绿和"白色力量"的对比格局如何演变，不仅决定着台湾岛内政治生态发展动向与演变形态，而且直接影响着台湾当局两岸政策的方向，影响着两岸关系和平发展。台湾政治格局新变化对两岸关系影响既是机遇，更是挑战。

一、"九合一"选举结果重绘台湾政治版图

1."九合一"选举对于台湾政治力量的变动极其关键。2018年11月24日进行的"九项公职选举"，其进程及其结果，是未来2年台湾政治力量对比格局的预演，既是各方现存力量的展示，又导引着未来各方力量起伏与政治格局的演变方向。因此，蓝、绿及柯文哲为首的所谓"白色力量"，都有输不起的压力。"九合一"选举对于国民党、民进党和柯文哲等各方势力之所以都相当重要：一是"没有2018，就没有2020"的说法，点出了"九合一"选举是2020年台湾地区领导人选举"前哨战"的重要地位及其两者之间的密切关联。二是"九合一"选举是2016年蔡英文上台以来施政表现的"期中考"，关系到民进党是持续行进在"蔡英文时代"还是"蔡英文时代"可能由此走向没落？相当程度上是蔡英文的"政治前途保卫战"。三是"九合一"选举是国民党在2016年再次失去政权后能否在未来东山再起的测试。当然，"九合一"选举结果也是一直有志于更上一层楼的台北市长柯文哲实力到底如何与发展前景的"试验场"。

2.选举结果改变并翻转台湾政治基本格局。"九合一"选举结果是各方势

力实力的重要展示与体现，也决定着各方势力未来的走向，应该说，选举结果改变与影响了台湾政治基本形态。一是重画台湾地方政治版图，改变了2014年选举结果（即国民党6席、民进党13席、无党籍3席）所呈现的地方政权的"绿大蓝小"基本格局。蓝、绿之间的实力消长趋势出现了重大的逆转与变化，不再是长期以来所呈现的"蓝消绿长"，而是"国进民退"。国民党赢得6都市长中3席与16个县市长中12席，取得压倒性胜利；而民进党仅仅是保住台南市与桃园市2都及4席县市长，台湾地方政治版图基本上由"绿地"变成"蓝天"，几乎就是4年前2014年地方选举的翻版。二是蔡英文在民进党党内与台湾社会中的领导权威双双受到严峻挑战。由于选举结果是台湾媒体所称的"雪崩式崩盘"①，惨败后的蔡英文与民进党不仅面临国民党的有力挑战，而且面临内部权力结构的重组，蔡英文面临着民进党党内要求她不选与"独派"要求她不选及社会媒体不看好她能赢得"2020年大选"的三重压力。应该承认，选举结果的惨败，完全在蔡英文及民进党党政人士的意料之外，从而，民进党党内围剿蔡英文的压力排山倒海，党内"非新系"责难蔡英文，如"正国会系"游锡堃与林佳龙等就认为是蔡英文力保高雄市、不顾其他县市的做法，让台中市等全军覆没。谢长廷系统子弟兵，如管碧玲，则批评陈菊治理高雄10多年将高雄市拱手让人。表面上批评陈菊，实质上是施压蔡英文。"新系"更是有人强力提出与蔡英文划清界限，流内强硬派要求推出自己的人选竞选2020年。三是国民党与民进党为主导的两党政治格局的前景面临一定程度的挑战。柯文哲与韩国瑜等非传统性、非典型性政治人物，在选举中的表现亮眼，不仅冲击着蓝、绿政党支持度的高低，产生大量中间的"非蓝非绿""不蓝不绿"的群体，而且冲击国民党与民进党的两党政治及其党内政治生态。

3. 蔡英文上台后施政绩效不彰是决定与影响选举结果与台湾政局演变的核心因素。选举结果告诉人们，自2016年5月蔡英文上台以来两年半施政与改革，并没有得到台湾多数民意的肯定与支持，因此，就连一向支持蔡英文与民

---

① 陈志平：《民进党大崩盘》，台湾《联合报》，2018年11月25日，A1版。

进党的《自由时报》都认为蔡英文"期中考不及格",其中有两大指标:一是民进党在长期执政的高雄市的败选;二是民进党在中台湾执政版图的"溃堤"。这是蔡英文与民进党当局两年多施政所累积的民怨及不满的一次"总爆发"。影响选举结果的因素固然不少,有民进党所提名候选人的个人因素,个别候选人"大意失荆州",以为稳赢,但等"韩流"起来后则是应对失当;有民进党执政包袱,也包括党政协调不顺畅,党部负责选务,但行政部门的配合度不高;有民进党中央党部的选举策略问题,强力主打在地方选举中作用并不明显的"主权牌""统独牌";有民进党与柯文哲"白色力量"分家,影响青年人支持民进党的热情,如"柯粉"对民进党的攻击就很大,民进党在舆论与网络上成为弱势,年轻人转向支持韩国瑜和国民党;等等。但无论如何,蔡英文与民进党惨败的"更大因素还是在于蔡英文的领导风格及施政能力"[1],"民意的海啸,对蔡政府投下不信任票"[2]。因为蔡英文与民进党当局的"傲慢与滥权,已到了人民难以忍耐的地步",蔡英文"对民意的冷漠和无感",则使她失去了作为"领导人的正当性。这次选举,正是对她的不信任投票","蔡英文这次遭到的民意海啸,是被她自己的傲慢和偏执所击败"。[3]台湾《联合报》社论认为:"蔡英文似乎还想以'民主守护者'自居,但她执政两年多来所作所为,已把民进党推向'民主'和'人民'的对立面;她守护的是她自己的权力,而不是民主。"[4]台湾《自由时报》社论则认为:"改革相关步骤及配套不周,竞选承诺实践不力,用人明显偏颇失当,与公众期盼颇有落差。这一状况,既导致被改革者怨声载道,不满者的愤怒情绪被强力动员;也让基本支持群众大失所望,投票意愿普遍低落,一如四年前的蓝营基本盘","中央完全执政与若干地方长期执政,也出现权力的傲慢,疏离庶民,以致民心思变"。[5]"这次形成反民进党氛围及力量,且集体透过选票表达愤懑。这种情况,'凡改革必得罪既

---

① 苏永耀:《用错的手段,做对的事》,台湾《自由时报》,2018 年 11 月 25 日,A2 版。
② 社论:《民意的海啸,对蔡政府投下不信任票》,台湾《联合报》,2018 年 11 月 25 日,A2 版。
③ 社论:《民意的海啸,对蔡政府投下不信任票》,台湾《联合报》,2018 年 11 月 25 日,A2 版。
④ 社论:《不经一番'韩彻骨',哪得梅花扑鼻香》,台湾《联合报》,2018 年 11 月 24 日,A2 版。
⑤ 社论:《人民严厉检验蔡政府的期中考》,台湾《自由时报》,2018 年 11 月 25 日,A2 版。

得利益'只能做部分解释。"① 总之，"这次选举，台湾的政治氛围转为讨厌蔡英文，她的低施政满意度已经对民进党的地方选情产生负面效应"②。民进党的惨败，也与蔡英文当局没有意愿与能力处理好两岸关系有关，"究其关键，因为两岸关系紧缩造成的民生冲击，从观光业到农渔业，经济牌全面发威，民怨大反扑，成为蔡政府的一大败因"③。

二、台湾政局演变的基本形态与特征

1."两党政治"依旧是台湾政治发展中基本的政党政治格局，"白色力量"等难以成为与蓝、绿两大势力平起平坐的"第三势力"。一是选举结果显示，蓝、绿"二元化"的对立结构依然主导与决定着台湾政治发展的方向。尽管国、民两大政党在县市长以下层次与领域的影响力有一定程度的下降，得票率与席次率均有所下降，反映了台湾民众对国民党与民进党两大政党不同程度的不满。但不得不看到的是，以国民党为代表的"蓝色力量"与以民进党为主的"绿色力量"及蓝、绿两个阵营之间的"二元化"对立结构，依然是台湾政治格局中的基本形态，在未来两年应该难以根本性改变。这是由台湾政党政治形成中的各种社会条件与环境所制约与规范，也与国民党、民进党两党长期对于台湾社会民众的经营有关。二是"白色力量"等"第三势力"的发展空间有限。尽管越来越多的中间选民不满蓝、绿的严重对立及其表现，期待如"白色力量"等"第三势力"能够崛起，给台湾社会与民众以新的希望与选择，但"白色力量"依然是"叫好难叫座"，"时代力量"与亲民党当然更难以成为台湾政坛真正的"第三势力"。当然，值得探讨的是，自2014年柯文哲当选台北市长、得票率超过57%、总票数达到85万，所谓"白色力量"崛起，选民越来越倾向于不支持蓝、绿特定的政党，这是否说明蓝、绿阵营在选举中的基本盘已经崩解？包括"九合一"选举中民调显示，政党支持度民进党只有23%

---

① 社论：《人民严厉检验蔡政府的期中考》，台湾《自由时报》，2018年11月25日，A2版。
② 庞建国：《"北漂"撬动南天》，台湾《观察》杂志，2018年11月，总第63期，第20页。
③ 蔡惠萍、陈熙文：《两岸失策，经济牌激出反对票》，台湾《联合报》，2018年11月25日，A8版。

（2016 年蔡英文当选时是 30%）；国民党也只有 21%，"时代力量" 8%，亲民党 2%，各党的政党支持度加起来只有 4 成多，而"中间""游离""非蓝""非绿"的支持度反而成为多数。这似乎预示着台湾的政党政治走向瓦解？应该说，"九合一"选举结果给了这样的说法一个否定。固然，蓝、绿不再能够在选举中获得中间选民与"非蓝非绿"选民的肯定与支持，蓝、绿的基本盘也不如以前那样坚固甚至出现萎缩的现象，有学者甚至因此认定蓝、绿的基本盘开始凋零，但选举结果却是昭示着 16 个县市与 6 个都市行政首长席次中，除了柯文哲勉强守住台北市长宝座外，其他 21 个县市长席次，不是国民党籍候选人当选，就是民进党籍人士占有。不仅如此，而且在 22 个县市的民意代表的席次，也是国民党籍与民进党籍占有绝对多数。深层原因在于，在台湾地区现有的"立委"选举制度——"单一选区两票制"规范下，台湾政党格局难以出现"多党政治"现象，国民党与民进党以外的"第三势力"的发展空间并没有得到明显的拓展。三是柯文哲的"白色力量"，其实并非真正意义的"第三势力"，本质上是"混色"，既非"白色"，也非"无色"，而是"杂色"，围绕着柯文哲与目前台北市政府的主要人马，大都是在国民党与民进党内都难以取得实际政治利益，而是希望通过投靠柯文哲来谋取一定的政治利益。因此，"白色力量"主要是利益的结合而非理念的组合，并不是"理念共同体"。因此，柯文哲的"白色力量"难以成为真正意义上的"第三势力"。柯文哲作为台湾政治中的"异数"，确实是国民党与民进党之外的"非蓝非绿"及中间选民的支持与情感投射的对象，但应该难以成为台湾政治中第三大政治势力的头领。

2. 民进党执政地位虽然因"九合一"选举惨败而受到重创，但其依然主导着至少是未来两年台湾政局。"九合一"选举惨败，对蔡英文与民进党的打击是沉重的。因为选举惨败，台湾县市地方政权大都由国民党把控，民进党执政基础被大大地削弱。因为选举惨败，民进党内部的斗争加剧。林佳龙连任失利后"正国会"系统衰弱，"新系"一派独大，党内"非新系"与"新系"之间的矛盾加剧。蔡英文与"独派"矛盾围绕权力分配与 2020 年参选权尖锐化，"逼宫（蔡英文）"是"独派"的必选题。蔡英文在党内的领导地位与权威受到其从政以来从未面临的严峻挑战。蔡英文面临的危机甚至要大于 2008 年民进党失去政权后蔡英文接任民进党主席所面临的困难好几倍。当然，通过蔡英文所掌握的政权机器与资源，通过党内派系间的妥协与权力再分配，最终以卓荣泰掌握党机器、苏贞昌再任"行政院长"为标志，昭示着蔡英文依然是民进党内各方"共主"。正是因为蔡英文依然是民进党内"共主"，因为民进党依然是未来两年台湾地区执政党，掌握"中央"政权机器，依然是台湾地区"立法"机构中最大的政党。因此，民进党基本主控未来两年台湾政局发展路线。

3. 蔡英文代表民进党参选 2020 年定局。一是蔡英文个人连任台湾地区领导人的意志与企图相当坚定，因为台湾自"总统民选"以来，没有哪一位"总统"是不寻求连任的！也没有哪一位是没有连任成功的，无论陈水扁、还是马英九，都是有 8 年任期。二是蔡英文已经度过"九合一"败选的"危机期"，在民进党内部的权力与地位基本巩固，不仅其推出的掌握民进党党机器的"代理人"卓荣泰为各派系所共同认可，而且由苏贞昌再任"行政院长"以稳定政局，尽管显示蔡英文确实已经到了"无人可用"地步，但却也是为民进党内部各方势力所基本认同，权力分配暂时获得平衡。三是民进党内部各方派系达成基本共识，即蔡英文仍然是民进党 2020 年保住执政权的最大资本，如果蔡不能连任成功、保住政权，那么，民进党推荐谁当候选人都不能保证成功。林浊水的观点（即蔡英文参加 2020 年竞选，不仅无法连任成功，而且会拖累民进党籍"立委"选举）在民进党内部根本没有多大市场，民进党多数派系人物的想法是，如果蔡英文不能连任，换谁都一样。

4. 国民党在民进党大肆打压下稳住阵脚，谷底翻身，气势上升，成为牵制民进党的最大力量。自 2016 年再度失去执政权后，国民党一直面临民进党的大肆追杀，士气低落，人心涣散。因此，"九合一"胜选，无疑有助于国民党提振士气，不仅形成对蔡英文与民进党执政的有力牵制，而且对 2020 年东山再起也是信心满满。但也正是因为有望在 2020 年夺回政权，诱发党内各种问题的产生。如胜选后的国民党同样存在纠缠着"改革"与"世代交替"的议题之争。作为党主席，若干县市的胜选确实是因为吴敦义的强力主导而胜选。如在新竹县，国民党提名副县长杨文科，是因为现任县长邱镜淳、议长张镇荣、副议长陈见贤等都支持。而上述人员以前虽力挺林为洲打败民进党礼让并支持的郑永金及国民党提名的邱靖雅而当选"立委"，但因为邱镜淳等不支持林，改为挺杨。与新竹县有渊源的竹科联华电子荣誉董事长宣明智等"金脉"公开支持杨，而在宣明智背后的是跨党、跨意识形态等科技厂商力量。加上杨是地政系公务员，长期在县政府服务，不擅长造势，但做事情实在。基于此，吴敦义决意提名杨且当选。嘉义市与台东县等也是吴敦义一手主导提名并赢得席次。因此，通过胜选，国民党既避免了进一步分裂，国民党执政基础又有所恢复与增长，吴敦义党主席位置保住，党内地位得到巩固，但低迷的民调却是吴敦义获得国民党提名参选2020大选的最大障碍。吴敦义独特的领导风格，不仅造成"无主席"之讥，"四个太阳说"也是吴敦义、马英九、朱立伦和王金平等彼此间心结与矛盾的写照。虽然"韩国瑜现象"不会形成对吴敦义领导权威的挑战，但因为国民党有望再度执政而表态参选2020年人员踊跃的现象，则使国民党面临初选纷争内部矛盾的加剧与候选人产生时程的拖延，不利于好整以暇迎接2020年"大选"。胜选有望也可能让国民党延误改革契机，连国民党自身都意识到"九合一"胜选并非是国民党的整体表现是多么杰出，而是民进党"太烂"，从而整个国民党的改革和"世代交替"也可能因此却步。这样，如国民党籍新北市长侯友宜都成为稀有政治人物。侯出身基层草根，没有辞令与身段，"有直觉的铁汉形象和亲民作风，这些都是国民党缺乏的元素"①。特别是国民党将进一步趋向本土化，地方党部主委直选后，地方势力坐大，党中央号令地方困难，"暗杠"危机频繁，矛盾突出等，国民党的"内忧"大于"外患"。

5. 政党间的对立恶斗和民粹主义依然是台湾政治发展之"癌"。随着2020年台湾地区领导人选举临近，围绕"立委"选举布局展开，蓝、绿及柯文哲之间的政党对立与恶斗势必加剧与严重，这是由台湾地区政治文化的劣质化、政

---

① 黑白集：《侯友宜的猪队友》，台湾《联合报》，2018年4月7日，A2版。

党竞争恶质化所决定的，也是台湾地区民主制度巩固与发展中的主要障碍。所谓"政治文化的劣质化"与"政党竞争恶质化"是指只有斗争，没有合作。彰显了台湾民主深化的不够，因为"成熟的政党政治是既竞争又合作"①。而"台湾的政治与社会氛围，似乎正在让民粹主义向纳粹主义靠拢，让台湾的民主制度逐渐走向偏锋，极可能让当年的纳粹主义，再度在台湾复活"②。面对台湾政坛各种荒腔走板的乱象时，蔡英文说是"系统性失灵"。其实，"而这系统性的集体失灵中，最严重的则莫过于民主失灵"，"民主失灵造成台湾极大的困境，包括两岸的困境、经济的困境、政治的困境、阶级对立、职别对立、世代对立内耗的困境"。③ 当然，根子还是在于"自命'民主进步'之政党，在野时一再无情地批判国民党，借以取得执政后，却是赤裸裸一再以背离民主基石，分食政治利益"④。

6. 柯文哲阵营积极备战 2020 年，但是否参选一直"天人交战"。2019 年新年后，柯文哲阵营已经开始积极备战 2020 年"大选"。因为台湾政局发展态势对柯有利，柯文哲身边主张柯参选的人马众多，主要理由在：一是柯民调支持度最高。无论是台北市政府委托做民调还是相关媒体自行做民调，都是柯的支持度遥遥领先，有些民调中，柯支持度甚至要高于蓝、绿两方候选人总和。显示，选民果然是"讨厌民进党"，但也没有因此"喜欢国民党"。选民厌倦蓝绿恶斗、希望第三势力出头的想像空间比较大。这是柯文哲参选最大的优势所在。尤其是柯文哲个人的企图心旺盛，尤其是其参选的最大资本。二是蓝、绿候选人都应该难以是最强者出线，这对柯文哲而言是最佳机会。蔡英文代表民进党参选已大体确定，但蔡施政与政策不得人心。换苏贞昌主掌"行政院"，基本策略是采取"保守疗法"，人事与政策都力求稳定。支持度较高的赖清德无法取代蔡英文。而国民党候选人的产生，不仅时程长，而且内部矛盾大，很难整合出最强者。三是柯文哲多数幕僚认为柯争取大位的机会只有 2020 年，

---

① 高朗：《台湾的挑战遇上台湾的选举》，台湾《联合报》，2014 年 5 月 20 日，A15 版。
② 洛杉基：《当心民粹变成纳粹》，台湾《中国时报》，2014 年 9 月 29 日，A14 版。
③ 社论：《系统失灵、民主失灵、台湾失灵》，台湾《中国时报》，2017 年 8 月 24 日，A15 版。
④ 林世宗：《指派县长，篡夺宜兰政治人权》，台湾《联合报》，2017 年 11 月 6 日，A13 版。

而非 2024 年。因为 2024 年太遥远，到时候变数太大。无论是国民党的韩国瑜还是民进党的郑文灿，到了 2024 年都可能是强有力竞争者，柯文哲目前优势就算是维系到那个时候，也未必一定占先。四是宋楚瑜与亲民党在力推柯文哲参选。五是不少媒体都在营造气氛，强力推动柯文哲参选。当然，制约柯文哲决心参选的因素则是，台北市长连任险胜让柯惊魂难定、阴影难除。选举结果最符合蔡英文与民进党预期，既提名姚文智，对党内主战派与"柯黑"有一个交代，又没有让柯文哲落选，没有让柯文哲顺着"陈水扁模式"，即落选台北市长而参选"总统"来搅动 2020 年选局，也不让"柯粉"因此对蔡与民进党怨愤，保留了"绿白合"空间。正如台湾学者所言："民进党虽然提了自己的候选人，选战过程中却未明显动员及以文宣展开积极辅选，被提名的姚文智因此打得相当辛苦。"[1] 民进党秘书长甚至在对外发言中，明确表示民进党在台北市的选战表现并不纳入辅选成败的检讨。柯文哲的险胜，连任得不仅不漂亮，而且非常难看，事实上又教育柯文哲，要参选 2020 年需掂量掂量，没有政党支持，选个台北市长都这么困难，何况"大选"！尤其"立委"补选中柯文哲推荐人马的失败，也让柯对于没有政党组织与奥援无可奈何。此外，柯文哲布局参选的若干动作，包括：拉高支持度，努力曝光网络、平面媒体与电子媒体甚至自媒体；同时，对于社会热点，频繁表态，以此占据新闻点；在全台性议题、两岸议题与国际议题上多发声，发对声，以此跳脱柯文哲所局限的台北市长身份束缚，站到更高战略高度。2019 年 3 月柯文哲拟访美，不仅在于谋求提高个人站位，"出口转内销"，而且也在于看风向，争取美国对其参选支持。所有这些动向，都是意在取得"进可选""退则守"的战略主动，同时，柯文哲既保留参选可能，又没有关闭"白绿合"之门。当然，这样的优柔寡断、首鼠两端，最终是让柯文哲失去宣布参选的最佳时机。

---

[1]　杨泰顺：《连任的柯市长可能加入民进党》，台湾《观察》杂志，2018 年 12 月，总第 64 期，第 26 页。

三、台湾政治格局新变化对两岸关系机遇与挑战

1.影响两岸关系的台湾岛内政治格局新变化中值得注意的倾向。一是政党政治面临挑战，无党无色政治势力有所成长。尽管蓝、绿政党政治依然主导着台湾政治资源的分配，但无党、无色政治势力的发展崛起却是台湾政坛中不能忽视的一个重要现象，特别是"柯文哲现象"与"韩国瑜现象"比较亮丽。台湾学者张登及认为其中含有"全球民粹政治的台湾版"的意涵，从2014年柯文哲当选台北市长到2018年"韩流"盛行，其实与菲律宾的杜特尔特、美国特朗普等人的声势都有"类似之处"，即"经济全球化与经济危机下，多国执政者处理社会重分配问题的挫败，引起大量民众对主流政党的厌倦与不满，转而支持'非典型'风格的政治人物"[1]。"近年来台湾出现所谓'白色力量''无色觉醒'，虽不无外力斧凿迹象，但也证实台湾不分世代，民众对两大政党传统政治人物的厌倦。这一风潮看来将不会因为柯P或'韩总'的胜利而停止。由于北高两位'非典型'政治人物的并起，已经造成台湾"朝野"党内权力结构与精英征补制度的重整和洗牌。在2019年春节之后，"朝野"党派将再度动员为2020年春天的"大选"备战。柯、韩现象造成的政党内部权力重组，绝对是影响备战方向的首要因素。"[2]二是中间势力增长明显，"非蓝非绿"比较容易受到台湾民众欢迎。在蓝、绿基本盘均有所萎缩、中间选民和年轻人越来越不满蓝、绿对立的情况下，特别是自柯文哲当选台北市长、"白色力量"崛起，选民越来越倾向于不支持特定政党，"中间""游离""非蓝""非绿"成为多数。过去是"选党不看人"，现在是"看人不看党"？新世代选民尤其没有特定要支持的政党，30岁以下青年人在台北市有30万，约占投票人数14%，其中14万是"首投族"。因此，连任后柯文哲的动向则将是搅动蓝、绿与"第

---

[1]　张登及:《选后"朝野"政党政治趋势与未来的台海局势和两岸关系》,上海台湾研究所、上海市台湾研究会、《台海研究》编辑部主办《台海新观察:新结构、新态势、新选择"研讨会论文集》,第11页,2018年12月14日。

[2]　张登及:《选后"朝野"政党政治趋势与未来的台海局势和两岸关系》,上海台湾研究所、上海市台湾研究会、《台海研究》编辑部主办《台海新观察:新结构、新态势、新选择"研讨会论文集》,第11—12页,2018年12月14日。

三势力"板块演变的变数。三是两岸关系因素在选举中的正面作用不断显现。正是因为大陆的惠台政策举措，给国民党胜选营造了良好的两岸关系环境，当台湾民众对过去"两岸关系和平发展无感"时，对于现今"两岸关系不佳却是有感"，这造就了国民党候选人"民生牌""经济牌"的发酵，民进党"主权牌""统独牌"的失灵。

2. 台湾政治格局新变化对两岸关系的新机遇。一是国民党大胜可能坚定吴敦义领导的中国国民党坚持"九二共识"、反对"台独"的政治立场，有助于未来国民党进一步推动两岸关系和平发展，推动国共政党平台在引领两岸关系和平发展中发挥重要作用。二是国民党势力的回升预示着反"独"力量得到强化。如果国民党在选举中欲振乏力，将使台湾岛内制约"台独"力量不能得到实质性加强。不仅"激进台独"与"渐进台独"进一步合流，互为呼应，清算国民党力道更强，而且民进党与"台独"分子分裂国家的气焰可能更加嚣张、动作更大，步伐加快，进而威胁到台海地区和平稳定。三是蓝、绿两方实力对比的"蓝升绿降"，无疑是有利于反对与遏制"台独"分裂活动，对没有认同"九二共识"的民进党的施政可以形成一定的牵制。四是蔡英文与民进党在选举中的大挫败，给民进党当局施政造成一定困难，推动"台独"的能力下降。虽然民进党不会因选举挫败而在"台独"道路上改弦更张，但失去多数地方政权无疑是其推动与实践"台独"的能力下降，舞台变小。民进党提出"支持对等尊严、符合规范及不预设政治前提的两岸交流"①。五是无论是"白色力量"还是"无色力量"的上升、"两岸一家亲"的提法与主张等，对民进党的两岸政策与"台独"路线，都是一个有力牵制。

3. 台湾政治格局新变化对两岸关系的可能挑战。一是民进党在选举中遭受重挫，也可能让蔡英文当局更加拥抱"台独"基本教义派，更加拒不调整两岸政策，甚至坚持既有的"台独"立场，从而两岸关系可能在"九合一"选举后至2020年"大选"期间再度出现更多和更大的风险与挑战。败选，理论上应

---

① 张麟微：《台湾牌不过是治丝益棼》，台湾《海峡评论》，2018年10月号，第30页。

该是蔡英文当局两岸政策改弦更张的机遇，"蔡英文首须整理她的两岸论述。因为，两岸政策是台湾的政经脊椎。蔡英文的政经治理失能，主因即在其两岸政策的失败。合理的想像，蔡的大选两岸论述，应当转向更开放，而不是反而更偏激"①。但蔡英文在请辞民进党主席发言中强调："过去 3 年国家走在正确方向上，国民设下更严格的标准，民进党虚心接受"，但"对的事情还是要继续做"，"民进党有责任守护台湾的未来"。② 民进党需要"拼经济、守民主、顾主权"③。这样的发言与定调，似乎预示着蔡英文当局将拒不调整其既有的"联美抗陆"的两岸政治路线。二是蔡英文和民进党当局可能进一步地挑衅两岸关系，推动两岸走向对立与对抗。蔡英文与民进党当局不从自身政策与行为不当中寻找败选原因，不认为是民进党自身的两岸政策存在问题，反而是认定民进党败选是因为"大陆干预台湾选举"，归咎于大陆因素，声称是"中共因素大肆介入台湾地方选举"；"大陆介入台湾选举的手段与方式更加细腻，通过资助特定候选人等"；"运用网络、媒体等介入台湾选举"，如"散布大量的假消息，迷惑台湾民众"，而民进党对此的"反制手段"不仅少而且慢；认为是"中共紧缩两岸交流，产生了不利于民进党竞选的大环境"。④ 由此，"九合一"选举后，民进党当局采取了进一步紧缩两岸交流、管控两岸人员往来的错误做法。如选举前，蔡英文就声称："中国试图挑战区域现状的作为，已经引起国际社会高度地关注。台湾位处西太平洋第一线，自然承受巨大的压力。"强调："这段时间以来，中国单方面文攻武吓和外交打压，不但伤害了两岸关系，更严重挑战了台海和平稳定的现状。"⑤ 虽然蔡英文也承诺："向大家保证，我们不会贸然升高对抗，也不会屈从退让。我不会因一时的激愤，走向冲突对抗，而让两岸关系陷入险境。"但蔡英文同时强调："我也不会背离民意，牺牲台湾的主权。在变局当中，我们绝对不能错估情势。激化冲突或者妥协屈从，都只会治丝益

① 黄年：《2020"大选"的两岸变数》，台湾《联合报》，2019 年 1 月 27 日，A12 版。
② 陈志平：《民进党大崩盘》，台湾《联合报》，2018 年 11 月 25 日，A1 版。
③ 林劲杰：《陈明通会韩，不谈"九二共识"》，台湾《中国时报》，2019 年 1 月 19 日，A9 版。
④ 陈志平：《民进党大崩盘》，台湾《联合报》，2018 年 11 月 25 日，A1 版。
⑤ 编辑部：《蔡英文"总统"发表国庆演说》，台湾《两岸经贸》，2018 年第 11 期，第 5 页。

梦。"^①三是面对大陆发展崛起与"台独"国际空间的被收缩，"激进台独"势力的冒险分裂活动可能更加猖獗，特别是"公投法"门槛下修、10 项"公投"通过了 7 项、"公投"事实上有拉抬投票率实际作用情况下，"激进台独"通过"公投"进行分裂国家的冒险分裂活动更是对两岸关系和平发展的巨大挑衅与威胁。四是面对民进党实力下降与中美矛盾的加剧，不能排除美国特朗普政府出手进一步支持民进党掌握台湾地区政权。"对美国而言，无论是阻挡中国进一步崛起，解决陆美贸易逆差，还是在南海冲突中压制中国，台湾都是一枚好棋，也难怪台湾牌最近被打得虎虎生风。但是台湾牌真的这么有效，真的能成为有力支点，撬动大陆现有的地位吗？不能令人无疑。"^②特朗普"上台以来所打的台湾牌，事实上都没有起到作用，反导致大陆抗议，影响中美关系，也让台湾遭到大陆在经济、外交、国际空间、安全上的全面打压，损失惨重"^③。

第三节　蔡英文连任后台湾政治局势

一、台湾地区领导人选举基本情况

1. 台湾地区领导人选举特征。主要表现在：

其一：选举活动的重要性。主要表现在：一是不同的选举结果关系到不同政党在台湾执政，关系到台湾政权归属于谁之手。二是不同政党执政关系到不同的两岸政策动向，关系到未来四年两岸关系是走向和平稳定还是走向对抗对立，体现了两岸关系发展方向上两岸路线的斗争、两种前途的较量。

其二：选举活动的尖锐性。表现在：一是蔡英文的连任意志相当坚定，把连任与持续执政看得比什么都重要，竞选连任成为蔡英文与民进党压倒一切的中心任务。二是"韩粉"要求蔡英文下台的心愿强烈。深蓝群众把"二合一"

①　编辑部：《蔡英文"总统"发表国庆演说》，台湾《两岸经贸》，2018 年第 11 期，第 5 页。
②　张麟徵：《台湾牌不过是治丝益棼》，台湾《海峡评论》，2018 年 10 月号，第 30 页。
③　张麟徵：《台湾牌不过是治丝益棼》，台湾《海峡评论》，2018 年 10 月号，第 30 页。

选举称之为"中华民国"最后的"保卫战"，这也是"韩粉"强力要求韩国瑜就任高雄市长不久就投入"大选"的主要考量。三是美国公开地、赤裸裸地支持蔡英文连任，介入台湾地区选举，同时指责大陆介入台湾地区选举。

其三：选举行为的复杂性。表现在这次选举是几大矛盾的交汇集合：一是蓝、绿力量对比的大较量与蓝绿矛盾的集中爆发点。二是台湾社会各种矛盾（如蓝绿、"朝野"、南北、省籍、族群、阶级阶层、分配正义）的集中反映。三是中国与美国战略关系新变局下的一场选举。美国将未来 5 年视为遏制中国的关键时期，不希望甚至担心 2020 年台湾地区产生"倾中"政权，取代"本土"政权，不断透过社群媒体、网络等对台湾民众在施加影响。

2. 台湾地区领导人选举投票结果。在全部的 19311105 选民中，有 74.9% 选民参加投票。蔡英文、赖清德的"英德配"获得 817 万 231 票，得票率 57.13%。国民党提名的韩国瑜、张善正的"国政配"取得 552 万 2119 票，得票率 38.61%。亲民党提名的宋楚瑜与余湘的"宋余配"得到 60 万 8590 票，得票率 4.26%。

二、蔡英文连任成功的原因

决定与影响台湾选举结果的原因很多，但蔡英文最终赢得选举的原因主要有民进党竞选策略成功、国民党自身不够团结与美国较为支持蔡英文三方面：

1. 民进党当局竞选策略与部署比较得当。蔡英文为了连任不惜一切地"固本（团结民进党与绿营各方势力）""黑韩（全面打击对手韩国瑜）""抗中（全面性地对抗大陆）""靠美（全面投靠美国）"及"贿选（运用掌握的政权机器开展政策贿选）"等，"五位一体"，所有一切都围绕赢得连任目标进行，竞选策略与部署取得一定成效。即蔡英文在谋求连任强烈意志下，采取五方面举措竞选最终获得成功。"蔡政府过去三年半其实造成许多民怨，施政缺失也非常多，这次竟然还能大胜，主要是选举策略奏效。"[1]

---

[1] 社论:《蔡英文借"亡国感"取胜,但内政恐更形棘手》,台湾《联合报》,2020 年 1 月 12 日,A2 版。

其一：成功地团结与整合民进党及泛绿阵营。蔡英文通过与各派系的分权与分赃，如授权苏贞昌"回锅"任"行政院长"，收纳游锡堃系林佳龙及参选高雄市长败选者陈其迈等组建"败选内阁"，党内各方形成以蔡英文为中心的"利益共同体"，在公营企业等多方面给各派人马分享位置与资源，同时给予"小绿"——"时代力量"一定政经资源进行分化。通过整合党内与泛绿势力，达成了"只有蔡英文连任才有民进党所有人员政治与经济前途"的基本共识，即让民进党各方势力认识到蔡英文赢得选举、保住政权是保住绿营权贵与政治人物既有政经资源的最大前提。正是因为蔡成功化解"九合一"败选危机，"定蔡英文于一尊"，竞选初期虽一度面临赖清德与"独派"逼宫和挑战，但未久便化险为夷，最终收编"独派"、赖清德做副手。正是因为蔡手中掌握大量政经资源可以释放，这是民进党与泛绿阵营整合得相对较好、进而赢得选举关键原因。

其二：运用"政权机器民进党化"，开展全面性"黑韩"包括"抹红（给韩国瑜戴红帽子）"。民进党是全党、"全政府"地运用各种方式"污名化"韩国瑜与国民党，"抹黑""抹黄"满天飞，几乎到了无所不用其极地步，"国家机器总动员"。正如台湾媒体所指出："这次大选，国民党栽在民进党的抹红及'亡国感'宣传下，年轻世代的'反中'意识几乎全被绿营收编入伍。"[①]

其三："抗中（陆）"，以拉高两岸之间对立、恶化两岸关系谋求选举政治私利，争取"天然不统""天然拒统"的年轻人的支持。蔡英文及其幕僚在年初就确定 2020 年竞选主轴是"守护"还是"弃守""台湾主权"，提出"县市长拼经济、总统护主权""地方层面重民生、中央层面要尊严"，推动在"亲美"还是"亲中""两分法"下，把蔡英文与民进党塑造成"守护台湾主权""守护自由民主"的"旗手"，把韩国瑜与"一国两制""亲中卖台"等标签捆绑，塑造韩成为"亲中"代表。2019 年初以来，蔡英文推动"反一国两制"、反大陆"红色渗透"、反大陆"假新闻"、"反送中"与"国安五法"修

---

① 社论：《没有生根及成长欲望的国民党如何再起？》，台湾《联合报》，2020 年 1 月 13 日，A2 版。

订、通过"反渗透法"等一系列旨在拉高两岸紧张与对立的政策举动，形塑了岛内"反中恐中"社会氛围。香港"反修例风波"则是蔡英文"捡到枪"，也是其不断"制造枪""制造炮"，并定调台湾选举是"一国两制"对"民主自由"的抉择。蔡不打"政绩牌"，主打"主权牌"，操作"抗中（陆）保台牌"，"今日香港、明日台湾"之说虽毫无根据，但不得不承认，这样的操作确实"引起不少台湾民众的共鸣"，掩盖了民众对蔡当局施政失能的不满，形塑起有助于蔡在"大选"中主打"亲美"还是"亲中"两大对立政治路线策略的社会氛围，获得大量青年人支持，进而踊跃投票。"蔡英文及民进党能从九合一选举低迷行情中翻转而上，关键就在于反中、抗中的选战策略。"① 台湾《联合报》社论也指出："民进党过去三年多的执政弄得民怨四起却仍能保住政权，主要是操弄'亡国感'的'抗中保台'策略奏效，赢得了多数年轻选民的力挺，有效抵消了其他世代民众对蔡政府的不满。"② "蔡英文这次把选举主轴拉高到'主权保卫战'，利用'亡国感'充分浸润了台湾年轻世代，而香港抗争者的年轻化更增加了本地青年的同情感，因而召唤出年轻族群的踊跃投票。"③ "民进党有效利用年轻人对主权意识与民主制度的力挺，催出青年选票的支持，让蔡英文能够反败为胜。"④ "年轻人返乡投票是最大关键。"⑤ "比较合理的解释是不支持民进党的选民将票投给了蔡英文。"⑥

其四："靠美"，即投靠美国换取支持。蔡英文通过输送各种利益、强化美对其连任支持，通过各种媒体、"美国在台协会"人员、学者评论等多种方式，在台湾社会民间塑造一个印象——美支持民进党、支持蔡继续执政，美不希望2020年台湾地区执政权易手。这在"亲美"属于政治正确的台湾社会是有利

---

① 陈朝平：《内斗新焦点，地方抗"中央"》，台湾《中国时报》，2020年1月12日，A18版。

② 社论：《蔡英文借"亡国感"取胜，但内政恐更形棘手》，台湾《联合报》，2020年1月12日，A2版。

③ 社论：《蔡英文借"亡国感"取胜，但内政恐更形棘手》，台湾《联合报》，2020年1月12日，A2版。

④ 琳敬殷：《陆港因素，拉大输赢差距》，台湾《联合报》，2020年1月12日，A3版。

⑤ 邱师仪：《年轻选票的江山》，台湾《联合报》，2020年1月12日，A20版。

⑥ 刘瑞华：《世代差异：一场反动的选举》，台湾《联合报》，2020年1月13日，A12版。

于蔡英文争取选票的。

其五："政策贿选"与"绿色恐怖"。作为执政党，民进党竞选资源较国民党丰沛得多，且调度有方，善于运用执政资源投入选举。蔡英文当局选举前，推出不少收买人心政策，如长期性的育儿津贴托育补助 155 亿新台币，老农津贴年增 543 亿元新台币，学前教育 300 亿新台币等，短期性的秋冬"国旅"补助加码、千万张面额 50 元新台币的夜市抵用券等，"大撒币 5000 亿元奏效"，"买到民众心坎里"，投票结果也证明"选举没师傅，用钱买就有"。① 作为现任"总统"，蔡英文占有连任先机，部分民众甚至有再给蔡四年机会的想法，特别是蔡拥有的政权机器，既进行"政策贿选"，运用各种政权资源收买各阶层，收获选票，又能以此打击对手，民进党敢于、也善于不择手段地进行各种层出不穷的"奥步"手法。尤其是民进党拥有媒体优势，在"绿色恐怖"所产生"寒蝉效应"下，多数媒体对民进党与绿色势力相对较为友好，这有利于民进党形塑利己社会形象。当然，因为"九合一"选举失利，民进党"支持者对选举结果的焦虑感，没有一刻少过"。从而拉票总动员，全面动员。相反，因为韩国瑜与国民党赢得的希望不大，支持者的动员积极性就不是太大。

2. 韩国瑜与国民党竞选中面临最大问题及挑战失利主因都在自身。选举中坚定支持韩国瑜的台湾《中国时报》在投票后 12 日第 2 版整版刊发评论，列举韩国瑜与国民党败选的五大原因：一是"初选心结破坏团结，成绿进攻破口，郭台铭愿赌不服输，打韩拖垮蓝"；二是"非典型国民党人被打回老 K 模样，韩吞败"；三是"从初选到不分区，私心作祟玩残赢面，国民党惨败，吴敦义最大战犯"；四是"美学者讽韩，澳洲搞出假共谍案，西方围堵陆，我人选成国际选战"；五是"反送中激化统'独'，蔡搭顺风车翻身"。这一评论未必全面，但却是点出了国民党的败选很大原因在自身。

其一：国民党输在自身，输在国民党整合不力与泛蓝阵营团结始终停留在梦想。台湾《联合报》评论认为国民党输在"师心自用的领导人、陈腐的大老

---

① 张理：《不对称战争，蔡赢在起跑点》，台湾《中国时报》，2020 年 1 月 12 日，A3 版。

文化、被压抑的中壮世代、逾期失效的政治论述、庸懦当道的用人，对社会脉动的疏离"①。团结的国民党、团结的泛蓝未必一定能赢，何况国民党与泛蓝阵营团结整合一直存在问题。"九合一"大胜后，局势对国民党东山再起有利，但正是因为重新执政有望，从党主席吴敦义到前"立法院长"王金平、前新北市长朱立伦到重新获得国民党党员身份的郭台铭，都有意愿出马竞选。国民党内部整合不力与初选纷争，不仅消耗合力，而且蹉跎岁月，等到韩国瑜初选出线又面临郭台铭"愿赌不服输"纷争，最终郭台铭虽弃选，也不代表就此整合成功，包括亲民党主席宋楚瑜的参选。台湾政治评论人士黄年认为："韩国瑜对内主要败于王金平及郭台铭的窝里反。"②

其二：韩国瑜个人问题。韩是国民党党内强手，其参选颠覆了国民党党内传统政治文化。"社会上对于韩'望不似人君'的忧虑在选举中获得确认。"③甚至被民进党攻击得"满身瑕疵、德不配位"④。国民党内不少既得利益阶层对于韩竞选心态相当矛盾：既希望通过韩竞选，"下架民进党"，再度实现政党轮替，又担忧韩当选后个人政治利益"旁落"。台湾媒体人胡幼伟戏称韩参选具有"终结蓝色老派政治"的"工具性价值"，这正是国民党传统政治人物担心所在。

其三：韩国瑜参选正当性被高度质疑。在甫当选与就任高雄市长不久，韩就参选的正当性，被高雄市部分民众质疑，也被民进党用来攻击。最终投票结果也证明，高雄市民并不认同韩国瑜参选，如 2018 年市长选举，韩国瑜以赢过对手 15 万票，但这次选举在高雄市却是惨输 48 万票，可见"高雄市民对韩去选总统的接受度和冲击度是超乎预期的无法接受"⑤。

其四：泛蓝阵营支持群众投票不积极。特别是"知识蓝""经济蓝"投票

① 社论：《没有生根及成长欲望的国民党如何再起》，台湾《联合报》，2020 年 1 月 13 日，A2 版。

② 黄年：《"大选"对两岸关系的启示》，台湾《联合报》，2020 年 1 月 12 日，A19 版。

③ 邱师仪：《年轻选票的江山》，台湾《联合报》，2020 年 1 月 12 日，A20 版。

④ 王尚智：《成也韩国瑜，败也韩国瑜》，台湾《中国时报》，2020 年 1 月 12 日，A18 版。

⑤ 谢梅芬：《端有感政绩，韩急补底气》，台湾《联合报》，2020 年 1 月 14 日，A3 版。

冲动不足，"懒得投票"，经济选民、两岸选民与知识选民回笼不到位，因为看好度低，赢的信心不足，危机感不强烈，投票就不积极。"知识蓝未完全归队，中间选民很显然也没埋单"，"最后中间选民的确觉得芒果干比较重要"。[①]"短短一年多，国民党在九合一选举大败民进党的气势消失殆尽，这并不代表韩国瑜庶民路线的失败，民众对民进党执政的不满也并没有消失，只是'讨厌民进党'最终仍不敌'亡国感'。"[②]

其五：韩国瑜与国民党政策论述不强。韩国瑜不少政策主张，如"台湾安全、人民有钱"是相当吸引人的，但如何让"台湾安全"、由此解决民众内心深层不安全感？政策主张流于口号，徒然被民进党攻击为"草包"，形成"菜包（蔡英文）"与"草包"之别。针对民进党对国民党"去主权"的攻击，国民党没有相应策略，除洪秀柱"护宪保台"论述，没有提出足以抗衡论点。国民党中央缺失统一、一致政策论述主张，没有主导选战主题能力，从而国民党在本来是优势的两岸政策议题上失分，只是寄希望基本盘回归、"蓝绿对决"。

3. 美国比较支持蔡英文。美国对台湾地区社会影响相当大，介入绵密，这是台湾地区政治现实。"无庸置疑的，这场总统选举中，美国是坚定地站在民进党的蔡英文这边，以至于传统亲美的国民党被认定为反美。"[③]原因在：一方面是美国"印太战略"的需要。杨渡认为："首要是台湾政治与国际情势的连结，已紧密不可分。"[④]美国"加强台湾影响，避免一个'友中'的执政党出现是美国战略的需要"[⑤]。另一方面，执政三年多来，蔡英文以"出卖台湾民众利益"来紧贴美国、求取支持。不仅在政策上完成配合美国的"印太战略"需求，而且站在美国的战略利益需求上，寻求台湾地区的"角色"与应该付出的利益和代价。从而，连民进党自身都认为，蔡英文执政三年多以来，对美游说工作是最为成功与有效的，达到了前所未有的力度、高度与深度。蔡英文最重

---

① 邱师仪：《年轻选票的江山》，台湾《联合报》，2020 年 1 月 12 日，A20 版。
② 陈洛薇、刘宛琳：《韩吞败，输在绿 2 助选员》，台湾《联合报》，2020 年 1 月 12 日，A2 版。
③ 郭崇伦：《难以拒绝美国的台湾新"总统"》，台湾《联合报》，2020 年 1 月 13 日，A12 版。
④ 杨渡：《这不只是一场台湾的选举》，台湾《中国时报》，2020 年 1 月 12 日，A18 版。
⑤ 杨渡：《这不只是一场台湾的选举》，台湾《中国时报》，2020 年 1 月 12 日，A18 版。

要与最信任的官员和智囊，如吴钊燮、李大维、邱太三、蔡明彦、刘世忠、徐斯俭等都被安排和处理涉美事务。美方坚定挺蔡的立场，导致最后韩国瑜都不敢访美，担忧被美国"出卖"。

三、蔡英文连任后的台湾政局

1. 一党主导。是指由民进党主导未来四年台湾政治局势演变。不仅蔡英文赢得连任，而且民进党在立法机构的席次稳定过半，从而使民进党再度"全面执政"，"在野党"难有制衡力道，"一党独大"的政治现象至少延续四年。

2. 两党博弈。即主要由民进党与国民党展开斗争，无论是区域"立委"得票率还是政党"不分区"得票率，国民党与民进党相差无几，国、民矛盾是台湾政局发展中主要矛盾。尽管国民党面临领导中心的重组，但国民党的实力依然存在，如民进党区域"立委"得票率45.6%，获得46席；国民党区域"立委"得票率40.57%，获得22席，虽相差24席，但得票率只落后5个百分点。这说明两党基本上是势均力敌。如果加上台湾少数民族部分，民进党得票率降低到45.11%、48席（46+2），国民党得票率上升到40.71%、25席（22+3）。原因是蔡英文对韩国瑜的领先效应外溢到"立委"选举席次。再看政党票不分区部分，民进党得票481万1241票，得票率33.98%、13席，国民党得票472万2504票，得票率33.36%、13席。这说明国民党的基本实力没有与民进党差距太大。因为韩国瑜的原因，中间选民，包括知识蓝、经济蓝没有全部回归，而是投票给宋楚瑜，"宋余配"得到60万8590票，得票率4.26%，加上韩国瑜，合计是613万709票、占42.87%。特别是民进党的政党票与蔡英文的得票数相差336万。

3. 多党竞争。"多党竞争"是指除了国、民两党外，还有民众党与"时代力量"党在立法机构中，第三势力空间虽不是很大，但其也有一定的角色与作用。民众党与"时代力量"等第三势力得票率几近三分之一。

第六章

蔡英文当局两岸政策新动向
——影响两岸关系的台湾岛内政策因素

台湾当局的对大陆政策（两岸政策），一直是影响两岸关系重要的台湾岛内政策因素。无论是国民党主政台湾 50 多年的对大陆政策，蒋经国提出的"三不（不接触、不谈判、不妥协）政策"，李登辉的"特殊两国论"，马英九主政的"三不（不统、不独、不武）政策"，还是陈水扁当政时期提出的"一边一国论"，都对两岸关系产生过重要影响。2016 年 5 月 20 日蔡英文上台后民进党当局的两岸政策，无疑也是影响两岸关系和平发展的重要的政策因素。

第一节 蔡英文上台后的两岸政策

作为民进党候选人的当选与就任，蔡英文当局的两岸政策无法不受到主张"台独"的民进党的制约与影响，从而在事关国家主权与领土完整问题上的政策论述，蔡英文当局的两岸政策在根本上是有别于马英九与国民党当局的政策主轴，在"九二共识"与一个中国原则立场上，蔡英文当局的两岸政策更是与大陆的政策立场南辕北辙，因此，蔡英文上台以来的两岸政策事实上严重破坏了两岸关系和平发展。

一、蔡英文当选后的两岸政策主张

1. 从"当选感言"看蔡英文两岸政策的动向。2016年1月16日，在开票结果显示蔡英文打败国民党候选人朱立伦，当选为台湾地区新一届领导人后，当晚，蔡英文发表了"当选感言"。

其一："当选感言"透露出蔡英文两岸政策的核心内涵。主要有四方面内容：一是"维持现状论"。蔡英文重申将会建立具有一致性、可预见性与持续的两岸关系，强调"以中华民国现行宪政体制、两岸协商交流互动成果以及民主原则与普遍民意作为推动两岸关系基础"[①]。二是"超越党派论"。蔡英文提出："我也会秉持超越党派的立场，遵循台湾最新的民意和最大的共识，致力确保海峡两岸关系维持和平稳定的现状，以创造台湾人民的最大利益和福祉。"[②] 三是"两岸共同责任论"。蔡英文提出："我也要强调，两岸都有责任尽最大努力，要求一个对等尊严、彼此都能够接受的互动之道，确保没有挑衅，也没有意外"；称"维持台海安全及两岸和平稳定，是大家共同期待，也是两岸要一起努力的事"。[③] 应该指出的是，蔡英文提出这一点，是为了强调两岸互动是两岸双方共同的事情，不是蔡英文与民进党单方面可以做到的，有了两岸之间的互动之道后，才能确保"没有挑衅，也没有意外"。即蔡英文该论点的意思就是，如果两岸之间最终出现了"挑衅"或"意外"，则也是大陆的责任，不能完全归罪于民进党。四是"新民意论"。蔡英文强调她的选票高出国民党300万，是以56%得票率当选为台湾地区领导人，是"台湾民意的展现"，是"台湾新的民意"。因此，蔡英文今后做什么，都就是台湾的民意要求，有民意做基础与后盾，因而蔡英文要求大陆必须正视她的主张。

2. 从"当选感言"看蔡英文两岸政策的基本特征。主要可以从三方面看：一是"维持两岸现状"的信心不足。蔡英文由选举期间向国际社会与台湾民众承诺当选后一定会"维持台海两岸现状"，到正式胜选后强调"维持两岸现状

---

① 管婺媛：《蔡：寻求对等尊严的两岸关系》，台湾《中国时报》，2016年1月17日，A4版。
② 管婺媛：《蔡：寻求对等尊严的两岸关系》，台湾《中国时报》，2016年1月17日，A4版。
③ 管婺媛：《蔡：寻求对等尊严的两岸关系》，台湾《中国时报》，2016年1月17日，A4版。

是两岸共同的责任"。其说法出现这样的转变，这不仅是蔡英文在推卸责任，而且也是其内在自信不足的表现。因为蔡英文深知在她不承认两岸和平稳定的政治基础——"九二共识"的情况下，要"维持两岸现状"谈何容易！二是坚守"台独"基本立场依旧坚定。蔡英文强调："今天的选举结果，是台湾民意的展现，中华民国作为一个民主国家，是2300万台湾人民的共同坚持。"声称："我们的民主制度、国家认同与国际空间，必须被充分尊重，任何打压，都会破坏两岸关系稳定。"① 由此可见其原则立场之坚定。三是调整"台独"政策的空间有限。蔡英文的"当选感言"，既没有正面回应是否认同"九二共识"这一两岸和平稳定的政治基础，也没有提出未来如何推动两岸关系，反而强调其当选是反映了台湾新的民意。这似乎也昭示出在蔡英文未来的执政路上将难以改变或调整蔡英文个人与民进党所坚持的"台独"主张。

3. 如何看待蔡英文接受《自由时报》专访所透露出信息？2016年1月16日，蔡英文当选后首度接受台湾《自由时报》记者100分钟专访，其中跟两岸关系有关内容的主要包括：

其一：蔡英文接受《自由时报》专访两岸关系政策部分主要内容。蔡英文提出了"提振经济当作重点要务"，她说："这次大选的结果，显示我所主张的'维持现状'，就是台湾的主流民意。维持台海和平以及两岸关系的稳定与发展，是各方共同的期待，但这不是单方面的责任，两岸都要一起努力，来建立一致性、可预测、可持续的两岸关系。"蔡英文再次重申了在选举日开票后记者会上所说："未来将以中华民国现行宪政体制、两岸协商交流互动的成果、以及民主原则与普遍民意，作为推动两岸关系的基础。我愿意以总统当选人的身份再一次重申，今年五月二十日新政府执政之后，将会根据中华民国现行宪政体制，秉持超越党派的立场，遵循台湾最新的民意和最大的共识，以人民利益为依归，致力确保海峡两岸关系能够维持和平稳定的现状。"②

---

① 管婺媛：《蔡：寻求对等尊严的两岸关系》，台湾《中国时报》，2016年1月17日，A4版。
② 邹景雯：《蔡英文：九二历史事实，推动两岸关系》，台湾《自由时报》，2016年1月21日，A1版。

其二：蔡英文这次有关两岸关系政策的表态，较之以往有调整，主要是在于她说："在1992年，两岸两会秉持相互谅解、求同存异的政治思维进行沟通协商，达成了若干的共同认知与谅解，我理解和尊重这个历史事实。我也觉得，九二年之后二十多年来双方交流、协商所累积形成的现状及成果，两岸都应该共同去珍惜与维护，在这个基本事实与既有政治基础上，持续推动两岸关系的和平稳定与发展。"① 在这个表态中，蔡英文不仅承认1992年两岸两会在香港有过会谈，而且承认"达成了若干的共同认知与谅解"。她也表示"理解与尊重这个历史事实"，并且提出"在这个基本事实与既有政治基础上，持续推动两岸关系的和平稳定与发展"。对蔡英文个人与民进党而言，能够有这个表态，应该算是一个调整。尤其是蔡英文透过《自由时报》这个民进党支持者比较信任的平面媒体来释放其政策信号，实质上也是她在向民进党的支持者进行思想与思维转化的工作。

其三：蔡英文接受《自由时报》专访有关两岸关系政策所谓"调整性的表态"，尚不足以稳定台海局势。原因在于：一则是她这样的表态，距离"两岸同属一中"的"九二共识"核心内涵尚有一定的距离，需要继续努力调整。二是她这样的表态并非通过正式场合，而是一般性的媒体专访，不属于正式文件或正式声明。三是蔡英文所提出的"既有政治基础"的内涵比较宽泛，如蔡英文认为其中包含四个关键元素，第一是1992年两岸两会会谈的历史事实，以及双方求同存异的共同认知；第二是"中华民国现行宪政体制"；第三，是两岸过去二十多年来协商和交流互动的成果；以及第四是"台湾的民主原则"以及普遍民意。她说："台湾是民主社会，民意与民主，是政府处理两岸政策的两大支柱，如果悖离民意与民主，就难以稳固长久，甚至可能会失去民心。我们坚持依循普遍民意，坚持遵循民主原则，坚持确保台湾人民对于未来的选择权，这就是新政府跟马政府最大的不同。"② 四是尽管蔡英文做了这样的有一定

---

① 邹景雯：《蔡英文：九二历史事实，推动两岸关系》，台湾《自由时报》，2016年1月21日，A1版。

② 邹景雯：《蔡英文：九二历史事实，推动两岸关系》，台湾《自由时报》，2016年1月21日，A1版。

积极意义的表态，但其两岸政策到底如何实际去推动，是否言行一致，更是关系到台海能否稳定的核心症结所在。所以，台湾著名学者杨开煌认为：蔡英文的两岸政策是"讨好美日，两岸不战"①。即蔡英文的两岸政策并没有寻找到推动两岸关系持续和平发展前行的"密钥"。

二、从"就职演说"看蔡英文当局两岸政策

2016 年 5 月 20 日，蔡英文发表"就职演说"。总体看，蔡英文"就职演说"中有关两岸关系政策部分的基本特色是言辞漂亮，态度温和，但民进党既有的"台独"立场却是并没有进行调整或者改变，"台独"本质没有放弃，"就职演说"中所进行的政策调整的表述幅度相当有限。

1. 蔡英文的两岸政策表述中可肯定之处。主要在三方面：

其一：整体上体现了蔡英文所公开承诺的"不挑衅"大陆与两岸关系的思维。包括"演说"中提出"妥善处理两岸关系"等，遣字用字，比较注意避免"刺激"大陆，如没有使用民进党人士过去一贯使用的称海峡西岸为"中国"，而是用"对岸"等词，表示"我们也愿意和对岸"进行互动等。

其二：两岸政策立场比原先稍有调整。"演说"正式提出 1992 年会谈"达成若干共同的认知与谅解"，承认"1992 年两岸两会会谈的历史事实与求同存异的共同认知，这是历史事实"。这里，蔡英文既讲了"1992"与"求同存异的共同认知"，又提出"依据中华民国宪法、两岸人民关系条例及其他相关法律，处理两岸事务"。特别是提出要依据体现"一国两区"法律意涵的"两岸人民关系条例"处理两岸事务，这对蔡英文个人与民进党固有的"台独"立场而言，应该算是一个调整。

其三：在东海及南海问题上，蔡英文提出"依照中华民国宪法当选总统，有责任捍卫中华民国的主权和领土"。同时蔡英文"主张应搁置争议，共同开发"。

---

① 杨开煌：《对蔡英文"520"讲演之诠释与未来两岸关系之分析》，《台湾研究》，2016 年第 4 期，第 6 页。

正是因为蔡英文在"就职演说"中，在有关两岸关系政策部分的表述较之以往原有立场，进行了若干的调整，大陆方面给予了一定程度的肯定，如2016 年 5 月 20 日，以中台办、国台办负责人名义所发表的谈话中，就使用了"我们注意到"的肯定性用词："我们注意到，台湾当局新领导人在今天的讲话中，提到 1992 年两岸两会会谈和达成了若干共同认知。"

2. 蔡英文两岸关系政策的表述没有放弃"台独"立场，更处处体现出"台湾是一个国家"的思维。主要表现在以下六个方面：

其一："演说"没有认同或承认"九二共识"，或表述"两岸同属一中"的意涵。"演说"用"1992 年两岸两会秉持相互谅解、求同存异的政治思维，进行沟通协商，达成若干的共同认知与谅解，我尊重这个历史事实。"而且这里，蔡英文只是使用了"尊重"一词，但这"尊重"，显然并不等同于"认同""坚持"或"承认"。这两者之间是存在比较大的差别的。

其二："演说"没有回答两岸关系性质是什么，也没有建立起两岸互动的政治基础。"演说"所提出的"既有政治基础"的四个关键元素，一是 1992 年两岸两会会谈的历史事实与求同存异的共同认知；二是"中华民国现行宪政体制"；三是两岸过去 20 多年来协商和交流互动的成果；四是"台湾的民主原则及普遍民意"。蔡英文所提出的这个政治基础与大陆的立场——"九二共识"是明显不同的。

其三："演说"提出"共同责任论"。称"两岸都应该共同珍惜与维护"20多年来双方交流、协商所累积形成的现状与成果，甚至提出："两岸的两个执政党应该要放下历史包袱，展开良性对话，造福两岸人民。"蔡英文这个"共同责任论"的提出，实质上是将民进党上台后两岸不能再像过去八年那样和平发展的责任归咎于大陆。而事实上，蔡英文上台后两岸关系难以和平稳定的责任在于民进党不放弃"台独"的历史包袱，在于蔡英文当局改变了 2008 年马英九上台以来台湾当局所秉持的两岸和平、和解的政策。因此，民进党需要承担两岸关系出现不稳定与紧张僵持的状态的全部责任，而不是以两岸"共同责任"来卸职。

其四："演说"提出台湾要在经济上与大陆保持距离。蔡英文提出要推行"新南向政策"，目的就是"告别以往过于依赖单一市场的现象"，"让台湾走向世界，也要让世界走进台湾"。这里所谓"单一市场"显然指的就是大陆。

其五："演说"用国际关系思维来思考两岸关系。"演说"将关于两岸关系的政策部分放在"演说"的第四部分——"区域的和平稳定发展及两岸关系"。这样的摆法，不仅降低了两岸关系的位阶，两岸关系只是"建构区域和平与集体安全的重要一环"，而且在蔡英文当局的眼中，两岸关系的重点在"稳定"而非"发展"。

其六："演说"中处处体现了"台湾国家化"思维。蔡英文多次强调"台湾"而非"中华民国"。一共只有五次谈到"中华民国（宪法）"，如"正式宣誓就任第14任中华民国总统"，然后谈两岸政策时有四次提到"中华民国"；"演说"最后都没有讲"中华民国"。在这方面，蔡英文还不如陈水扁在2000年上台时的"演说"内容。但蔡英文的通篇"演说"中，谈到"台湾""台湾人民"有40多次。

正是因为蔡英文"就职演说"中有关两岸关系政策所表述的立场虽较之过去立场有所调整，但"台独"本质没有改变，以致中台办与国台办负责人说"这是一份没有完成的答卷"。而实质上，大陆方面使用了这样的定性说词，某种程度上是给蔡英文当局"补考"、继续答卷的机会。

三、蔡英文当局两岸政策基本原则与立场

1. 蔡英文当局内外政策的重点不在两岸关系。"就职演说"是蔡英文上台后四年任期施政的总纲领，因此，其中所表达的内外政策重点是值得人们关注的，尤其反映了蔡英文当局未来四年的施政重点。

其一：所谓"内政"问题大于两岸关系。蔡英文当局施政倾向是台湾内部治理要重要于两岸政策路线，即蔡英文采行的是"内政优先"的施政路线。

其二：对外关系重于两岸关系。民进党对外政策与两岸关系政策的基本立场是"靠美""联日""南向"与"西守"。从这"八字"中，可见其对外政策

是要重要于两岸政策。首先是"靠美"，即依靠美国，包括通过开放"美牛"与"美猪"，谋求加入美国所主导的亚太区域合作组织（TPP），以强化与美国的经济、社会、特别是政治、军事与安全关系，甚至在必要时候对美采取"一边倒"政策。其次是"联日"，即联合日本，包括联合日本开展民进党所推动的"新南向政策"。第三是"南向"，即重新鼓吹李登辉与陈水扁在任期间所推动的"南向政策"，目的是以此分散台湾地区经济对大陆的经贸依赖，包括吸引东南亚甚至南亚的印度等地客源到台湾地区旅游，密切彼此各方面关系。第四是民进党在两岸关系上的政策是"守"，"稳住"两岸就是成功，或"守住"两岸目前和平状态便是"大吉"。民进党没有动力与信心要发展两岸关系，更没有意愿要延续2008年5月以来马英九所推动的两岸和平与和解的政策和路线。这就是蔡英文提出的："加强和全球及区域的连结，积极参与多边及双边经济合作及自由贸易谈判，包括TPP、RCEP等"，"推动新南向政策，提升对外经济的格局及多元性，告别以往过于依赖单一市场的现象"的主要考量。

其三：推行有别于马英九当局的两岸政治路线。人事安排可以反映政策理念所在，蔡英文对陆委会、"外交部"等人事安排中都重用对外系统人员，即可知晓其内外政策的理念与动向。蔡英文也公开提出她的"维持现状"的政治路线，并不同于马英九当局"倾中"的做法，所以，她提出两岸关系的推动必须基于"民主原则"和"普遍民意"。

2.蔡英文当局两岸政策的基本目标。稳定两岸关系、维持两岸既有的状态，维持两岸关系和平状态，是蔡英文当局两岸政策的基本目标。这个"和平状态"，即使是所谓"冷和平"状态，即"民间有交流、官方无关系"，民进党当局也抱持"无所谓"的态度。即只要两岸间保持稳定，局势稳住即可。对于由此产生的种种不利于台湾经济发展的现象，包括大陆赴台游客减少、影响台湾观光业，民进党认为这都是为了要保持"台湾主权"独立性所必须付出的代价，需要概括承受。而民进党当局稳定两岸关系的目的，在于要为台湾内部的治理与发展营造一个良好的环境，因为民进党当局的核心工作是"内政"，做好台湾内部事情，包括"台独""内政化"，完成对国民党的清算，巩固民进党执政的社会基础，完成"台湾国家化"内部工程。因此，无论是对外关系与两岸关系上，民进党都无意主动进取。

3. 蔡英文当局两岸政策的基本立场。核心立场有二：

其一："坚持台湾主权"的既有政策立场。基于维护"台湾主权"的长远目标，民进党无意也不会在原则立场上调整立场、向大陆靠拢，蔡英文不会调整"就职演说"所确立的两岸政策的基本立场。

其二：决不认同"台湾属于中国一部分"的立场。基于民进党的"台独"价值所在，蔡英文坚持决不认同"台湾是中国一部分"的立场，这也是民进党之所以不承认"九二共识"，更不认同"两岸一中"的核心原因。

4. 蔡英文当局两岸政策的基本策略。主要体现在四个方面：

其一：所谓"不主动挑衅"大陆。蔡英文当局自我认为力图在一系列两岸关系问题上采取了"克制性"的做法，包括参加世界卫生大会（WHA）上表现得"不挑衅""不惹事"，尽量不扩大与大陆之间的对立，蔡英文当局甚至认为它目前的不少做法，要做得比陈水扁刚上台时还要"缓和"与"克制"。2016 年 8 月 20 日，蔡英文与媒体茶叙时再次强调"维持现状"重要性，政策目标就是在"当前的宪政体制下，建立一个具有一致性、可预测性、可维持性的两岸关系"。台湾亲民进党的学者颜建发就提出蔡英文当局面对大陆，最需要的素质就是"耐心、耐性与抗压性"。

其二：所谓"不挑起两岸冲突"。民进党从稳定台湾内部、稳定两岸局势的基本需求考虑，认为不需要推动两岸之间的激烈冲撞，努力维持"低姿态"以争取同情，特别是蔡英文的发言，尽量不谈两岸关系与两岸政策；如果到了不得不谈时，也是尽量不说"狠话"，必要时也由民进党籍的民意代表"代打"（代替蔡英文）来污蔑或攻击大陆。

其三：并不谋求实质进展。即不谋求与推动两岸关系的实质性进展，包括对于大陆游客赴台游减少的问题，蔡英文当局的态度也是"顺其自然"，认为根本不必像马英九当局那样去"政治施肥"（民进党人士的语言）、拉抬大陆游客入岛的数量，以避免增加台湾对大陆依赖的风险。民进党甚至认为，如果蔡英文上任以来的两岸关系属于"冷和平"的话，民进党倒是希望这样的状态可以延续下去，这不仅是因为这样的状态早在民进党预料之内，而且民进党认为"冷和平"也是"和平"的一种，这样的状态反而有别于马英九执政八年期间台湾的"过于倾中"的和平，甚至认为长远看这样的状态对"台湾主权"的维护与捍卫是有利的。

其四：所谓不在"原则立场"上"妥协"。即在"台湾不是中国一部分"的原则上，民进党坚持原则立场不妥协。民进党籍学者陈淞山就认为蔡英文四年内都不可能承认或接受"九二共识"或"两岸一中"的核心意涵。2016 年 9 月 29 日，蔡英文在《致民进党党员公开信》中就提出："我们要力抗中国的压力，发展与其他国家的关系，我们要摆脱对于中国的过度依赖，形塑一个健康的正常的经济关系。"这里，蔡英文直接称呼海峡对岸为"中国"，而不是"中国大陆"。2017 年 5 月 2 日，蔡英文又提出"三新"主张——新情势、新问卷、新模式。尽管蔡英文表示一直"在思考如何处理两岸问题"，但事实上，她的表述始终停留在玩弄文字游戏，没有就两岸关系性质与定位给予正确的描述，目的是正如台湾学者所言："显然不是想要开展两岸关系新页，而是企图使用一些空洞的语言文字来回避实质的问题，并且推卸自己执政下两岸关系处理不好的责任！"[1]

第二节 "九合一"选举前后蔡英文当局两岸政策

2018 年台湾"九合一"选举前后，蔡英文当局的两岸政策为了选举需要开始有所调整，由以往的"不求有功、但求无过"的消极因对策略，调整到拉高"两岸对立"的对抗性政策，蔡英文公开撕毁"维持两岸现状"的假面具，致使两岸关系由"冷和平"迅速发展到"新对抗"。

---

[1] 张亚中：《蔡英文玩文字游戏》，台湾"中央社"，2017 年 5 月 2 日台北电。

一、蔡英文当局区别对待"双城论坛"与"国共论坛"

1. 蔡英文当局不反对两岸举办的"双城论坛"。由上海市与台北市联合举办的"双城论坛"始自于 2010 年，由时任台北市长郝龙斌在任内与上海市长共同开启。当然，其开端则是始自于 2000 年台北市与上海市的"城市交流"，时任台北市长是马英九，每年举办一次，轮流在台北市与上海市召开，到 2014 年共举办 4 届。2014 年台北市长选举中，代表所谓"白色力量"的柯文哲入主台北市政府后，经过双方协商，台北市与上海市持续举办"双城论坛"，也得到马英九团队的支持，而连续于 2014 年与 2015 年举办了第 5 届和第 6 届。2016 年 5 月 20 日蔡英文上台后，民进党当局对于"双城论坛"的政策成为该论坛能否举办的主要因素。为了维系"维持两岸现状"的承诺，也为了维持民进党与柯文哲的"白色力量"之间关系，蔡英文当局采取了"不反对""双城论坛"续办的做法，从而，第 7 届"双城论坛"得以于 2016 年 8 月 22—23 日在台北市召开，中共上海市委统战部部长沙海林以"市长代表"身份，率领由 1 个核心团与 13 个分团组成 350 多人（其中学生 120 名）代表团与会。台北市长柯文哲、副市长邓家基等 150 余人与会。尽管这是一场"地方对地方"的交流，并不代表两岸官方关系的恢复，也不是两岸关系的解冻！但因为是蔡英文上台后两岸之间最高层级的交流，沙海林是蔡英文于 2016 年 5 月 20 日正式上台后大陆首位赴台的副部级官员，代表团中有 19 名厅局级干部与会。

第 8 届"双城论坛"则是于 2017 年 7 月 2 日在上海东方滨江大酒店举行，台北市长柯文哲带队与会，上海市长应勇、副市长翁铁慧等 300 多人与会。第 9 届"双城论坛"于 2018 年 12 月 20 日在台北市举办，选在 2018 年 11 月 24 日台湾"九合一"选举之后召开。上海市常务副市长周波带 1 个核心团与 15 个分团，包括学者分团，共 135 人与会，以"永续的城市、永续的发展"为主题，分公共住宅与都市更新、大健康产业交流、文化、环保与市民服务四个分论坛。第 10 届"双城论坛"则是在 2019 年 7 月 4 日在上海召开，第 11 届则是在 2020 年 7 月 22 日，因为新冠疫情在线上召开，通过视频，上海市与台北市分别设立会场，主题是"城市防疫交流与经济合作"，并分卫生医疗、产业经济交流、智慧交通和区域治理与合作四个分论坛。

2. 蔡英文当局反对与阻挠"国共论坛"的召开。由中国共产党与中国国民党联合举办、讨论两岸和平发展的公开论坛——"两岸论坛"，给两岸关系发展带来诸多的正能量。无论是起始于 2005 年的"两岸经贸论坛"，还是其后的"两岸农业论坛"，都为两岸关系和平发展贡献诸多的智慧与正能量。2016 年时任国民党主席洪秀柱访问北京，国共双方于 11 月 2 日联合举办"两岸和平发展论坛"，影响不小。但之后的 2017 年、2018 年与 2019 年，"两岸和平发展论坛"都无法正常召开。这是因为蔡英文当局基于反对国共论坛的立场，坚决不批准时任国民党主席的吴敦义所申请的领衔登陆与会，理由是所谓的"国家机密保护法"。根据规定，吴敦义需要在卸任公职 3 年后才能报备登陆。后民进党又修改规则延迟到更长时间。其意就是公开阻挠国民党与大陆开展正常的交流。

民进党中央与陆委会对"国共论坛"及吴敦义登陆的政策立场，是基于民进党选票的考量，基于民进党与国民党之间政党竞争的立场，而不是"台湾的利益"。虽然，曾经有媒体报道，从民进党中央角度倒是希望国共主办的"两岸论坛"能够办得成，甚至党主席吴敦义如果能登陆，也可以给民进党提供进一步给予打击的机会。因为只有这样，民进党才可借力使力地抨击国民党。但陆委会的政策立场与民进党中央却是有所不同，对由国共主办的"两岸论坛"持否定与反对立场。其内在的考量因素在于：一是认为"两岸论坛"向来比较敏感，是国民党希望借此论坛发挥其两岸政策优势的场所，也由此来否定蔡英文当局两岸政策，至少会给蔡英文当局两岸政策进行批评与压力。二是国共之间的渠道与平台，有替代台湾海基会与陆委会的功能与作用，陆委会对此的最大关切还是担忧它自身的"公权力"被架空，如果两岸论坛上出现类似"台商服务中心"等，甚至出现国民党介入 M503 航路事件的处理，从而陆委会会被置于被动局面。因此，陆委会的立场就是不让吴敦义登陆。

3. 陆委会对两岸交流基本立场的本质在于两岸之间的任何交流都不能脱离

公权力的管控。台湾有媒体报道，蔡英文当局对于两岸交流活动，不论是台北与上海的"双城论坛"，还是由国共两党联合主办的"两岸论坛"，其基本政策立场是都不能架空陆委会与台湾海基会等"公权力"部门的管控。陆委会认为两岸事务应由所谓"中央"部门，即陆委会来统一管理与规范，不是台湾的地方政府和在野政党可以决定的事情。这从新北市与台北市要与大陆有关城市互设办事处时陆委会所秉持的立场可见。据悉台北市长柯文哲原来计划要在上海设立办事机构的态度很坚决，但通过陆委会与柯文哲个人私下直接的沟通，柯文哲做了妥协，原则上同意不再提在上海设立办事处的事情。柯文哲让步的重要原因，就是陆委会官员告诉柯文哲：一是台北市政府在上海设立的办事处能否保证"只接待台北市民"，而不接待新北市民或者是台湾其他城市的市民？二是基于"对等"的原则，台北市在上海设立办事机构后，上海市如果也提出要在台北市设立办事机构，台北市能不能允许？而到时假如陆委会不允许设立？台北市政府怎么办？甚至即使陆委会允许上海在台北市设立办事处，接下来会发生什么情况？对于到办事处进行陈情与抗议民众，台北市政府如何给予规范？对于办事机构及其人员的安全问题如何进行保护？这一定会带来许多不必要的麻烦。三是从陆委会的角度讲，如果大陆方面未来一旦有事，就直接找双方互设的办事处，陆委会就失去了角色与作用，陆委会如何甘心？花莲发生地震的赈灾中，国台办直接找花莲县政府给予支援，也是为陆委会所不容，就是一个例子。

二、蔡英文当局强力反对大陆"31 条措施"

1. 大陆为发展两岸关系提出"两岸融合发展"的新主张。为了维系两岸关系和平发展方向，确保两岸关系沿着有利于和平统一的方向发展，大陆在坚持"和平统一、一国两制"大政方针基础上，更加积极有效地推动和落实惠及台湾普通民众的政策和措施，并在总结过去经验和做法基础上，提出了"两岸融合发展"的理念和主张。这是以习近平同志为核心的新一代中央领导集体，在新的历史方位下，根据两岸关系发展的时代特点提出的新理念新举措。

2011 年 11 月，国务院批复《平潭综合实验区总体发展规划》时提出："构建两岸同胞共同生活、共创未来的特殊区域，促进两岸经济社会的融合发展。"这是中国政府有关文件首次提出"两岸融合发展"的概念。2014 年在全国的"两会"期间，李克强总理在《政府工作报告》中首次提到"促进（两岸）经济融合"。同年 11 月 1 日，习近平总书记在宸鸿科技（平潭）有限公司会见部分台资企业负责人时，指出："两岸同胞同祖同根，血脉相连，文化相同，没有任何理由不携手发展、融合发展。大陆人口多，市场大，产业广，完全容得下来自台湾的商品，完全容得下来自台湾的企业。欢迎更多台湾企业到大陆发展。"这是习近平总书记首次公开提出"两岸融合发展"的政策主张。2016 年 3 月习总书记在参加"两会"上海代表团审议时进一步强调："两岸同胞是命运与共的骨肉兄弟，是血浓于水的一家人。我们将持续推进两岸各领域交流合作，深化两岸经济社会融合发展，增进同胞亲情和福祉，拉近同胞心灵距离，增强对命运共同体的认知。"这是习近平总书记第一次完整使用"经济社会融合发展"的概念。从"经济融合发展"到"经济社会融合发展"是"两岸融合发展"理念的一次质的飞跃。2017 年李克强的《政府工作报告》再次确定要"促进两岸经济社会融合发展"。同年 10 月，习近平总书记在十九大报告中提出"愿意率先同台湾同胞分享大陆发展的机遇""将扩大两岸经济文化交流合作，实现互利互惠""逐步为台湾同胞在大陆学习、创业、就业、生活提供与大陆同胞同等的待遇，增进台湾同胞福祉"等落实两岸融合发展的具体论述。

为落实"率先同台湾同胞分享大陆发展的机遇"的讲话精神，2018 年 2 月 28 日，国务院台湾事务办公室、国家发展改革委员会经商中央组织部等 29 个部门，公布《关于促进两岸经济文化交流合作的若干措施》，简称"31 条措施"。其中前 12 条是有关积极促进在投资和经济领域加快给予台资企业与大陆企业同等待遇；后 19 条是给台湾同胞在大陆学习、创业、就业与生活提供与大陆同胞同等待遇问题。

2018 年 7 月 28 日，国务院办公厅宣布取消了台港澳居民在内地就业许可事项，台湾同胞在大陆就业不再需要办理就业证。9 月 1 日，《港澳台居民居住证申领发放办法》正式实施，这是继推出卡式台胞证之后，大陆为台湾同胞在陆学习、工作、生活提供的又一重大便利措施。

2019年1月2日，习近平总书记在《告台湾同胞书》发表40周年纪念大会上，就推动两岸关系和平发展、实现祖国统一提出了五点主张，第一次比较系统地论述了"两岸融合发展"的内涵。其中第四点"深化两岸融合发展，夯实和平统一基础"更加清晰地揭示了两岸融合发展的基本体系。同年3月10日，习总书记在参加十三届全国人大二次会议福建代表团审议时，进一步提出"要探索海峡两岸融合发展新路"。而"深化两岸融合发展，持续扩大两岸经济文化交流合作"也再度被写进当年的《政府工作报告》。

2019年3月，最高人民法院发布《关于为深化两岸融合发展提供司法服务的若干措施》，这是中央有关部门第一个以"深化两岸融合发展"为名的涉台法规政策，为推进"两岸融合发展"提供了良好的制度保障。同年11月4日，国务院台办、国家发改委再次经商中央组织部等20个有关部门，出台《关于进一步促进两岸经济文化交流合作的若干措施》，简称"26条措施"，重点就是给台商台胞等与大陆台胞同等的待遇，有利于两岸关系的融合发展。

2.蔡英文当局强力反制大陆的"两岸融合发展"政策。大陆的"31条措施"推出不久，3月17日，蔡英文就发表《壮大台湾、无畏挑战》讲话，提出了所谓的"壮大台湾的四大方向与八大强台政策"，其中四大方向是"留才揽才""维持供应链优势""深化资本市场""强化文化影视产业"，八大政策包括"提升学研人才奖励、强化新创发展动能、强化员工奖酬工具、优化医事人员工作环境、加强保护营业秘密、强化产业创新升级、扩大股市动能及国际能见度、加强发展影视产业"，蔡英文当局的重点就是在防堵"两岸融合发展"政策在台湾岛内的落地生根。

2019年蔡英文又提出"要建立两岸交流的三道防护网，也就是民生安全、信息安全以及制度化的民主监督机制"。民进党当局利用全面掌握行政和立法机构的优势，通过修改一系列法律、法规、条例，建构新的行政法理架构，给"两岸融合发展"制造"隔离带"。尤其是民进党党团推动所谓"国安五法"修法，都无一例外是大大加重了对于涉及大陆相关规定的罚则。例如，针对大陆公布"31 条措施"后，北京、上海、福建、浙江等省市先后出台政策开放相关事业单位招聘符合条件的台湾民众，先是陆委会表示会密切关注"国安问题"，后蔡英文当局"内政部"认定台湾民众出任这一职务违反"两岸人民关系条例"，2019 年对在厦门担任"社区主任助理"的民众开出了 10 万元新台币的罚单。再如，蔡英文当局将所谓"共谍罪"纳入"外患罪"范畴，刑罚从最重 5 年变成至少 7 年；对于申领居住证的台胞则是限制其担任公务员、参选公职，也不能报考军校和警校等，事实上都是在阻碍"两岸融合发展"。

三、蔡英文当局升高两岸之间的对立对抗

2018 年 11 月"九合一"选举败选后，蔡英文当局将败选责任完全归咎于大陆的所谓"介入"与"干预"台湾选举，并且为了台湾地区领导人选举的需要，进一步拉高两岸之间的对立与对抗。

1. 蔡英文全面地污名化习近平总书记"1·2"重要讲话。2019 年 1 月 2 日，在北京人民大会堂 3 楼大厅举行的纪念《告台湾同胞书》发表 40 周年大会上，习近平总书记发表了题为《为实现民族伟大复兴　推进祖国和平统一而共同奋斗》的重要讲话，旨在推动两岸关系和平发展与国家统一。2019 年 3 月 11 日，蔡英文主持召开台当局"国家安全会议"，针对大陆提出的"一国两制"台湾方案，确立了台当局应对的"政策方针及相关机制"。蔡英文发表的"七条意见"，被定位为"因应及反制"大陆"一国两制"台湾方案的"指导纲领"，作为台当局"国安团队"与"行政部门"未来施政的"行动准则"。这是蔡英文当局全面反制"1·2"重要讲话的"宣战书"，民进党内部称之为"檄文"。主要目的：一是应对大陆的"统战攻势"。尤其是习近平总书记提出"'两制'台湾方案"及"民主协商"等主张后，台湾相关政党跃跃欲试。蔡英文当局企图吓阻台湾社会相关人士参与"民主协商"。二是拉抬蔡英文与民进党支持度，并作为 2020 年选举主轴。通过形塑蔡英文与民进党是反对"一国两制""守护台湾主权""维护台湾自由民主"的"捍卫者"的社会形象，以取得台湾民意

的支持来确保 2020 年之后继续执政。三是打"美国牌",通过对抗大陆作为进一步取得美国支持的"投名状"。在蔡英文当局看来,大陆与美国间的战略竞争性矛盾难以调和,即使贸易摩擦达成协议也是阶段性的,在战略与安全领域的对抗是未来双方关系的核心问题,因而台湾当局唯有完全投靠美国才最符合美国利益,也符合台湾地区利益。

蔡英文从七个方面提出反制举措,一是在两岸部分,声称"坚持对等尊严原则,以民主为互动基础,参考主要民主国家作为,全面检视两岸交流相关规定的落实。积极反制中共假借交流,对我国统战渗透,干预我国内事务"。二是在民主法制方面,称"立即推动两岸条例修正案,加速完成民主防护网的法制工作,以强化民主监督程序与防卫机制"。三是在经济层面,因应美中经贸冲突及国际经贸局势变迁,积极协助台商回台投资,致力促进产业转型升级,强化国际布局,稳定总体经济发展。提升台湾地区在全球产业链的优势与战略地位,积极与主要贸易伙伴洽签多方、双方经贸协议。四是在"外交"部分,提出善用"国际友台"新情势,结合国际社会,反制中共消灭"中华民国""主权"行径。五是在"安全"层面,提出"严密掌握中国大陆的政经社会情势变化,防止中共对我国进行舆论操弄、社会渗透、窃取国防及核心产业机密,以维护国家安全与社会安定"。六是在"国防"方面,要"稳定增加国防预算,全面提升国军战力,以吓阻中国军事冒进,确保'中华民国'主权及民主自由"。七是在社会层面,称全面加强社会沟通,凝聚人民对两岸政策共识,团结内部,以一致行动捍卫"国家主权"。蔡英文讲话标志着其所谓"维持现状"政策的终结。

2. 蔡英文当局后续的两岸政策行为。应该指出的是,尽管蔡英文提出的政策主张中的"台独"立场不可谓不坚定,其中所释放的"全面对抗"大陆的信号也相当强烈,但实际上其是色厉内荏,内心恐慌,举措空洞而有限。蔡英文当局后续推出的举措,主要在:

其一:更加全面与严格地管控两岸之间的交流。包括落实修订"两岸人民关系条例",严格控制以大陆各省市台办系统为主的官方交流团组的赴台,强化对大陆交流团组的侦防；规范台湾政党与民众登陆参与大陆政治与政治议题性的事务，尤其是所谓可能"危害台湾主权与安全的行为"，进一步管控台湾岛内统派势力与大陆"相唱和"。特别是通过民进党占席次多数的"立法院"，强制通过"国安五法"（"刑法""国家机密保护法""国家安全法""两岸人民关系条例""两岸人民关系条例增订第5条之三"）。2019年5月7日，"立法院"在民进党党团人数优势作用下，先后"三读"通过"国家机密保护法"修正案和"刑法部分条文"修正案。其中修改后的"国家机密保护法"，明文规定"国家机密核定人员、办理国家机密事项业务人员，除了'涉及国家安全情报来源或管道至国家机密，应永久保密'，规定从现行管制期三年，改为不得缩短期限，可延长最多三年，并以一次为限，最长共计可管制六年"。同时，此次"修法"还将"中国大陆及港澳地区列入'国家秘密保护法'规范范畴内，未来若泄露、交付国家机密，可处三年以上、十年以下徒刑；所泄露或交付属绝对机密者，加重其刑至二分之一，最高可罚十五年"。而原本台湾岛内现行的"刑法"中对于"中国"的定位不是"外国"，因此，所谓的"共谍罪"仅适用"国安法"刑责，最重只有五年。而修改后的"刑法"则是将"外患罪"中的"外国"扩大为"外国或敌人"，并将"敌人"明定为"与中华民国交战或武力对峙国家或团体"，同时纳入了大陆和港澳地区。而依照"中华民国宪法"第4条："中华民国领土，依其固有之疆域，非经国民大会之决议，不得变更之。"而"宪法增修条文"第1条也进一步规定："领土变更案，必须经过立法院提案，公民投票复决，方为有效。"但所谓"共谍罪"被纳入"外患罪"后，把大陆和港澳地区列入"外患罪"范围，等于是避开"中华民国宪法"及"增修条文"的规定，在法律上承认了上述地区并非"中华民国领土"。而在最后"三读"通过的"国家安全法部分条文"修正案中，还增加了区分"外国"与对"中国"间谍案的刑责，原本"共谍案"最重刑法只有五年以下有期徒刑，并课一百万元新台币以下罚金，"修法"后，改为"七年以上有期徒刑，最高一亿元新台币"，"若为现职或退休军公教，经判刑确定，皆剥夺退休终身俸，已领者则从违法日起追缴"，并将适用范围扩及网络空间，等同于不仅把大陆地区单列为"中国"，还加重了相关处罚。

其二：加大政策力度进一步吸引在大陆台商回台。通过给予相应一系列的优惠政策与便利条件，强化台湾经济转型升级，壮大台湾在地经济。

其三：大打"美国牌"，提升美台实质关系。利用"与台湾关系法"立法40周年、军购美国武器等多种方式，强化与美国的关系。蔡英文通过视频方式，在美国战略与国际研究中心（CSIS）举办研讨会上亮相，重点批评大陆对台湾地区"统战谋略"，及在军事、外交、经济、文化与社会等多个层面对台湾地区的"打压"，与美国的"台湾牌"相唱和。

其四：进一步打击台湾岛内的统派势力与主张两岸关系和平发展力量，制造"寒蝉效应"。造成台湾社会中有主张"台独"的自由，却是没有主张"统一"的自由。

其五：民进党当局全面支持香港"反送中运动"。香港修订《逃犯条例》引发骚乱后，蔡英文当局见猎心喜，借香港"反修例风波"拉升台湾社会"恐中"与"惧中"情绪。蔡英文在社交媒体上发表"香港的无奈，映照出台湾拥有选择的可贵；当香港人民的自由，正面临中国设定'一国两制'陷阱下不断倒退时，我们更应该坚决守护住台湾的民主和自由"等言论，大肆攻击"实行'一国两制'的香港丧失民主自由"。

3.民进党当局一意孤行通过"反渗透法"来阻挠两岸正常交流。本来民进党当局准备通过所谓"中共代理人法"，最后是民进党当局利用在立法机构的席次优势，直接跳过相关委员会的审查，在2019年最后一天，即12月31日强势通过"反渗透法"。

其一：蔡英文当局为何急于通过"反渗透法"？据分析主要有以下考虑：一是进一步巩固选举民调中蔡英文领先韩国瑜的优势，确保投票结果是蔡英文大幅赢得选举。鉴于"九合一"选举中民进党不少县市长候选人民调领先、最终落败的教训，蔡英文要求保持谨慎，不能盲目乐观。但自2019年11月提出"反渗透法"以来的民调，都显示如果通过"反渗透法"，对于蔡英文的选情有加分作用，而对韩国瑜选情则有较大的杀伤力，通过"反渗透法"要比制定"中共代理人法"对民进党的选情要好很多。二是借机进一步拉抬民进党"立委"选情，力争席次过半。民进党内部的民调显示，民进党"立委"席次在接近过半（即113席的半数57席）的边缘。而如果通过"反渗透法"，则在民进党与国民党比较处于胶着状态的10多个"五五波"选区可以产生拉抬的作用。如果最终选举结果是民进党在立法机构的席次过半，就不用再伤脑筋、找柯文哲的"白色力量"来联合施政。三是民进党当局与美方进行沟通后，了解到美方并不反对民进党通过"反渗透法"。因为美方认为"中共代理人法"不切实际、不够强硬！美方认为"反渗透法"是有用的，可以起到防止大陆对台湾地区进行"渗透"的作用。美方认为本会期民进党在立法机构的席次占绝对多数，如果不积极加以推动通过，等到下一届"立院"，民进党席次肯定不如本届多，要再通过就难了。四是民进党当局认为，因为"二合一"选举在即，大陆难以强力反制"反渗透法"的"立法"，从而对两岸关系影响不会太大。如果留到下一届"立院"去处理"反渗透法"，对两岸关系的冲击一定要大很多。"反渗透法"的文字与用词，比"中共代理人法"更易被大陆所接受，至少感觉上要好一点，包括"法案"名称，前者是将中共与大陆统称在内，而后者就是针对中共！

其二："反渗透法"严重阻碍着两岸的交流。根据"反渗透法"的相关规定，未来如果发现"违法从事捐赠政治献金、助选、游说、破坏集会游行及社会秩序、传播假讯息干扰选举"等行为，是"受境外敌对势力或渗透来源的指示、委托或资助，处罚就会更重"，但是对于其中最关键的究竟什么是"境外敌对势力"？由谁来定义"境外敌对势力"？该"法"却是语焉不详，这等于就是给民进党当局留下巨大的"空白"操作空间。未来，台湾民众只要成为被民进党当局"扣红帽了"对象，面临的就将不只是"口诛"而是"重罚"。而民进党这样做的目的，就是要在台湾岛内造成"寒蝉效应"，阻碍台湾民众赴大陆交流与发展自身事业。

其三："反渗透法"昭示着蔡英文当局两岸政策立场的新变化。主要在于：

一是对于两岸关系抱持有"不乐观、不期待、不挑衅、不示弱"的立场。自2018年初大陆与美国之间的关系有所紧张与变化以来，蔡英文当局两岸政策就开始有所调整与变化。"反渗透法"的通过，显示出蔡英文当局对两岸关系前景的评估是越来越悲观，其做法是越来越强硬，"维持现状"只是旗帜，"针锋相对"才是民进党当局两岸政策的基本策略。特别是，蔡英文当局对于两岸之间的交流政策就是"紧缩"，而其中缘由，据了解与分析，就是民进党内部多数意见倾向于"对北京也没有什么可以期待的了""应进行针锋相对的斗争"。

第三节　蔡英文连任后的两岸政策

2020年1月16日，蔡英文连任台湾地区领导人。按理说，在连任成功后，蔡英文当局的两岸政策应该回归常态，至少是要考虑选举后两岸关系和平稳定的需要而做出若干调整性姿态。但蔡英文竟然持续其竞选中"靠美抗陆"的对抗性政策，特别是借助新冠疫情的爆发，持续拉高与强化两岸之间对抗，致使两岸关系继续在充满风险的道路上继续走下去。

一、蔡英文当局一再阻挠滞留湖北台胞返台

2020年年初新冠肺炎疫情突然发生后，滞留在湖北地区台胞的返台成为两岸及海外华人关注的重要问题。蔡英文当局基于政治考量，以各种理由与借口，顽固拒绝千余名滞留湖北的台胞返回台湾的要求，台胞成为蔡英文当局谋求"台独"的"政治人球"。

1. 蔡英文当局将防疫抗疫政治化。基于政治的考量，意在通过运回台胞以凸显"台湾主权"，是滞留湖北台胞难以返回台湾的主要原因。据了解，蔡英文在1月底曾要求陆委会着力推动的一项工作是用美日的"撤侨"方式，接回湖北地区台商。认为，基于武汉地区疫情发展态势，"撤侨"是当务之急，且认为大陆同意撤回在湖北台商的可能性很大。大陆应该不会拒绝台湾方面提出

的通过包机方式撤回台商要求，理由在：一是美日等其他国家地区已经有先例，有案例可循；二是两岸之间有"包机先例"，并不涉及协议或其他安排，只要双方相关部门对接上就可以做，运作空间不小；三是专案包机涉及人民生命利益，无关政治。同时认为，如果大陆方面主动提及必须在"九二共识"前提下进行两岸互动与对接包机事宜，台方立场是坚定回绝，然后批评大陆在此紧要关头，坚持不忘政治立场、不忘"统战"做法、不忘"矮化"台湾，是"罔顾人命"，以此凸显陆方的"不人道"。台方最不希望大陆单方面包机送台商回台，特别是用大陆的航空公司飞机，而非台方航空公司包机飞到武汉接人的方式。这样，基于人道考虑，台方没有拒绝的理由，即使提出了拒绝的理由也不是很正当。大陆如果采取这样的单方面作为方式，主要是基于政治考虑，台方不能照单全收。

2. 民进党当局不爽大陆"单方面主导包机"运送湖北台商回台。民进党当局本来非常期待通过台方包机接回台商，以此打开两岸两会正常联系之窗，但大陆方面，一是没有坚持在包机中附加如"九二共识"这样的政治条件，二是没有直接出面，而是通过武汉市台协来安排包机送台商。这就让民进党当局难以完全拒绝接收，特别是基于人道考虑与民意反应，无法拒绝。特别是民进党当局"不甘国民党或台商居间联系抢功"[1]，"最糟的是，居间联系的台商徐文正擅自说出一些未获授权的讯息，弄得我方好像完全没有作为，这才是苏揆（苏贞昌）最火大之处。"[2]

3. 民进党当局意在由此启动两岸两会协商，以彰显"两岸是两国"的政治定位。据媒体报道，蔡英文当局阻挠第二次包机执飞，且武汉市台商协会需完全使用台湾海基会所提供的名单来办事，否则没有商量余地。真实意图是等2月8日后，就是过了春节包机时间，再要飞，就不再是"春节包机"了，就需要海协会与台湾海基会进行协调。声称："大陆在运用台商回台包机上做文章，海基会为何要照单全收？！"

---

① 《黑白集：忍让泪水对口水》，台湾《联合报》，2020年2月5日，A2版。
② 《黑白集：如果能重开机》，台湾《联合报》，2020年2月7日，A2版。

二、蔡英文抛出"中华民国台湾说"

在 2020 年"二合一"选举中，蔡英文正式提出了"中华民国台湾"的自我定位的说法。在连任成功后的国际记者会上，蔡英文再次提出"珍惜我们的国家——中华民国台湾"，提出"中华民国台湾是国际社会不可或缺的一员"等。2020 年 5 月 20 日连任"演说"中，蔡英文再次提及这六个字。应该如何看待蔡英文所提出的"中华民国台湾说"的性质及其走向？危害性何在？

1. 如何判断"中华民国台湾说"的性质与走向？可以从五方面来看：

其一："中华民国台湾说"的性质。笔者认为至少可以从以下五方面来做判断：一是"中华民国台湾说"就是"台独"。蔡英文这个说法是"台独"的一个新的表述，或者说是"台独"的新的变种，是"台独"发展的一个新的形态。其重点不在于前面四个字"中华民国"，而是在后面两个字"台湾"，是"中华民国的台湾"，名称是"中华民国"的"台湾"，"台湾"变成所谓"国家的名称"。蔡英文曾强调"中华民国是台湾，台湾是中华民国"，两者是一体的，这里的"台湾"当然包括了金门、马祖等，这里的"台湾是个国家"，"国号是中华民国台湾"。美国前驻中国大使李洁明曾指出："蔡英文的问题当然是她根深蒂固的台独思想和主张"，李洁明形容"她是非常坚决的台独主张者"。那时蔡英文的"台独"主张并非像现在这样明目张胆，由此不得不佩服李洁明的观察入微和知人之明。

二是"中华民国台湾说"是"现状台独"。蔡英文的这个说法意在凸显台湾地区的现状就是"独立"的，"中华民国是台湾""中华民国等于台湾"的表述，也预示着蔡英文为首的民进党所推动的"台独运动"已经基本完成了由原先所追求的空幻的"台湾国"走向实际的"现状台独"，即"台湾的现状就是独立的国家"。如据台湾《中国时报》报道，民进党籍"立法院副院长"蔡其昌在接受广播专访时就声称："'中华民国'与'台湾'已成为同一组概念。"民进党已经逐渐很务实地把"守护主权"变成价值，民进党就循此脉络把"中华民国台湾"变成"主流论述"，久而久之，"中华民国"这个名称对民进党就会很自然，看起来就是同样一组概念。

三是"中华民国台湾说"是"改国号台独"。蔡英文这个说法，表面上是其中依然有"中华民国"四个字，但本质上是变更了台湾地区所谓的"中华民国"的"国号"，变成了"中华民国台湾"，不再是"中华民国"，应该是明显地违背了"中华民国宪法"。当然，目前的说法还只是停留在非法律层面的表述上。

四是"中华民国台湾说"是"借壳台独"。蔡英文的这个说法，也是蔡英文带领着民进党在"国家定位"上开始"偏向中间"的表现，"中华民国"四个字本来是民进党与"台独"分子所非常忌惮与排斥的，如今基于国际政治现实，蔡英文借壳（"中华民国"）上市（"台独"）。因为民进党丢弃不了"中华民国"的"帽子"，即"壳"，所以，还是要借用这个"壳"。也有人称之为"中华民国"是"大名"，"台湾"是"小名"。无论是"大名"还是"小名"，就是同一个人。当然，很多人并不知道"中华民国"的"大名"，只使用"小名"——"台湾"。

五是"中华民国台湾说"是"论述台独"。蔡英文的这个说法目前还只是停留在口头与主张的表述与论述上，至多是处于开始论述与政策实践的阶段，还没有完成"法理"上的相关工作。

综上，"中华民国台湾说"既是"台独"的一个新的表述，又不同于以往的"台独"主张，因为冠上"中华民国"四个字，而更有欺骗性，但绝对不同于马英九等强调的"中华民国是一个主权独立的国家"这样的表述，"主权"范围涵盖大陆等，马英九等的表述是以现在台湾当前实施的"中华民国宪法"为依据的，是"遵宪"与"守宪"的表现，而蔡英文嘴里所言的"中华民国台湾"甚至就是她说的"中华民国"，"主权"范围只及于台、澎、金、马，不是以"中华民国宪法"为依据，不是"守宪"，而是有"修宪""毁宪"，甚至另立"新宪"的企图的，两者所包括的内涵是根本不同的。

其二："中华民国台湾说"的走向。由 2005 年 8 月陈水扁提出"中华民国四阶段论"，即"中华民国在大陆""中华民国到台湾""中华民国在台湾""中华民国是台湾"，如今则是蔡英文提出"中华民国台湾"，在论述上走到"中华民国台湾化"这一步。在民进党当局"建构台独"的进程中，"中华民国台湾说"应该有以下三部曲：

第一部曲是"中华民国台湾说"的"理论建构"。将"中华民国台湾说"，由提出时的口号与主张等进行内涵的充实与补充等论述，完成"中华民国台湾化"与"台湾国家化"的理论建构，同时推动进行台湾社会意识上的"中华民国台湾化"的运动，实现将"中华民国"转型为"台湾（国）"的社会意识上认知上的转变，由以往的"台湾是主权独立的国家，名字叫中华民国"及交替使用的"中华民国是主权独立的国家"，逐渐转化成"中华民国台湾是主权独立的国家"。接下来蔡英文及其幕僚是开展"中华民国台湾说"的理论内涵的探讨与构建。内部考虑是蔡英文个人倾向于采取1999年她所主持的"巩固中华民国主权地位小组"所研拟的思考与思维方向，强调台湾作为"国家"的现状的"独立性"。应该说，蔡英文坚持"台湾是一个主权独立的国家，名称是中华民国，主权及于台、澎、金、马，中华民国政府与中华人民共和国政府是互不隶属的政权关系"这样的基本立场。蔡英文认为"这是台湾的主流民意，也是台湾的最大共识"。由于"中华民国"目前是蓝绿可共同接受的最大公约数。因此，提出"台湾就是中华民国、中华民国就是台湾"。为此，台湾学者王崑义早就指出：因为蔡英文提出"中华民国是台湾，台湾是中华民国"，及"台湾既是我们的家园，也是一个有主权意涵的地方"，引申出"台湾是一个有主权意涵的地方"。但鉴于台湾所面临的大陆的统一攻势，蔡英文的想法是，既用台湾自身武力吓阻大陆的"武统"，也靠"中华民国"招牌与坚持"维持现状"的政策来"巧妙地与北京打交道"，在两岸之间建立起"恐怖平衡"；在国际社会，则是构筑起台湾地区与美西方的"价值同盟""准军事同盟"，以此捍卫"台湾主权"。

第二部曲是"中华民国台湾说"的"政策实践"。事实上，自从2000年陈水扁上台后，民进党当局就开始推行"中华民国是台湾"的政策行为与实践，2016年5月20日蔡英文上台以来，所有内外政策，基本上都是在实践"中华民国台湾"的理念。因而完全可以预料，未来 4 年，蔡英文当局的内外政策就是将"中华民国台湾"彻底进行实践，以期形成"中华民国"与"台湾"的完全"一体化"。蔡英文在 2020 年 5 月 20 日连任后"就职演说"中再度提出"中华民国台湾"的自我政治定位，应该就是期待这六个字成为台湾全社会所接受的"台湾国家定位"。目前看，要完成这一步，蔡英文所面临的困难主要不在于国民党与泛蓝政治力量的反对，而是在于：一是民进党内部与社会上的极端"台独"教义派还不肯接受"中华民国台湾"的"台湾国家定位"。因为他们根本不愿意使用"中华民国"这四个字，要求使用"台湾国"、至少是将"台湾"作为"国名"。蔡其昌承认：老一辈的民进党人对于讲出"中华民国"确实有障碍。二是在于大陆的反对。鉴于大陆的国际影响力的不断扩大，蔡英文当局在国际场域使用"中华民国台湾"的难度还是不小的，甚至大于使用"台湾"两个字。"中华民国台湾"也运用于蔡英文当局的对外关系中，如 2020 年 2 月 26 日，台"驻美代表"高硕泰举行、美助理国务卿史达伟（David Stilwell）出席并致辞的"台湾之友酒会"上，高硕泰致辞表示："中华民国台湾"重视与每一个"友邦"的情谊及合作关系，并感谢"友邦"坚定支持台湾地区参与国际组织，也感谢美方多次在不同场合表达支持台湾地区与"友邦"持续深化伙伴关系，乐见未来台美共同与"友邦"密切协调与合作。台湾"驻美代表处"提供的消息说，这场由高硕泰夫妇主持的酒会，与台湾地区有"邦交"关系的国家驻美大使及驻美洲国家组织代表偕眷出席或指派首席馆员代表参加，华府外交使节团团长、帛琉驻美大使 Hersey Kyota 代表答谢。美国务院亚太助卿史达伟等多位行政部门资深官员出席并致词，宾主近百人进行热烈交流。

第三部曲是"中华民国台湾说"的"法理构建"。蔡英文当局要完成这一步，目前看存在一定的、甚至是相当大的难度，影响因素主要在：一是目前台湾的"法律体系"特别是"中华民国宪法"的定位难以将"中华民国"改变为"中华民国台湾"，"修宪"的高门槛与"制宪"的困难都是"中华民国台湾"成为"台湾国家定位"的障碍。二是大陆坚定反对"法理台独"的立场、政策、决心与能力。三是国际社会也不允许蔡英文当局推动台湾地区的"法理台独"。因而蔡英文当局有可能通过类似于"大法官解释"等各种迂回、曲折的方式来推动实施"中华民国台湾"的"法理构建"。这是值得大陆方面去高度警惕的。

2."中华民国台湾说"对两岸关系与国家统一的影响与危害。蔡英文当局所进行的"中华民国台湾"的论述，在大陆面前虽然是"戴帽（'中华民国'）遮掩（'台独'）"，但在国际社会却是"脱帽（'中华民国'）示人"，"台湾国"由虚到实，推动"台湾国"的国际行销。其不利影响与危害性主要表现在：

其一：对台湾而言可能是代价较小的"台独"行为。因为这是在不"修宪"、不"公投"的前提下，开展且实际完成了1999年民进党在"台湾前途决议文"中所提出的"台独"目标，也就是目前的台湾社会中的所谓"天然独"世代所认可与接受的"现状台独"，"台独"目标在某种意义上已然达成，接下来的工作是"如何巩固"及如何"法理化"。

其二：危害中国的和平统一。因为"中华民国台湾说"是"台独"的"变种"，当然具有相当大的危害性，显然不利于两岸问题的解决与中国的统一。

其三：拖延中国统一的进程。"中华民国台湾说"具有相当大的欺骗性。因为有"中华民国"这4个字做幌子，对于对"中华民国"这四个字有一定感情的相当一部分台湾民众而言，蔡英文的这个说法是有一定的吸引力的，有利于将其"中华民国台湾"转化为"台湾共识"的重要内涵，有助于蔡英文提升与扩大这个说法的社会支持基础。

其四：影响大陆的反"独"效果。即不利于大陆的反"独"的推动及实际的成效。如前所述，"中华民国台湾"其实就是"台独"的新的表述，大陆一定需要给予反对。但它一旦披上了"中华民国"的外衣，大陆的反"独"力道与作用会被损耗很多，甚至更加困难，不利于在台湾岛内构建"反独统一战线"。

其五：冲击国民党的两岸政策。"中华民国台湾"的说法表面上是民进党的两岸政策论述在向国民党靠拢，由此也证明国民党所坚持的"中华民国"称谓为核心的两岸政策的正确性，但由于国民党的两岸政策的论述能力的薄弱，加上民进党与国民党的两岸政策立场与论述的趋同（并非完全一致），却是会被外界视为两者之间"没有差异"，进而是民进党侵蚀了国民党的社会支持基础，导致国民党选票的流失与选举的失利。如民进党人士蔡其昌就认为这对国民党是很大的挑战，因为"自然独"，也就是"认同台湾这个岛屿"，"认同岛屿名字"叫"台湾"，或者"国名"就叫"中华民国"，"这是同一组概念"，"自然独"认同的"中华民国台湾"，跟过去民进党前辈搞"台湾独立"是没有历史渊源的，是没有连结的，也不是在蓝、绿架构底下的。

3. 若干思考。

其一：坚持反"独"与促统两手都要抓、两手都要硬。在未来若干年内，促统固然是一个重要工作与任务，但反"独"也将是一项需要常抓不懈的工作。那么，到底应该怎样如何看待数十年来反"独"的成效？一是反"独"成效还是不小的，不宜妄自菲薄。如"台独"迄今为止在台湾岛内依然是少数人的主张，没有成为多数；国际社会公开支持"台独"也依然是绝对少数；台湾岛内"极端台独"政党在台湾选举中获得的支持度不高等，都是因为大陆坚定不移的反"独"立场与政策。最近大陆定性蔡英文"以疫谋独"的板子，就打得民进党很疼。二是反"独"形势依然严峻，不宜盲目乐观。其要因有二：一是美国的"台独牌"与"台湾牌"交替甚至合二为一；美国对"台独"的实质支持没有放弃，且呈现加大趋势。二是台湾内部力量，如国民党等进一步趋于"台湾化"，反"台独"政党的分化与弱化。这样，大陆所坚持的反"台独"立场，事实上面临两个问题：一是在台湾岛内缺乏有力的"反独帮手"；二是在国际社会存在反"独"的"对手"（美国）。

其二：高度关注源自20世纪90年代台湾社会的"本土化""民主化"与"国际化"这"二化"之后，"台独"发展的一系列新形态与新业态。主要表现在：一是"台独民主化"。即"台独"披上"民主"的外衣，"台独"的主张与诉求及其形态借助"民主"与"民意"的包装来进行，并且实践。绿营学者童振源曾提出"台湾的民主化根本性改变中华民国的本质，使得中华民国等同于台湾，台湾成为事实主权独立的国家"，"民进党既然参与修改《中华民国宪法》，并且全面参与各项选举，便无法再否定中华民国宪法与体制的合法性"。因此，他提出民进党应该通过"中华民国决议文"，主要内涵是"台湾就是中华民国、中华民国就是台湾"。二是"政权台独化"。即具有"台独"主张与诉求的政党与政治人物通过选举手段，掌握了台湾地区执政权，运用政权的机器与力量这样的方式，合理化"台独"诉求，并以此来推动与实践"台独"理念，使之成为政策来落实。

其三：未来"台独"活动的新方向可能在台湾内部"国家建构"的完成与外部"台独"诉求的转型，重点都是在"中华民国台湾"。在台湾内部重点可能在"台湾国家形态"的构建，是指实现完全意义上的"台湾国家化"，"台湾""中华民国台湾"变成"中华民国"的代名词，尤其是在相关的法律层面，"台湾"或"中华民国台湾"替代"中华民国"用词，除了"中华民国宪法"可能一时无法更动外，其他是否会被替代？外部的"台独"诉求的转型，包括国际与两岸两个层面。国际层面是以"台湾"或"中华民国台湾"之名寻求发展与外部世界的关系，特别是正式关系，即"台湾名称国际化""台湾名称国家化""中华民国台湾国家化"。两岸层面是在两岸关系中，将两岸之间分离状态，简约化为"台湾已经独立"的状态，"主权没有分裂、治权实际分离"的两岸关系也被简约化为"两国关系"，台湾多数民众的"拒统""不统"与"反统"，全部被简化为"台独"，被打包为"台独"的新形态。

其四：破除三个迷思。一是破除"大陆无力、无法实质反'独'论"。民进党及其"台独"势力之所以胆敢加紧进行台湾社会的"国家建构"与"去中国化"政策举措，其中一个重要原因是认为大陆不会对"台独"动手，无力也无法真正动手，因为大陆需要顾虑美国的可能反应，需要面对与处理美国对华遏制战略与政策，大陆自身大事情多，即使是在经济上，大陆都无法对台湾地区开展类似于美国的对华贸易战，甚至大陆即使停止ECFA，也是象征意义远大于实质意义，每年只有62亿美元贸易额，台湾地区承受得起。进而要在台湾社会真正产生反"独"的实质效应，需要大陆采取实际行为，破除民进党与"台独"势力的这种认知，就要敢于亮剑！二是破除台湾社会存在的"美国救援台独论"。美国大打"台湾牌"与蔡英文"靠美抗中"政策的实施，客观上让不少台湾民众尤其是民进党支持者与"台独"势力，误认为有美国的支持，任何"台独"活动都可以有恃无恐，即使"台独"活动触及大陆的政策底线与红线，只要紧抱美国大腿，大陆也无可奈尔！从而，大陆反"台独"的实质效应，不仅需要做强硬的政策宣示，更重要的是在具体行动上给予"台独"分子沉重打击，通过实际行动来真正展现大陆反"独"的强大力量，"台独"盲动一寸，反"独"与促统向前一尺！三是破除促统不能反"独"、反"独"难以促统的迷思。以促统的实质性进展达成反"独"效果，强化反"独"与促统的辩证统一关系，两者应有机结合，反"独"绝不含糊，促统毫不放松。

三、从"双十讲话"看蔡英文当局两岸政策

2020 年 10 月 10 日，蔡英文发表主题为"团结台湾，自信前行"讲话（以下简称"讲话"），从防疫成果、"新经济战略"、"国家安全"及区域合作等四大方面，阐述了民进党当局未来施政方向与重点。除了自我标榜台湾地区为国际抗疫做贡献的"抗疫模范生"，列举日本的森喜朗前首相、捷克的韦德齐参议长、美国的阿扎尔部长和柯拉克国务次卿等相继"访问"台湾，进行自我脸上贴金外，两岸关系也是其中一个重点。在第二部分的"新情势下的经济战略"、第三部分的"坚实国防维护国家安全"及第四部分的"积极作为参与区域合作"中均有所涉及。

1. 蔡英文"讲话"有关两岸关系部分主要内容。主要有：

其一：台海局势紧张的"大陆责任论"。蔡英文承认当前台海局势的紧张，称"从南海、东海主权争议，中印冲突，到台海局势的变动，乃至各国关切的港版国安法实施，印太区域的民主、和平与繁荣，正受到严峻的挑战"，但她把紧张的原因归咎于大陆的"霸权"，进而含蓄地表示"对岸领导人最近在对联合国的视讯演说中，公开表示中国永远不称霸，不扩张，不谋求势力范围"，

提出"在区域国家、乃至于全世界，都担忧中国扩张霸权的此刻，我们希望，这是一个真正改变的开始"。蔡英文的这一说法，显然是把亚太地区紧张局势的根源——美国及民进党当局因为抛弃了两岸共同政治基础"九二共识"而导致台海形势的恶化，全部推得一干二净，全部归咎于大陆的"霸权"。

其二：维持台海和平稳定的"两岸共同责任论"。蔡英文称："在全球高度关注印太及两岸局势变化的重要时刻，北京如果能正视台湾的声音，改变处理两岸关系的态度，和台湾共同促成两岸的和解及和平对话，相信一定可以化解区域的紧张局势"，"维持两岸关系的稳定，是两岸共同的利益；我们有决心维持两岸的稳定，但这不是台湾可以单方面承担，而是双方共同的责任"。

其三：两岸无条件"开展对话论"。蔡英文在完全抛弃两岸对话的共同政治基础"九二共识"后提出："现阶段两岸当务之急，是本于相互尊重、善意理解的态度，共同讨论和平相处之道、共存之方；只要北京当局有心化解对立，改善两岸关系，在符合对等尊严的原则下，我们愿意共同促成有意义的对话。"她声称："这就是台湾人民的主张，也是'朝野'政党的共识。"

2. 蔡英文"讲话"有关两岸关系部分的特色。主要在三方面：

其一：口气表面和缓，"台独"立场坚定。蔡英文一改 2018 年"九合一"选举以来大肆攻击大陆、批评"一国两制"的强硬说法与做法，改称"对岸""对岸领导人"，甚至表示愿意坐下来对话，探讨台海和平之道。但她既不认为两岸局势紧张的责任在其自身的政治立场与"台独"政策，也无心与无意推动两岸交流，又肆意把大陆描绘成区域与台海和平的"破坏者"，绵里藏针，"台独"立场不改，声称"面对两岸关系，我们不会冒进，也会坚守原则"，"坚持主权以及守护民主价值的原则，不会改变"。

其二："经济脱钩"大陆，融入"国际价值链"。蔡英文不仅自我吹嘘台湾"因为疫情控制得当，台湾成为全球少数可以维持经济正成长的国家"，也因为对于疫情后的经济发展的超前部署，台湾资本长期外流的趋势，已经翻转过来，进而"迎来几十年来最大规模的资金回流潮，台商返台投资，已超过新台币一兆元，还有数以千亿元计的海外资金，正在陆续汇回；许多外商及知名跨国企业，也在加码投资台湾。这些，都是现在进行式"，而且提出要全力、全方位投入供应链的重组。各地台商正在朝向区隔市场、转移生产基地、回台投资等方向，加速调整，特别是蔡英文点出了民进党当局所推动的"5+2产业创新""六大核心战略产业""兆元投资计划""新南向政策""台美经济合作""参与区域经济整合"等，都和供应链重组息息相关，"台湾和美国将进行高层经济对话，在全球供应链重组、科技合作、基础建设等领域，寻求未来合作空间"。蔡英文的这一说法，显然是要在经济上"脱钩大陆"，融入美日为核心的西方生产链与价值链。她的依据无非是"全球供应链的快速解构及重组，是不可逆转的趋势"。

其三：凸显大陆"威胁"，提升"防卫"能力。蔡英文声称"面对对岸的军事扩张和挑衅，我们会持续强化防卫战力的现代化，并加速提升不对称战力"，通过"外购武器装备"与"加速推动国防自主"，双轨并进强化防卫实力。主要的考量就是坚守"不畏战，不求战"的原则，"示弱退让不会带来和平，只有自我准备充足，凭借着坚实的防卫决心和实力，才能保障台湾安全"。蔡英文言论的狂妄、不可一世之情，溢于言表！

3. 蔡英文"讲话"昭示民进党当局无意发展两岸关系。蔡英文"讲话"不仅是将过去四年两岸关系的紧张与僵持归咎于大陆，而且对于未来四年两岸关系，也是着墨不多，无意也无心进行规划与推动，同时，反而将"参与国际事务"提到议事日程，声称"将积极参与未来的国际和区域新秩序的建立"，秉持"价值同盟"的原则，在国际社会广结善缘，并且"跟理念相近及友我国家，持续提升伙伴关系"，甚至"会更积极地参与区域及国际的多边合作和对话"。蔡英文的两岸关系政策，如此消极与不作为，甚至刻意地阻挠与破坏两岸关系和平发展，未来四年两岸关系发展前景，如何让人乐观得起来！

第七章
蔡英文当局对外政策的新变化

2016 年 5 月 20 日蔡英文正式上台后，不仅在两岸关系政策问题上拒绝认同"九二共识"，不断恶化两岸关系，而且在对外关系上，也根本改变马英九执政时期的对外政治路线，"一边倒"地投靠美国，不断推动与美日等国关系，再度启动"新南向政策"，致使两岸关系更加趋于紧张。

第一节　蔡英文国际观主要内容、特点及成因 ①

蔡英文的国际观主要源于其家庭教育、学校教育及其社交人员的思想影响，是决定与影响蔡英文当局对外政策和两岸政策的重要因素。

一、蔡英文国际观的主要内容

1. 强烈的西方政治集团的归属感。蔡英文自接受高等教育之后，不管走到哪儿，谈及台湾的对外关系，必将台湾地区自动划归到西方政治集团中。同时，在谈到两岸关系时，都是在影射攻击大陆的制度是如何的不好；鼓吹依靠国际交往来促使大陆改变制度，表示维持两岸稳定和平是台湾地区对国际社会的责任，称"中国的崛起严重冲击台湾的国际生存空间"，"对西方集团形成极大挑战"，主张"借国际规范将中国不断增长的不对称影响力加以平衡"，附和

---

① 感谢童立群副研究员对于这部分内容所提供的支持与贡献。

并鼓吹"中国威胁论"。

正是由于对西方政治集团的认同和归属感，使得蔡英文在处理对大陆事务时，自动地过滤掉两岸互信的可能性，并且特别依赖西方主要国家反共反华的亲台势力的支持。蔡英文自己也公开说过："很多人觉得我意识形态不太清楚，有人说我'偏独'，可是我也讲不出传统'独派'的讲法。我的信仰其实比较接近西方，坚信民主、自由、司法独立是台湾最重要的三件事。"

2.冷战的意识形态和思维模式。蔡英文在国际场合讲到大陆的时候，用词基本上是"中国"，并且用"中国政策"的立场和表述，刻意将"大陆和台湾"并列，毫不掩饰地将两岸视为"两个国家"，"一边一国"的思维与交流模式体现了蔡英文个人思想中仍然存在的冷战思维。由于蔡英文从小接受的是国民党所灌输的"反共"教育，因此，她对共产党和社会主义看法是非常负面的，而留学美英、亲近西方的经历，则又让她的意识形态中存在着鲜明的冷战思维。

3.极端亲日的政治情感。从情感上来说，蔡英文与日本文化的渊源很深。从现实层面来看，蔡英文与日本关系更为紧密。蔡英文与马英九在对外关系上区别最大的就是对日本的政策。

其一：蔡英文的亲日情感受到其家族背景的影响。蔡英文的家庭属于日本殖民台湾地区时期的既得利益集团中的一员，对日本的历史记忆与观感，以及对日本殖民统治的认识，与因怀有国仇家恨而奋起抗日的两岸人民的感受和认同，事实上是迥异的。蔡英文的父亲蔡洁生年轻时就被殖民台湾地区的日本人选中，赴日学习飞机维修技术，日本侵华战争期间被派往大陆的东北地区修理日军的飞机，后又到日本工作了一段时间，返台后就到台北经营汽车维修厂，投资房地产，曾经营餐厅、建筑等事业，蔡英文父亲逐渐成为台北市的大地主。蔡英文父辈与日本的密切关系，台湾岛内民众知之甚少，但对蔡英文的影响不小。

蔡英文的哥哥蔡瀛南常年往返于台日之间经商，也曾留学日本。蔡英文小名取的是日本名"吉米牙"（意思是"小不点"），饮食上，在学生时代，她中午常吃的是其母亲做的日式饭团，成年后经常到日本休假，认同日本亲台势力的"台湾地位未定论"等，因此，蔡英文在情感上乃至政治立场上的亲日是毋庸置疑的。

其二：作为李登辉一手培养的重要幕僚之一，蔡英文的家庭背景非常符合李登辉和一大批"传统台独倾向者"的要求——在台湾岛内出生、有钱的乡绅阶级、对日本占领台湾地区的那段历史怀有好感。蔡英文的政治生涯从开始就处于亲日的势力和氛围中，这也极大地影响到她在从政道路上，对与日本官员和日本媒体有特殊的偏好。蔡英文反对马英九的对日本政策。在敏感议题如钓鱼岛问题上，蔡英文曾经在接受日本媒体访问时，强烈批评马英九的对日强硬做法，批评马英九政权的对应是"冲突与挑衅的做法"，她强调如果是民进党执政的话，"将会与日本政府进行意见疏通，采取理性的外交手段"。她表示，"在钓鱼台的问题上，不会与中国站在同一阵线"。台湾地区要与日本一起面对亚太议题，包括安全、经济整合等，在"民主"发展的进程上要与日本等亚洲国家与地区一同努力。

二、蔡英文国际观的主要特色

1. 蔡英文的"国际治理"理念是自由主义与现实主义的结合。由于蔡英文当局的对外战略主张仍只是停留在文字上，从她作为学者的研究成果及就任民进党主席后的政策阐述观察，欧洲的求学经历和学者的研究经历塑造了蔡英文的"国际治理"理念。留学英国是蔡英文人生中一段非常重要的经历。当时的台湾当局，急于加入各种国际经济合作组织，对经济法和欧洲事务均有所了解的蔡英文，成为具有国际视野的人才。而蔡英文的专著和学术论文基本上以欧洲的哲学家、社会与政治理论为研究对象，对西方文化有较整体的视野。蔡英文提出的"多边架构体系"、要"与世界一起走入中国""无核计划""价值观外交"等概念和说法，多数源自蔡英文对欧洲政治思想和思潮的研究与解读，背后隐含了自由主义集体与合作安全、经济互赖、民主和平，以及国际规范与国际组织建构国际秩序、国际体系的观点。另一方面，蔡英文的国际观又深深印上了现实主义的烙印。包括她宣称的要倚重美国力量、投身美日军事联盟、平衡大陆力量等观点，例如，蔡英文对"美国加强亚太军事部署，有助吓阻中国大陆军事行动"一事表示欣慰，公开支持美国黄海演习。

2. 强调全球化和全球治理的重要。在"十年政纲'国家安全'"篇中，蔡英文认为当前国际局势面临的问题是"非传统安全议题，对传统的国家形式、政府治理带来前所未有的冲击与考验""台湾就是全球化趋势的参与者""中国是全球化趋势的变量"。蔡英文反复提及"国际多边体系""多边架构""从世界走向中国""均衡的对外关系"等概念或说法，可以视之为以全球治理的思路应对大陆的崛起。她表示："民进党跟国民党的两岸思维最大不一样的地方，就是说民进党是走向世界，跟着世界一起走向中国。而国民党是透过中国，走向全世界"，"我们不会陷入两岸的框架，会从国际多边体系出发。让两岸关系，成为全球化趋势下更为正常、稳定的关系"。蔡英文宣称："要以前瞻性眼光，专业方式处理，台湾与中国都是国际社会的一分子，也是世界贸易组织（WTO）等多边架构组织成员，在这个架构下运作即可，不需再另创规则。"

3. 注重宣扬"自由、民主主义、人权、市场经济和法治"等民主价值观念。蔡英文有意用"自由"和"民主主义""公义的普世价值"等价值观将大陆与其他国家区分开来。在两岸政策的论述中，蔡英文也积极提出各种包含"人权"和"民主"等字眼的声明，其意图是通过打"价值观"牌，取得西方国家的认同，应对大陆的崛起。

4. 以日美同盟为中心，在亚太地区构筑一个钳制大陆的合作网络。蔡英文在"十年政纲"中表示，台湾地区要"巩固与美国之战略伙伴关系"和"强化与亚太国家区域合作"，进一步强化与日本的关系。认为美国在台湾地区的安全事务上有着举足轻重的地位，"台湾与日本一向有着密切关系。韩国、东协、印度等亚太国家，目前都共同面临中国崛起之冲击"。

三、对蔡英文国际观的观察与思考

1. 蔡英文国际观中的理论性较强。蔡英文的人生轨迹和已有的政策论述说明，一方面，蔡英文有自己的思想、主见，独立性强，自主性高，对自己认定的原则立场相当坚持，展现出相当程度的国际视野和自信。同时，自2016年5月20日正式上台以来从蔡英文当局的对外政策实践看，蔡英文确实是比较强调台湾的"国际角色"，强化台湾的"国际身份"。

2. 蔡英文国际观中的投机性。出身商人之家的蔡英文受益于"商人思维"的熏陶，从政后日益彰显其唯利是图的投机面向。蔡英文一直将两岸关系置于整个国际、区域的框架论述，本质上，蔡英文的目标是要把台湾问题和国际地区和热点问题混为一谈，把国际论述和两岸论述绑在一起。

3. 蔡英文国际观的矛盾性。从蔡英文自相矛盾的两岸政策论述中，能捕捉到她国际观中也客观存在的矛盾性。2016年5月蔡英文掌握"总统"大权后，就以"拓展国际空间"为由提升与美国和日本等大国关系，然后从某些议题和两岸关系上对抗大陆，之后再与美日等进行利益交换。

第二节　蔡英文上台以来的对外政策与工作

2016年5月20日蔡英文上台以后，在对外政策上，以"紧靠美日欧、深耕东南亚"为主轴，目的是通过稳定台湾地区与美日及欧洲国家的关系，特别是通过强化美国对其政治上支持，达成因为不承认"九二共识"，两岸关系趋冷及台湾外在环境的新变化、巩固与强化民进党在台湾岛内执政地位的目的。

一、民进党再度执政后对外政策总路线

1. 蔡英文上台后内外政策的原则。蔡英文上台后民进党当局内外政策的原则是"台湾内部治理优先"，对外政策服从于内部治理，并为内部执政与施政提供与创造良好的外部环境。

2. 蔡英文上台后对外政策的思维。就是在强化国际层面各方面关系的发展，主要原因及其考虑在于：一是基于在跟大陆的对抗中需要寻求国际依靠，特别是美日的支持。二是蔡英文当局认为，在国际层面中采行与实践两岸"对

抗路线"，存在"成本低、风险小、收益大"的优点。三是在国际层面寻求所谓"外交"突破，容易获得台湾社会民众与舆论的支持，在野党也找不到反对的理由，因为民进党当局开展对外交往的做法，名义上就是在"为台湾找国际出路"，台湾岛内无人敢说啥，否则就会被扣上"不爱台湾"的帽子。

3.蔡英文上台后对外政策的方向和重点。简言之，主要在"东进""北上""南向"。

其一："东进"。即拓展与美国的务实关系。通过多层面对美工作，达成民进党与美国之间互信关系的建立。因四年前（即2012年）美国对蔡英文访美中的"不友善"做法（即美方在蔡英文访美刚刚结束就透过媒体表示美方不理解蔡英文的两岸政策），美方在2016年蔡英文上台后做了补偿，美方安排蔡英文"过境"美国时会晤人员层级高于台湾"驻美代表"可以见到美方官员的层次。蔡英文当局主要从三方面拓展与美国的务实关系：一是政治与军事关系，强化军事武器采购与安全互信关系。二是经济合作，曾企图以"美猪开放"换取加入TPP的谈判门票，即使台湾养猪农民反对也要大力推动。三是社会关系，密切双方人员往来，提升台湾民众对于美国的认同度。

其二："北上"。即深化与日本之间的实质关系。民进党当局评估日本安倍政权至少还有三、四年执政时间，特别是安倍政权对民进党是最友善的。无论是政治、军事、安全与社会关系等各方面，台湾地区与日本是只能加强，不能削弱，包括大陆游客赴台游的减少，也有赖日本客源做补充。

其三："南向"。即扩大与东南亚国家的全面关系。特别是联合日本共推"新南向政策"。民进党评估这次"新南向政策"成功的概率大，因为：一是南海纷争加剧，美国支持蔡英文当局提出的"新南向政策"；二是"新南向政策"有与大陆推动"一带一路"别苗头的意涵，因此日本给予了支持，日本也在考虑与台湾地区联合、共同进军东南亚；三是东南亚国家的经济与社会发展需要台湾地区的参与；四是民进党考虑运用30万东南亚"外配"作为尖兵参与到"新南向政策"中，越南、马来西亚、泰国都提出派人员到台湾地区参加人才培训。

二、蔡英文当局对外政策的重点方向

1. "强化大国外交"。主要是重点发展与美、日的关系。

其一：强化与美国的实质关系。强化对美工作被蔡英文当局视之为其对外政策的"重中之重"，对美工作包括：一是说服特朗普政府知晓，即使台海两岸之间缺乏最基本的政治互信，但蔡英文仍秉持"维持现状""理性自制"立场，不主动"挑衅"，不触碰"红线"，力图对华府形塑蔡英文"诚心谋和、忍辱负重"的形象。二是以美国国会为主要抓手，立法通过一系列对行政部门具有约束力法案，或运用及制造舆论，对特朗普打"台湾牌"时，让各界检视是否损及台湾地区利益。而从美国总统特朗普 2017 年 11 月 8—10 日访问北京时有关美国对台政策只有一句话，即美国继续奉行一个中国政策，到在越南举办 APEC 会议期间的台美官员的交往，蔡当局自我感觉对于发展台美关系相当有信心。蔡英文当局上台伊始，虽然必须概括承受美方对民进党的"偏见"和刻板印象，即陈水扁时期开始的"麻烦制造者"印象，但通过上台后一段时间的"忍受和克制"，蔡英文获得美方信任与支持。美方的一些做法也证实了对蔡英文"不用担心"的承诺，包括：提高蔡英文"过境"待遇，停留 2 个晚上、72 小时；推进《国防授权法案》等法案；任命"亲台"的薛瑞福为助理国防部长等。蔡英文当局认为，高举没有任何前提条件的"维持现状"旗帜，台湾地区需从美国所界定的亚太格局来算计台湾地区自身的利益，而非从两岸的相对获益来考量台湾地区的利益。为此，蔡英文当局特别运用两个抓手来推进与美国的关系：一是利用"中华民国"现有的"国际人格"进行"台湾国家化"的国际性工程，特别是在与美国的交往中，凸显"中华民国"这个招牌的作用，如在双橡园中升"中华民国国旗"，尽量不在国际社会踩"法理台独"的红线。二是处处、时时、事事来凸显台湾地区的战略价值，做好美国的"棋子"，扮演美国忠诚"小伙伴"，巩固与提升台湾地区不被美国抛弃的"价值"，以此获得美国对台湾地区在政治与军事、安全上的"保护"。蔡英文"过境美国"时承诺增加"国防预算"，既是因为承受到美方巨大压力，美方对几乎所有台湾地区涉美官员都提出了这一要求，也是符合台湾地区"安全防御"的需要。特别是民进党透过美国国会中的"友台"力量，促成美军舰停靠高雄港等台湾港口的法案通过。至于行政部门态度，视情相机做工作，至少是要让法案在国会获得通过，形成"备而可用"或者"备而不用"情势。三是借助美国智库、政党等各种管道来影响美国决策圈，要求美国不减少对台的"安全"承诺，除了避免特朗普出现战略思维调整和政治再选择的问题，还要努力巩固美国国内法下对台湾地区实质定位。蔡英文当局认为台湾地区在美国国内法律上地位，特别是在"安全"上是有保障的。一方面，是美国历届政府的既有承诺，包括"与台湾关系法"和"六项保证"；另一方面，在美国联邦法规汇编 Title 10 US Code Section 2350a（《美国法典》第 10 卷 2350a）①与 Section 517 of the Foreign Assistance Act of 1961（1961 年《对外援助法》517 条）②都有规定，台湾地区在军事安全合作、防卫事务及美对外关系等方面，是被明确定位为"非北约的主要盟邦"（Major Non-NATO Ally，MNNA）。四是要求美方支持台湾地区参与国际组织的活动，特别是世界卫生组织。

其二：强化与日本安倍政府的各层面关系。主要是加强与日本的"战略合作"关系。蔡英文当局认为，蔡上任以后的台日关系是 1972 年台日"断交"以来最好的时期。未来，蔡英文当局需继续与安倍政府持续进行"抱团取暖"工作，强化"台日亲善"。主要考量因素在于：台日双方在面对特朗普可能改变奥巴马政府亚太政策所受到的经贸与"安全"、政治上的冲击上比较相似。台湾"日本关系协会会长"邱义仁曾提出台日关系的三个"一起"：一起"反中"、一起"靠美"、一起"前进东南亚"。蔡英文也私下允诺开放日本五个县"核灾食品"输台，以换取日本政府支持发展更紧密的日台关系，双方合作领域在于：一是军事交流与合作。二是强化彼此沟通。三是协调"新南向政策"与日本"南进政策"关系，即在推动"新南向政策"中，进一步加深与日方

---

① 《美国法典》是美国全部联邦法律的官方汇编法典，其中第 10 卷说明美军的角色定位，赋予国防部下每个部门的角色定位、职责任务与组织架构。2350a 是规定与北约组织、盟国及友邦的合作研究与发展协议。

② 1961 年《对外援助法》517 条是关于美国与北约组织、盟国及友邦的军事援助内容。

联系，以期搭上日本"便车"，深化其与东南亚和南亚国家经济关系。四是在"抗中（中国）"问题上协调立场。

2."巩固小国邦交"。蔡英文高度看重台湾现有"邦交国"，提出确保她刚上台时的22个"邦交国"，"一个都不能少"，因此，强化与"邦交国"的关系依然是蔡英文当局对外工作的重点之一，目标是在"守势"中维持"邦交国"数量的基本稳定。尽管一度时间里，蔡英文当局认为"外交"上"被断交"反正已经是"新常态"，"断交"新闻通常不超过2天，只要民进党在台湾内部运作好"邦交无用论"就能安然无恙。但未久，蔡英文接受了台湾"外交"系统人士提出的在国际法上"邦交国"数量至关重要的理念，大力推动"巩固小国邦交"工作。一度盛行的"邦交无用论"，只是为了面对"邦交国"转向时，应对台湾内部社会、媒体和民众有所交代的说辞。"邦交国"数量事实上具有象征意义，是台湾"国际人格"体现。因此，维持一定数量、哪怕是个位数的"邦交国"，蔡英文当局都相当看重。因此，蔡英文还是要求竭尽所能维持"邦交国"关系，在"邦交国"提出的援建项目要求时，只要符合三原则，即（财务上）合理、（政策上）解释得通、（谈判中）不是与大陆对价（即声称大陆会拿出多少数额援助），都对"邦交国"的要求尽量予以满足。蔡英文当局维持"邦交国"的目标是"维持多少是多少、维持多久是多久"。因此，搞"支票外交"，力保"邦交国"数量不失守，稳住现有"邦交国"阵地，确保不失守，包括运用出访的方式进行"固邦"，如蔡英文出访巴拉圭的心态就是"有机会就去"。蔡英文当局尤其强调维系"邦交国"的工作，需要以美国为抓手来进行强化。

同时，蔡英文当局也评估认为，不应该与大陆进行"邦交战"，考量因素主要在：一是担忧"得不偿失"。即一旦两岸再次开展"邦交国"争夺战，台方丧失的"邦交国"数量肯定超过能够得到的数额。二是"邦交战"的高额援外经费，台方难以承受。民进党多数人主张"外交"经费应主要用于美日，事实上也是用于对美、日、欧盟及其国家的经费，其效果要远大于收买一个"邦交国"。三是"邦交战"并不利于蔡英文的执政形象。因为日前蔡英文当局还宣称不搞"邦交国"争夺，一旦与中国建交的某国建立"邦交"关系，无论花钱与否，媒体和社会一定会认定是"花钱买来"的。四是台湾地区即使丢失若干个"邦交国"，对民进党基本支持群众，尤其是选票并没有损失，甚至有被同情与加分的作用。因此，蔡英文当局一度无意主动发展新的"邦交国"。尽管时任"外长"李大维曾声称台方有"建交口袋名单"，但在吴钊燮上任"外长"后的策略还是不去发展新"邦交国"，认为，如果这样做，一方面破坏了"邦交无用论"论述的合法性，在国际上也可能导致从"被同情一方"转变成"恶性竞争者"；另一方面可能让台方得少失多，国际处境处于更加被动的局面。

3. "维系参与国际组织的活动"。为了显示在国际组织中的能见度，蔡英文当局期待用不认同"九二共识"、也不经过两岸协商的方式，持续参加马英九执政时期台方已然参加的国际组织的活动。这样的想法当然不可能实现，因而台方连续4年都无法参加世界卫生大会的活动。即使美国等公开表态支持，但世界主要国家政府都只能对台参加任何国际组织的活动采取"口惠实不至"的政策。

4. 持续推动"新南向政策"。为了加强对东南亚10国及澳大利亚、新西兰和南亚六国的经贸与文化连结，蔡英文上台后正式启动"新南向政策"。希望借深化与东南亚和南亚各国的经贸联系，进一步降低台湾经济对大陆市场的依赖。尤其是此次"新南向政策"区别与李登辉与陈水扁执政时期的两次"南向政策"之处在于，除了强调加强经贸关系外，也重视推动彼此之间在教育、文化和社会民间的交往。

三、蔡英文当局"对外经贸战略"

2016年5月20日，蔡英文在"就职演说"中提出："打造一个以创新、就业、分配为核心价值、追求永续发展的新经济模式。改革的第一步，就是强化经济的活力与自主性，加强和全球及区域的连结，积极参与多边及双边经济合作及自由贸易谈判，包括TPP、RCEP等，并且，推动新南向政策，提升对外经济的格局及多元性，告别以往过于依赖单一市场的现象。"① 这是蔡英文就"对外经贸战略"问题的首次正式宣示，对于台湾经贸发展与台海两岸经贸关系均将产生一定的影响。

1. 蔡英文当局"对外经贸战略"基本目标。蔡英文当局"对外经贸战略"是服从与服务于其政治战略目标的。在其内外政策是"联美抗陆"基本目标下，其"经济战略"就是减少台湾经济对大陆的依赖，为政治上追求"台独"目标的实现创造经济基础与条件。因此，蔡英文在"就职演说"中称："台湾在区域发展当中，一直是不可或缺的关键角色。"但近年来，区域的情势快速变动，"如果台湾不善用自己的实力和筹码，积极参与区域事务，不但将会变得无足轻重，甚至可能被边缘化，丧失对于未来的自主权。"② 这里所谓的"自主权"，其实就是民进党追求"台独"的代名词。

2. 蔡英文当局"对外经贸战略"的基本策略。主要有：

其一：做大自身筹码，强化对外联系。为此，蔡英文提出要"让台湾成为国际社会不可或缺的伙伴"③。2017 年 1 月 24 日台湾时任"总统府"发言人黄重谚称："台湾现阶段经济发展的目标，是经济结构升级与转型，下阶段经贸战略布局，是加强和亚洲临近国家和地区的经济连结，全力拓展各项双边经贸关系，并参与区域经济合作。"④

其二："让台湾走向世界，也要让世界走进台湾"。蔡英文提出：一是"善尽地球公民的责任，在外交与全球性的议题上做出贡献"⑤。二是"积极参与国际经贸合作及规则制定，坚定维护全球的经济秩序，并且融入重要的区域经贸体系"。因为，"台湾现阶段的经济发展，和区域中许多国家高度关联和互补。如果将打造经济发展新模式的努力，透过和亚洲、乃至于区域的国家合作，共

---

① 《蔡英文"就职演说"》，台湾《联合报》，2016 年 5 月 21 日。

② 《蔡英文"就职演说"》，台湾《联合报》，2016 年 5 月 21 日。

③ 《蔡英文"就职演说"》，台湾《联合报》，2016 年 5 月 21 日。

④ 陈曼浓、徐维远：《小英押错宝，TPP 专案办公室迫转型》，台湾《旺报》，2017 年 1 月 25 日，A4 版。

⑤ 《蔡英文"就职演说"》，台湾《联合报》，2016 年 5 月 21 日。

同形塑未来的发展策略，不但可以为区域的经济创新、结构调整和永续发展做出积极的贡献，更可以和区域内的成员，建立紧密的'经济共同体'意识"。[①]

其三："坚持和平、自由、民主及人权的普世价值"，以此作为"加入全球议题的价值同盟"。为此，蔡英文称应该"持续透过官方互动、企业投资与民间合作各种方式，分享台湾发展的经验，与友邦建立永续的伙伴关系"。[②]

3. 蔡英文当局"对外经贸战略"的基本特征。从其主要内容在于"远离大陆""密切美日""强化南向"与"连结欧洲"，可见其基本特征就是"强化国际连结""弱化两岸连结"。

其一："远中去中"。即"远离大陆"，不让台湾经济发展完全依托于大陆。民进党的经贸思维是两岸经贸"固然重要，但却只是蝇头小利，与大陆的经贸过从过密，反而可能暴国家于不利的安全风险，为了确保自主，必须维持适度的距离"。而蔡英文2017年"双十"谈话，就"似乎相当程度地体现了此一以政治安全为导向的战略观"。该"讲话"中有关两岸关系政策的部分，不仅放在"捍卫台湾民主价值和生活方式"项下来做论述，而且意在"反制对岸（指大陆——引者）对台湾民主的威胁"。[③] 两岸关系只是"建构区域和平与集体安全的重要一环"。为此，蔡英文当局不断地要求台湾企业的生产链需要脱离大陆，吸引台商回流台湾，或者直接去东南亚落地，目的就是要远离大陆。因为，蔡英文认为政治与经济是不可分割的，她在接受美国《华尔街日报》专访时称：过去很多人觉得，"外交"关系或对外关系，政治跟经济是可以分开的。但是在今天看到很多国家跟国家之间，或者是国际关系，很多层面是维系在经济的相互互补性，或者是互利性，以及我们共同追求的价值是否相符。民进党籍学者颜建发承认："总体看来，蔡的对外政策，对'西进'持保留态度，但在东方亲美、北方友日、南方积极发展东南亚，这将形成一种结构性趋势。固然，与西面的经济联系仍很重要，但随着中国大陆自身内部经济环境地

---

① 《蔡英文"就职演说"》，台湾《联合报》，2016年5月21日。

② 《蔡英文"就职演说"》，台湾《联合报》，2016年5月21日。

③ 赵建民：《在十字路口的两岸治理》，《机遇与挑战：十九大后的两岸关系》论文集，华东师范大学、中国文化大学，第19页，2017年11月10日至13日。

走下，'远离中国'已持续一段时间，民众的心理准备会较成熟，更何况，陈水扁执政时期也经历过没有官方往来的经验，因此冲击固然有，却非完全没有经验。"①

其二："亲美联日"。即强化与美日的经贸关系，推动台美 TIFA（投资与贸易协议）。2016 年 12 月 12 日，蔡英文在会见美国副助理国务卿马志修（Matthew J .Matthews）时表示：希望争取签署台美双方投资协定暨自由贸易协定。② 在蔡英文当局召开的第三次"对外经贸战略会谈"中，面对未来台美贸易谈判，蔡英文再次提出各方尽快做好谈判准备及相关工作，要从"策略合作伙伴"思维，致力建构台美关系的"全新架构"。③2017 年 1 月 20 日特朗普上台后，蔡英文当局认为，特朗普政府的对外关系是以经贸为主轴，经贸新政对全球及区域政治经济发展有广泛深远影响，对台湾地区未来发展与他们关系及两岸关系都有很大的影响，但台美间存在美猪进口的分歧是一个问题。④ 对此，蔡英文当局提出以台美双方 FTA 来应对：因为台湾企业大多是透过大陆再与美国发生贸易关系，即"三角贸易"进行连结，未来因为美国强化制造业回流美国，生产链发生变化，最好的方式是不再透过大陆去美国，而是由台湾地区直接去美国，由过去的"三角关系"发展回"直线关系"，与美国建立新的合作关系。蔡英文当局"行政院"发言人徐国勇称："希望跟美国在 TIFA 基础下，跟美继续加强经贸关系"，所以，台湾要"检讨相关经贸法规，以符合与美谈判 TIFA，甚至为 FTA 做准备。"⑤ 需要"深化与包括美国、日本、欧洲在内的友好民主国家的关系，在共同的价值基础上，推动全方位的合作"⑥。其

---

①　颜建发：《5·20后北京运作对台政策的规律与方向》，台湾亚太和平研究基金会主编：《亚太评论》，第 2 卷第 3 期，第 31 页，2016 年 8 月。

②　陈政录：《TTP 料破局，蔡力争台美签 FTA》，台湾《旺报》，2016 年 12 月 13 日，A9 版。

③　钟丽华、苏永权：《"总统"：建立台美关系新架构》，台湾《自由时报》，2017 年 4 月 21 日，A1 版。

④　钟丽华、苏永权：《"总统"：建立台美关系新架构》，台湾《自由时报》，2017 年 4 月 21 日，A1 版。

⑤　陈曼浓、徐维远：《小英押错宝，TPP 专案办公室迫转型》，台湾《旺报》，2017 年 1 月 25 日，A4 版。

⑥　《蔡英文"就职演说"》，台湾《联合报》，2016 年 5 月 21 日。

中，充分利用日本因素，要设法与日本形成政治、经济、军事、社会、价值的全面合作与结盟，不仅以此达成南向的政策目标，而且形成"亲美联日"格局。蔡英文当局特别强调与日本建立"共同体"，或者"全面战略伙伴关系"，包括在人事安排上，不仅重用留学日本的民进党元老谢长廷为"驻日代表"，而且延揽曾游学日本数年的民进党大佬邱义仁为"台湾亚东关系协会会长"。

其三：强化"新南向"。即推动"新南向政策"，不仅发展与东南亚国家经贸关系，而且以此分散台湾地区经济对大陆的依赖。蔡英文当局认为，台湾地区出口的40%集中在大陆，只有24%集中在东南亚。因此需要以东南亚市场替代、至少是分散大陆市场，"要和其他国家共享资源、人才与市场，扩大经济规模，让资源有效利用。'新南向政策'就是基于这样的精神"，"在科技、文化与经贸等各方面，和区域成员广泛交流合作，尤其是增进与东协、印度的多元关系"。① 蔡英文当局推动的对外政策纲领，就是旨在"将台湾经济置于亚太区域经济整合中，期借建立经济共同体意识，为台湾经济发展寻求新的方向和新的动能"。② 为了避免被人批评蔡英文当局的"新南向政策"就是"脱中去中"，蔡英文声称："也愿意和对岸，就共同参与区域发展的相关议题，坦诚交换意见，寻求各种合作与协力的可能性。"③ 按照蔡英文当局说法，"新南向"是现阶段台湾整体对外经贸政策的重要一环，旨在促进台湾地区与东盟、南亚及新西兰和澳大利亚等国家与地区经贸、科技、文化等各层面链接，"持续透过官方互动、企业投资与民间合作各种方式，分享台湾发展的经验，与友邦建立永续的伙伴关系"。④ 2017年4月20日，蔡英文召集"国安会"与"行政院"相关"部会"，召开第三次"对外经贸战略会谈"，针对半年来"新南向"的各项政策及施政成效加以盘点，蔡英文提出强化与"新南向"国家的协

---

① 《蔡英文"就职演说"》，台湾《联合报》，2016年5月21日。

② 魏艾：《"一带一路"发展策略 VS 新南向政策：合作、平行或抗衡》，《机遇与挑战：十九大后的两岸关系》论文集，华东师范大学、中国文化大学，第19、29页，2017年11月10日至13日。

③ 《蔡英文"就职演说"》，台湾《联合报》，2016年5月21日。

④ 《蔡英文"就职演说"》，台湾《联合报》，2016年5月21日。

商对话机制，强调台湾地区应集中力量及资源，全力推动包括产业人才发展在内的 5 大旗舰计划，以强化实践"新南向"的能量。[①] 此次会议针对 2016 年 8 月第二次"对外经贸战略会谈"所通过的"新南向政策纲领"，以及 9 月"行政院"公布"新南向政策推动计划"进行盘点。蔡英文提出"新南向政策"执行的工作核心在"行政院"，要整合当局与民间力量，营造"新南向"友善政策环境，强化与"新南向"国家协商对话机制。2017 年 10 月 12 日，蔡英文在宣布宋楚瑜作为代表出席 APEC 会议，称："新南向政策"是"台湾在亚太地区角色的重新定位"，并交付宋楚瑜三项任务：一是"以具体的宣示和行动，呼应这次 APEC 经济领袖会议的共同目标"；二是"以新南向政策凸显台湾对于 APEC 的贡献及区域发展的责任"；三是"充分展现团队力量"。要让各方了解"新南向政策"的目标、政策主轴与具体规划，争取更多合作机会，"台湾必须把握每一次国际参与的重要机会，提升能见度和主体性"。[②]

其四：连结欧洲。即发展台湾地区与欧洲国家的经贸关系。对欧洲国家的关系，一直在民进党当局的对外政策中居于对美、对日、对东南亚之后的第四位，也是民进党当局认为可以通过"民主""人权"等开展工作的重要方向，同时也是台湾对外经贸政策的重点地区。

4.制约与影响民进党当局"对外经贸战略"的因素。蔡英文当局"对外经贸战略"，主要是从理论上进行推演，在实际的推动过程中，面临困难不小也不少，影响因素主要有：

其一：民进党固有意识形态制约其经贸政策的实际效应。蔡英文当局从"台独"理念与传统的思维出发，对抗大陆的意识与情结必然导致其对外经贸政策难以发挥重要作用，"亲美日、远大陆"的政治意识形态挂帅，根本不符合经济发展规律，"政治挂帅、经济靠边"，刻意将两岸经贸关系政治化的做法，不尊重市场规律的政策行为，注定了其政策失败的命运。

其二：蔡英文当局经贸战略的结构性困境。在大陆实力与台湾之间在不断

---

①　梁世煌：《推新南向，小英吁落实 5 旗舰计划》，台湾《旺报》，2017 年 4 月 21 日，B1 版。

②　刘永祥：《宋 2 度出使 APEC，蔡交付 3 任务》，台湾《旺报》，2017 年 10 月 13 日，A4 版。

拉开距离，而大陆崛起的情况下，台湾经济根本无法自外于大陆。这是台湾经济面临的重要困境。蔡英文提出民进党当局需要做的五件事情，第一件事情就是经济结构的转型，"我们的能源与资源十分有限，我们的经济缺乏动能，旧的代工模式已经面临瓶颈，整个国家极需要新的经济发展模式"[①]。要让台湾经济脱胎换骨，就必须走出一条新路——打造台湾经济发展的新模式，"唯有激发新的成长动能"，"才能突破当前经济的停滞不前"，"以出口和内需作为双引擎，让企业生产和人民生活互为表里，让对外贸易和在地经济紧密连结"。[②] 既然如此，蔡英文当局如何能逆两岸经济合作的潮流而动，一味地要台商自外于大陆之外。对此，台湾学者周志杰就指出：美国对 TPP 态度的可能转变，加上已因两岸官方缺乏互信而阻却台湾地区加入 RCEP 的情况，直接导致台湾地区在区域经济合作及产业链上更加边缘化。台湾当局推动"新南向政策"的宏观环境将更加艰巨及非商业成本大幅提高。台商将同时在大陆红色供应链兴起，以及美国产业供应链重组的双重威胁下，面临腹背受敌、左右夹击的困境。换言之，亚太经贸格局的发展，可能明显地限缩蔡英文当局对外经贸战略的回旋空间。

其三：美国与日本联合推进的跨太平洋区域合作协议（TPP）的"破局"。2017 年特朗普上台后，开始是其亚太经贸政策不确定性，对于奥巴马政府积极推动的 TPP 并不热衷，最终是宣布正式退出，这就使蔡英文当局"迎合美日、远离大陆"的内外政策目标难以真正奏效，期望加入 TPP 的政策无法落实。

其四：蔡英文个人思想意识。蔡英文个人的认知是两岸经贸关系过于密切，不利于"台湾主体性"的维护与巩固，也不利于民进党"台独"的实现，因为在蔡英文看来，政治与经济是不可分割的。她接受《华尔街日报》专访称：过去很多人觉得，"外交关系"或对外关系，政治跟经济是可以分开的。但是在今天"我们看到很多国家跟国家之间"，或者是国际关系，很多层面是维系在经济的相互互补性，或者是互利性，以及共同追求的价值是否相符。因此，

---

① 《蔡英文"就职演说"》，台湾《联合报》，2016 年 5 月 21 日。
② 《蔡英文"就职演说"》，台湾《联合报》，2016 年 5 月 21 日。

台湾地区经济上也需要远离大陆，她说"台湾的处境很困难，迫切需要执政者义无反顾地承担"①，"将领导这个国家的改革，展现决心，绝不退缩"②。

5.民进党"对外经贸战略"的影响及前景。尽管蔡英文当局的"远大陆、靠国际"的"对外经贸战略"并不符合市场经济规律，效果有限，但毕竟是台湾执政当局在强力推动的政策，因而造成一定的影响。

其一：伤害两岸经贸的深度融合。因为台湾地区企业大多是以透过大陆再与美国发生贸易的方式，即"三角贸易"进行连结。随着美国特朗普政府强化制造业回流美国，生产链随之发生变化，进而造成台商不再透过大陆去美国，而是由台湾地区直接去美国，由过去的"三角贸易"关系发展回"直线"关系，即台湾地区与美国建立新的经济合作关系。蔡英文当局由此鼓励台湾企业的生产链需要脱离大陆、吸引台商回流台湾，或直接去东南亚投资设厂。

其二：伤害台湾经济，丢失发展机遇。大陆是有14亿人口的巨大市场，台商远离大陆的结果是，台湾经济放弃大陆市场，无疑就丢失发展机遇。

其三：弱化两岸之间政治互信。尽管蔡英文称"也愿意和对岸，就共同参与区域发展的相关议题，坦诚交换意见，寻求各种合作与协力的可能性"③。但蔡英文当局"对外经贸战略"实质却是放弃大陆市场，为"台独"目标而自我阉割，无疑不利于两岸政治互信的建立与巩固。

第三节　蔡英文当局对美战略与政策动向

蔡英文上台后，中美关系的竞争态势不断趋强，两国围绕经贸、台湾、朝核、南海、政治制度等议题的竞争凸显，进而外界普遍认为，"大国竞争"已成为特朗普政府全球战略的重点，"示强加压"是其对华政策的主基调，中美在经贸、安全领域发生冲突的可能性大大上升。在此情况下，蔡英文当局对美

---

① 《蔡英文"就职演说"》，台湾《联合报》，2016年5月21日。
② 《蔡英文"就职演说"》，台湾《联合报》，2016年5月21日。
③ 《蔡英文"就职演说"》，台湾《联合报》，2016年5月21日。

政策也呈现出"主动投靠"美国，对美"完全一边倒"的特色。

一、蔡英文当局对美"一边倒"的原因

1. 民进党当局评估台湾地区对美工作具有的优势与劣势。主要在：

其一：民进党认为特朗普执政后台湾地区对美工作具有三个优势：一是政党和人脉因素。2016 年美国共和党的新党纲，是自里根时代以来对大陆批评最严厉、对台湾地区"最友好"的文件。加上特朗普周边"亲台"幕僚团队，表示美新政府有可能实行更进一步"友台"政策。二是国会因素。美国参、众两院仍有一百多位议员是"台湾连线"成员，构成了国会中"反华亲台"的强大势力。三是亚太格局因素。日本作为美国在亚洲最重要盟友，允诺对民进党给予强有力支持。因此蔡英文当局认为特朗普政府上台后新的亚太战略成型后，台湾地区一定在其中占有与扮演相应角色。

其二：民进党遇到对美工作中前所未有的劣势，集中体现为美对台传统"惯例"的失效或失灵：一是"价值观"无效。特朗普上台后一直没有公开表示对有"相同价值观"的台湾有好感，也不看重台湾作为所谓"亚洲民主灯塔"的意义。二是"亚太联盟"与"伙伴关系"的失效。特朗普并未将台湾地区与日、韩等盟友放在一起，台湾地区被提起时总是与中美关系相关联，"筹码""台湾牌"的说法更甚。三是特朗普没有"台湾经验"。特朗普个人对民进党的态度时好时坏、时冷时热。民进党自我感觉，如果不按常理出牌的特朗普没有政党（指共和国）束缚，也不受亲台利益集团游说，他有可能成为最不关心"台湾安危"的美国总统，且随时可能"出卖"台湾。蔡英文当局正是认识到上述的劣势，才淡化和低调处于 2016 年 12 月 2 日的"特蔡通话事件"，不敢大肆张扬。

2. 蔡英文当局在战略上"主动投靠""完全一边倒"向美国，主要是基于以下两个判断：

其一：美国特朗普政府已和中国进行"战略摊牌"，并在印太地区开始战略布局。民进党内弥漫着唱衰中美关系的氛围，因此将更加推行"倚美制陆"

的战略与政策。民进党不仅认同并鼓吹"中国威胁论",而且支持美国遏止大陆。葛来仪在推特中曾透露,台美互动的策略是在民进党的引导下,可能更加主动挑衅大陆。美方动作也表明,美国政府极力想把中美贸易战与台湾问题挂钩。随着美舰穿过台湾海峡、美国继续炒作陆战队进驻"AIT"等类似消息不断释出,中美有关台湾问题的战略博弈亦将进入一个新的时期。在民进党看来,特朗普政府《国家安全战略》报告等文件出台,表明美对华焦虑感明显上升,且内部已取得共识,必须在战略上加强与中国的博弈。而大陆学界对特朗普政府对华政策和地区政策的看法则是没有跟上美国对华政策的实际情况,未能敏锐地感知到美国已经对华"出手"。因为,从 2017 年 2 月美国防部长马蒂斯访问东南亚开始,特朗普政府已在印太地区布局,如最先进 F-22 战机已在日本部署,且将放宽对日本的军事技术出口,开始推进与印度、澳大利亚、印尼等国军事合作,加强对东南亚与澳大利亚的空中打击能力的支持等。美、日、印、澳"四国机制"从 2017 年 11 月举行马尼拉会议后,又在 2018 年 1 月印度举行的"瑞辛纳对话"会议上再次进行讨论;中国在南海岛礁建设和"军事化"部署已使澳大利亚感到压力,因此它要向其他三国靠拢。美国已将对华焦虑化为行动,并将继续有所动作,如将"太平洋总司令部"改名为"印太总司令部"。

其二:大陆已不再对蔡英文抱有任何期待。在两岸关系得不到进展情况下,蔡英文当局唯有"紧抱美国大腿"。在民进党看来,蔡英文上任后,一直试图"维持现状",如蔡英文否定了团队内的参事提出把官方文书中"中国大陆"用词处理掉的建议,并将建言人撤职;"南海仲裁案"结果出来后,蔡英文当局直接否定了"仲裁法庭"的合法性等。但这些"善意"做法从未得到大陆方面积极回应。民进党进一步认为,大陆对蔡英文当局的策略是"压到底"。在此情况下,台方唯有在"打不还手、骂不还口""维持现状"同时,"紧抱美国大腿"。

二、蔡英文当局对美"一边倒"具体做法

1. 主动塑造台美关系并求得美方一定程度的配合。包括：一是基于"中美冲突必然难以化解"作为台方"靠美"的前提判断，认为在时机上，特朗普上台是民进党获得美国支持的最好机会。民进党内主流认为，此轮中美竞争与以往中美矛盾不同，是结构性矛盾的爆发，未来中美关系将更有难以调和的冲突，从而得出"战略上台湾处于有利地位"的基本结论。二是蔡英文当局对美政策做出更加积极调整，即"主动向美国提出清单"。民进党人士知道"台湾可能是筹码"，但也不愿被美国完全"牵着鼻子走"。因此，蔡英文当局积极地向美国"提选项清单"，主要是涉及双方军事互动方面需求。虽然这些"清单"都是一些"小的方面"，但只要美国答应，"台湾就赚到了"。希望由此塑造"台美关系不完全是美国单向地抛议题"的印象。三是继续以"准同盟关系"为目标塑造台美关系。民进党虽然非常担心特朗普政府台海政策与对外政策方面不确定性，但认为只要中美关系的发展趋势是"越来越僵"，只要蔡英文当局以"准同盟关系"为目标塑造台美关系，民进党就有应对大陆施压民进党的"底气"。四是民进党将有重点、有节奏地"出牌"，不会把政策工具箱里的工具一次性用完。随着董云裳退休，包括国务院在内美国各部门都是"友台"者居于上风，从而在时机上的确是实现台美关系突破升级的好时机，但同时，民进党也忧虑美方"亲台"学者青黄不接现象。

2. 抓住一切机会提升台美关系。民进党认为，目前美国国内大环境对中国不利，这是美国会通过"与台湾交往法"的主因。如果没有该法，美国行政部门也可派员赴台；该法只是让行政部门在对华谈判时多了一个筹码。接下来的《亚洲再保证倡议法案》是要再次增加一个对中国谈判的砝码。在特朗普政府希望推动美台关系发展背景下，台湾地区应抓住一切机会。着力点主要在：一是配合美国增加对台军售的需求，在"国防"上做出更多"自主发展"的承诺，以此向美方展示台湾地区已具备操作先进武器设备的人员和足够先进的维护系统，或向其他国家购买武器，以此刺激美国军火商因不愿放弃市场份额而

强化对台军售。二是炒作美国高官出席"美在台协会"新大楼落成典礼，操作台高层官员如"外长"访问华盛顿，以显示"与台湾交往法"已落地产生实际效应。三是将"新南向政策"纳入"印太战略"构想中。四是在南海与朝核等安全议题上主动站队，与美国立场保持一致。五是配合美国在国际舆论场造势，批评大陆发展模式与"人权状况不佳"等。

3. 准备与美进行贸易谈判。特朗普政府正式退出 TPP，在 2017 年 4 月底出台的《2017 年各国贸易障碍评估报告》中，"点名"台湾美猪、美牛、营养午餐禁止转基因食品、健保药价制度等问题。同时，美贸易代表处对台方在动植物防疫检疫、技术性贸易障碍、农产品输入知识产权、投资审查程序的透明性和一致性等问题上政策也施加了压力。对此，蔡英文当局考虑在现有"贸易与投资架构协定"（TIFA）外，建立新机制与美方谈判，以求突破。

4. 主动在美国"印太战略"中扮演不可或缺的角色。民进党认为，"印太战略"是美国关于印太地区的愿景，如果说安倍经济学有"三支箭"，那么特朗普政府的"印太战略"有十数支箭，如美国增加的国防预算，可建造两到三艘航空母舰。台湾地区可扮演美国印太地区"前线伙伴"的角色，并主动填充"印太战略"内容，例如，台商无法参加"一带一路"框架，但可参加"印太战略"下高品质的基建合作。

5. 以"六项保证"作为对美工作重点之一。早在陈水扁当政时期，民进党就试图说服美国以确认"六项保证"作为对台政策"基石"之一（地位上等同于"与台湾关系法"），但美政府对此基本采取回避态度。随着民进党再次执政及特朗普上台，民进党将推动"美国确认和强化'六项保证'"列为对美工作重点与抓手。经过对美工作，民进党认为以"六项保证"为对美工作重点取得了一定的"成效"，包括：一是"六项保证"成为美国会相继通过的议案。虽修订了最初"台独版"，删减了其中"美国不会正式承认中国对台湾的主权"，但美参、众两院通过的共同决议案将"六项保证"诉诸文字，表明美国国会推动"六项保证"成为美对台政策正式表述内容的趋势。二是美国务卿蒂勒森在答复参议员质询时做出答复，称"与台湾关系法"与"六项保证"（用词为"six

issues accord"）是美向台湾当局做出重要承诺。三是"六项保证"的强化，增强了美对台军售和官员互访级别提升的"依据"和"合法性"。据此，美部分议员大力鼓吹应向台湾当局提供进攻性武器，并推动"与台湾交往法"的通过。

据媒体报道，民进党对"六项保证"设定了三个层次的目标：一是"台独基本教义派"所追求的目标，求名求实，要求"六项保证"清晰化、实心化，关切其中的具体表述，最高目标是要美方保证"台海若发生战争，美会出兵协防台湾"。二是民进党当局的"务实派"所追求的目标，只求名不求实。目标是"六项保证"形式的书面化、机制化，但内容可以模糊化，即推动美方最终能将"六项保证"与"与台湾关系法"一起列入，作为对台政策的基础性政策，直至发展成为美国版"一中政策"重要内容。同时，并不追求"保证"条款的具体内容。三是在宣传上的模糊与混淆。利用"六项保证"前后多个版本情况，选取有利于己的内容（如由夏伯特提出的"台独版"），对内鼓吹美国的"安全保证"，通过虚构"美国承诺"，化解台湾内部舆论对"筹码说"的焦虑。

民进党当局采取的主要做法：一是不断强化美国新政府对"六项保证"的认知。蔡英文当局在美国的各类组织、蔡英文本人、新闻发言人、民进党政治人物等在涉美事务上言必称"六项保证"，发言稿和新闻稿均将美方信守"六项保证"与"与台湾关系法"并列；二是主动出击来迎合特朗普政府的利益偏好。在知晓特朗普政策制定基于利益驱动、关心美国能得到多少利益回馈的情况下，蔡英文也调整了对美话语论调，并且重启推特账号，突出强调台美"共同利益"，表示台湾当局"有意愿和有能力"搞好台美关系，向美方传达"台湾绝非搭便车者"的信息。与美方建立多重管道联系，重点是向特朗普政府展现"台湾的战略价值"，并提出"合作方案"，如台湾地区在南海角色是美潜在的战略资产，发展台湾"国防"产业来寻求台美军事合作，加速台美 TIFFA 谈判准备工作等。三是不放弃"价值观游说"，保持和加强与美国国会议员"民主价值同盟"的互动，让美国"对台湾民主成就给予肯定和支持"。

民进党对美工作的成效，获得美方对其"维持两岸关系现状"的肯定和支持。蔡英文当局不承认"九二共识"和不认同"九二共识"的核心意涵，破坏了两岸关系和平发展"现状",但蔡英文吸取了陈水扁当政时期的教训,对内稍有压制"极独"势力,对外以"民主价值"等包装其"渐进台独"政策,向美亚太战略积极靠拢。蔡英文当局花了很大力气游说美国政府和智库,以获得他们对蔡有能力"维持两岸关系现状"的肯定和支持。特朗普上台后,蔡英文当局的对美政策是"以稳为主",目标是"不出事",防止台湾成为美与大陆做交易的"牺牲品"。

6. 实践"与台湾交往法",以推动台美关系新进展。"与台湾交往法"获得美国国会通过与特朗普签署后,蔡英文当局发展台美关系的基本考虑是:在不致引发两岸严重冲突的前提下,有所实践这一法案、但尊重美方需求;强化台美军事关系以谋求"实质的准军事同盟"的建构;在"维持两岸现状"口号下做实对美国的工作。因为特朗普政府的台海政策具有不确定性与不稳定性,因此,蔡英文当局相当担忧台湾自身成为中美交易的工具,所以,在"与台湾交往法"通过与特朗普签署后,需要通过实践这一法案,以发出美国政府台海政策具有稳定性的信号,如派重量级政治人物抵台参加"美国在台协会"新馆落成典礼,或台方"外长"访问华府。考虑到 2019 年是"与台湾关系法"实施 40 周年,蔡英文当局规划一系列纪念性活动,在台北与华府举办多场,目的在让美国政府人士、国会议员与智库、媒体人士都进一步了解该法律的基本内容,明了美国对台湾地区所承担的义务与责任。

7. 台美军事关系升级重点是推动"实质的准军事同盟"。在台美双方互动中,美国似乎最希望美台"军事关系"升级,蔡英文当局了解其中深意,并决意给了大力推动,包括:一是推动台美高阶军官互访以取得突破。根据局势发展,互访还是以台湾军官去美国为主,不排除台"国防部长"访美,当然会不会直接去五角大楼、受到何种待遇等,要看美方立场与态度。二是美国重要军事技术对台开放。经过近两年的互动,美国军方看到了民进党"潜艇自造"计划的"意志和决心",也知晓台湾一定程度上具备自造潜艇的实力。美台"国防论坛"显示,美军方为台湾打开了商用的管道,会有重要零件和技术提供给台湾。在下一代战机方面,双方都认知到台湾购买 F–35 在短期内不可能实现，台方可能转而求其次购买 F–18 或 F–15，双方开启这方面讨论。三是不排除未来双方朝着"准军事同盟"的方向发展。在双方军事关系有了更多实质内容、进一步密切后（例如美舰泊台），这种关系有可能朝着"准军事同盟"关系发展。

三、蔡英文当局对美工作的进展与困难

1. 蔡英文当局的对美政策与工作应该是有得有失。

所得在于：比较成功地说服美方理解蔡英文当局的两岸政策在"维持现状"，也符合美国利益。美方对中国提出的蔡英文当局搞"文化台独""渐进台独"的说法大体上是"无感"，甚至认为中国是在故意"打压"蔡英文和民进党，转而要求中国尽快与蔡英文当局恢复对话。

所失在于：中美领导人会面后，双方关系出人意料地平稳发展，台湾当局"被牺牲"的危机感十分强烈。蔡英文当局与美国共和党关系较浅，仅靠游说相关共和党人士，根本无法改变目前台湾地区在海峡两岸与美国三角关系中日趋弱小的地位。在此背景下，蔡英文当局面对特朗普政府在经贸问题上单边主义色彩强烈的政策只能准备妥协。

2. 蔡英文当局提升台美关系面临的两难：

其一：蔡英文当局提升台美关系面临着两难处境。与美国发展关系、台美关系过于密切时会置蔡英文当局于两难和被动之中。主要在于：一是蔡英文当局对于和美国发展关系的尺寸难以拿捏。如果台方游说"用力过猛"，结果出人意料，会令民进党当局处于尴尬状态，"特蔡通话"即是一例证。彼时，包括蔡英文在内的民进党人都并不了解特朗普的个性。民进党原本并未预期"与台湾交往法"在美国国会的立法是一路绿灯，如此顺利，但该法在众议院无异议通过后，民进党当局看到"该法案最终通过被签署的目标是可实现的"，因此加大了对参议院的游说，扫清了该法最后的障碍。二是蔡英文当局对美方主动提供的"选项"中，拒绝的空间相当有限。台美互动中双方关系是"不对等"的关系，如果美方主动提出"友台政策"，台方只能"照单全收"。即便如

此，蔡英文当局还是知道哪些"底线"是大陆无法忍受的，因此，尝试做一些细节的调整，而且更加小心谨慎。例如"AIT"落成典礼时，美国国安顾问博尔顿就不能"访台"。三是民进党设法降低台美互动的敏感性。如民进党给5月"台美国防论坛"和2018年"玉山论坛"都冠以"半民间"性质，不做高调宣传，希望能降低关注度和敏感性。在2018年世界卫生大会WHA参与上，民进党也未设定太大与不切合实际的目标，不从台美关系角度抛出挑衅性话题，而是要求美国有更高位阶的官员发声，要求美国在其主导的能力范围内为台湾当局的"国际空间"做更多、但并不是特别实质性的要求。

其二：台美关系发展的主动权不在台方。基于避免两岸关系发生严重冲突的基本考量，蔡英文当局在推动台美关系升级时的策略是，强调台美双方"互有期待""被动配合""避免红线"。民进党当局称尽管对美国方面主动提出的选项"没有办法拒绝"，但仍会尝试"避免踩北京的红线"。民进党否认台美关系升级加速是其单方面主动而为，是因双方"皆有期待、一拍即合"。以"印太战略"为例，虽然在美国提出该概念后，民进党方面立即在第一时间主动表态"站队"，美方对"台湾入印太"提议的呼应也相当及时，"美国在台协会理事主席"莫健和美国国务院东亚事务局副助理国务卿黄之瀚都很快表态，这与奥巴马时期台方十分想加入美方提出的"亚太再平衡"战略，美方却始终保持沉默和暧昧的态度形成了鲜明对比。因此，民进党当局认为当前台美关系的发展称得上一种"默契"。

第四节　蔡英文当局"新南向政策"及其影响 [①]

2015年9月22日，蔡英文在民进党党庆年度"外交使节"酒会上，首次提出将推动"新南向政策"，旨在"深化与东南亚及印度的关系，形成多元、多面向的伙伴关系，建立民间交流、文化、教育研究等多方面的连结"。蔡英文上台后，于2016年8月16日召开"对外经贸战略会谈"，正式通过了"新

---

① 感谢陈竞同志为本部分写作给予的支持和帮助。

南向政策纲领"，9月5日，正式提出"新南向政策推动计划"。该政策名为"新南向"，实质是"去中国化"的"台独"政策。因为，蔡英文当局利用"新南向"欲实现的远不止是经济目标，更重要的是企图利用"新南向"达成其"渐进台独"的政治目标。

一、"新南向政策"的真正目的在谋求"台独"

虽然民进党一直强调"新南向政策"是经济政策，然而经济作为政治的基础，并且考虑到民进党一直以来的"台独"立场及蔡英文上台以来拒不承认"九二共识"的政治立场与态度，"新南向政策"实际上就是"远离大陆、谋取国际独立人格"的"台独"政策，通过分散台湾对大陆的投资以及削弱两岸在贸易上的联系，降低台湾对大陆的依赖，以达成"台独"这一最终目的。因此，"新南向政策"事实上承载了一系列政治次目标，包括：一是利用大陆崛起而出现的中美关系的竞合性，在争取摆脱大陆影响的同时，与美国及其伙伴不断走近，在政治上寻找远离"一中"原则后的国际依赖；二是向南发展，"南进"东南亚与南亚，以营造台湾当局摆脱大陆影响的国际政治氛围，彰显台湾当局在国际政治经济活动中作为一个"独立的行为主体"的地位。概括蔡英文当局舍近求远地推行违背经济规律的"新南向政策"，政治目标主要有四：

1.降低台湾对大陆经贸依赖和两岸社会融合水平，避免大陆"以经促政"。在马英九执政八年时期，两岸关系和平发展带来了两岸经济与社会的深度融合，民进党当局将此视为"渐进台独"之路的巨大威胁，担心台湾经济过度依赖大陆而被大陆"以经促政、以经促统"。蔡英文当局一直宣称的"维持现状"的两岸政策，而其真正想维持的是两岸分离、不统一的"现状"。在民进党看来，马英九时期两岸社会深度融合及台湾经济高度依赖大陆的发展态势，是在改变民进党所期待的"现状"。因此，蔡英文当局拟通过推行"新南向政策"以降低台湾对大陆的经贸依赖，避免大陆"以经促政""以经促统"。

2.营造台湾经济发展新方向的虚假愿景，以骗取民众选票，巩固执政基础。在台湾岛内选举政治游戏规则下，蔡英文当局的"新南向政策"有很大程度的选举考量。因为自蔡英文当局执政以来，岛内"闷经济"的现状并无改观，台湾经济增长率在1%—2%之间徘徊，岛内民众尤其是青年世代对低薪资、高物价的现状颇为不满。蔡英文当局的"新南向政策"，即企图营造一种台湾经济发展新方向的虚假愿景，让岛内民众看到蔡当局正努力推动岛内经济发展，实质是为2018年"九合一"选举、甚至2020年"大选"铺垫。若蔡英文当局"新南向政策"能取得一些实质性进展或成就，亦可借此向台湾民众证明，没有国民党的两岸融合政策，台湾依然可以靠"新南向政策"取得经济发展。

3. 企图在不承认"九二共识"及一个中国原则前提下参与区域经济合作、并扩大台湾"国际参与"，以此逐步瓦解"两岸同属一中"政治基础。蔡英文就任以来，由于拒不认同"九二共识"及"两岸同属一中"的核心意涵，从而面临推动经济发展及参加区域经济合作的现实困难，因此，蔡英文当局企图通过"新南向政策"来化解这一难题。若通过推动"新南向政策"能取得若干实质性的进展，蔡当局即可向岛内选民兜售"不承认九二共识也能发展好台湾经济"的论调，同时可以扩大台湾的"国际参与"，绕过并逐步瓦解"九二共识"及"两岸同属一中"这一两岸关系正常发展的政治前提和基础。

4. 推动"新南向政策"以减缓美、日对两岸深度融合的担忧，并换取美、日对蔡当局执政的更多政治与安全上支持。马英九执政八年期间，台湾经济高度依赖大陆、两岸关系深度融合的态势让美、日深感忧虑。在美、日看来，两岸若"由经入政"、由经贸融合走向政治统一，会严重威胁其战略利益。蔡当局推出的"新南向政策"，即有通过降低台湾经济与社会对大陆的依赖水平，缓解美、日对两岸深度融合的担忧，以此换取美、日在政治、安全层面对蔡当局更多的支持。一方面，推动"新南向政策"是蔡当局践行"亲美日、远大陆"立场的实际行动，亦可增加美、日对蔡当局的政治支持与安全支持，如争取美军舰停靠台湾、争取获得日本潜艇技术支持等。

二、蔡英文当局"新南向政策"的基本做法

"新南向政策"提出了十大行动准则：第一，长期深耕，建立"经济共同体意识"；第二，适切定位台湾在未来区域发展的角色，希望扮演"创新者、分享者及服务者"三种角色；第三，推动"软实力、供应链、区域市场、人和人"四大连结策略；第四，充实并培育南向人才；第五，推动"双边"和"多边"制度化合作；第六，规划完整配套及有效管控风险；第七，积极参与国际合作；第八，全面强化协商对话机制；第九，两岸善意互动及合作；第十，善用民间组织及活力。为了达到上述目标，根据已制定的行动准则，蔡英文当局做法的总体原则是通过政治、经济、文教等各种途径拉近与相关国家关系，提升合作层级，达成政治目标。做法有：

1. 推动与相关国家的高层互动，以提升双方政治关系。中国一直反对美国等主要国家给予台湾方面高层，特别是身份敏感官员的访问资格。每每台湾地区领导人"访美"都会导致中美产生摩擦。高层访问本身就带有政治意涵，同时，高层访问可以就双方关切的一些战略性的重要议题进行直接磋商。这些恰恰是蔡英文当局"新南向政策"努力的方向。蔡英文在对行政部门提出的"新南向"工作要求中，第一条即强调要加强与相关国家的互动，特别是推动与已有合作基础的国家，要推动更密切的高层官员互访。虽然蔡英文本人的正式访问恐难成行，但民进党当局则是考虑把"外交部""国防部"这些敏感部门官员进行私人访问作为突破点，甚至通过一系列活动将访问提升到官方层级，借此扩大台湾的"国际活动空间"，并通过时任"行政院长"林全等政府高官和国外领导人进行接触，表达诉求。因此，不能排除在经贸利益等诱因下，东南亚、南亚个别国家会强化与民进党当局在官方、半官方层面的往来，包括高层互访，特别是经贸官员甚至政府首脑级别的来往。而从具体国家来看，最有可能与台湾当局提升政治关系的国家主要是印度、印尼、菲律宾。因为印度和中国的地缘争端以及印尼、菲律宾与中国的海洋争端使得他们也可能跟随美国，打"台湾牌"，试图提高与中国在某些争议议题上讨价还价的能力。尤其是在

中印关系紧张的情况下，台湾问题更可能在相当一段时间内被印度利用。

2. 加强"立法院"与相关国家议会的交流互动。"立法院"等国会间交流一直是蔡当局试图加强与相关国家政治关系的一个抓手。2016 年 5 月 19 日，台湾地区与韩国、缅甸、柬埔寨和印度尼西亚成立了"国会议员友好协会"。尤其值得注意的是印度方面，印度国会已设立"印台国会友谊论坛"，该论坛被定位为正式的交流平台。印度"亲台派"表示，希望致力印度与台湾地区在社会、经济、文化等各项事务中的交流与合作，鼓励印台"国会"互动，目前已有印度国会上、下院各党派共 22 位国会议员加入，而且人数还会不断增加。此事虽被台湾地区媒体大肆宣传，却鲜见于印度媒体报端。印度此种做法主要是出于牵制中国的考虑。印度与中国一直存在地缘竞争，特朗普胜选后，公然打"台湾牌"，挑战"一中"原则，印度"亲台派"也在效仿美国，欲借打"台湾牌"牵制中国。此次与台湾当局走近系由国会内部一小撮亲台势力发起。台湾方面则是借机推进民意代表机构间的交流，不断尝试提高交流层级及试图开启敏感议题交流。

3. 通过"城市外交"，以提升与相关国家的实质关系。蔡英文曾强调高雄是台湾南方最重要城市，要发挥高雄在"新南向政策"中的战略作用。为了突出高雄重要性，已采取并将逐步推进以下做法：一是着手在高雄启动"以人为本"的"亚洲新湾区"计划，当局牵头投入大型公共建设，引领消费、生活与港区周边开发，一系列标志性建设陆续完工启用，如高雄展览馆、市立图书馆展馆、水岸轻轨、海洋文化及流行音乐中心、港埠旅运中心等。蔡英文当局希望通过这种大规模的城市建设，重新塑造高雄的城市形象，以吸引东南亚国家的外资进驻。二是通过举办城市论坛的形式强调城市间联系。值得注意的是，2016 年 9 月在高雄举办的全球港湾城市论坛，是第一次由地方政府举办的国际会议，邀请了 25 个国家、47 个城市代表参会。为了争取使高雄成为台湾"新南向"前进基地，特别强调对东南亚港湾城市的邀约，有 12 个东南亚城市与会，高雄与马来西亚雪兰莪州还签署了"合作备忘录"；越南海防市提出了直航高雄的需求；更与印尼雅加达重启渔业协定，并计划开拓新航线。三是促进产业升级。高雄是造船与游艇产业齐聚的重镇。高雄利用造船技艺、产业基础条件和配套能力的优势来发展游艇产业。会展业也是高雄试图发展的重点方向。2013年高雄市政府已经成立起"会展办公室"。发展高雄市精致农业、造船等产业，使之成为"新南向"的先锋。已有议员提出成立"新南向学研究中心"，让高雄成为"新南向"基础研究重镇。一旦高雄取得先行进展后，其他城市如桃园，可能紧随其后，大规模地通过"城市外交"加强与"南向"国家的联系。台北市市长柯文哲也曾带队访问印度。

4. 通过商签经济类协定，以强化"经贸外交"。"经贸外交"的实质是"经贸搭台、政治唱戏"。"新南向政策"宣称立足经贸，但很多政治目标都是通过经贸联系的加强来实现的。为了给台商提供"新南向"的贸易与投资环境，蔡当局与相关国家签订各类经贸性协议。具体做法：一是通过"搭积木"的形式，叠加各种不同行业产业的协议，绕开台湾当局目前不能签署自由贸易协议（FTA）的国际法资格的问题，与相关国家通过各类协议网络，形成事实上的FTA；二是通过这种单独的国际经济活动，树立在国际上"独立"的形象；三是针对台湾当局与东南亚国家签署的贸易与投资保障协议早已过时、且覆盖率不广的问题，蔡英文特别提出要积极推动与相关国家的双方投资保障或租税协定的签订与更新。由于东南亚、南亚等国家与台湾地区毕竟有地利之便，且近年来东南亚国家和印度经济表现亮眼，发展潜力巨大，世界银行预测印度将成为增长速度最快的主要经济体，因此，尽管不足以替代大陆市场，但东南亚和南亚确实是台湾经济一个新的增长方向。

5. 加强文教交流，以强化社会间联系。人才培养是"新南向政策"计划的一个重点，培养了解对方的人才和加强研究，有利于台湾地区与"新南向"国家的沟通交流。人才培养作为一个长期过程，虽然不能马上见效，但有利于增进台湾地区和"新南向"国家的沟通。台湾"行政院"的"新南向政策推动计划"，预计投入42亿元新台币中，教育经费比例较大，约占10亿新台币，计划既提供"新南向"的公费留学奖学金以吸引东南亚学生到台湾留学，也鼓励台湾学生到东南亚留学，并补助他们到"新南向"国家的企业做实习。为了拓展对东南亚及南亚研究的广度和深度，蔡当局正式成立"新南向智库"——"台湾亚洲交流基金会"，定位是"东南亚版的远景基金会"，邀请东南亚国家退休官员参与基金会工作，既扩大影响，又运用其人脉服务"新南向"，以弥补过去在此方面研究的不足。

因为时间和空间背景上的变化，"新南向政策"相比于李登辉、陈水扁时期完全逆向的"南向政策"，在经济、观光、人才培养和文化交流方面将可能取得一些积极成果。如五大旗舰计划，产业人才发展、医疗合作及产业链发展、创新产业合作、区域农业发展，以及新南向论坛及青年交流平台。在公共工程、观光、跨境电商等三大"新南向"具有潜力领域，加强扎根与布局，深化与"新南向"国家的连结。①

三、"新南向政策"的可能影响

尽管蔡英文当局推动的"新南向政策"的总体进展不会很大，效果有限。但不排除在若干方面取得零星的突破点。主要在：

1. 经贸"去中"，以"政治正确"迫使大陆台商转投"新南向"。这主要体现在，蔡英文当局或继续通过"厚此薄彼"的方式让台商明白"政治正确"，迫使台商减少在大陆投资，转投"新南向"。民进党作为执政党，利用税收、司法等政治资源迫使台商"政治正确"，向"新南向"靠拢。概言之，蔡当局将会利用政权机器迫使台商"南向"而"去中"，逐步降低台湾对大陆的经贸依存度。

2. 在收紧与限缩两岸人员交流的同时，扩大与"新南向"国家的人员往来。一方面，蔡英文当局更加以各种理由收紧、限缩两岸人员交流，为两岸交流设置障碍。如 2017 年 6 月，时任陆委会主委张小月称将严审国台办及统战系统干部、曾在党政军系统工作及所谓对台"不友善"专家等人员入台。同时，以所谓"维护'国家'尊严"为由，修改"两岸人民关系条例"以及"机

---

① 梁世煌：《推新南向，小英吁落实 5 旗舰计划》，台湾《旺报》，2017 年 4 月 21 日，B1 版。

密保护法"等，严管离任高官与退役将领到大陆活动。另一方面，蔡当局扩大与"新南向"国家人员交流，包括：一是长期文教交流合作。蔡当局扩编"台湾奖学金"，吸引东盟及南亚学生，建立"产学合作专班""外国青年技术训练班"，并提供学成后就业机会。二是针对赴台从事专门性或技术性工作的外籍移民劳工，建立评点制度，符合条件者可延长居留年限。三是注重利用新住民力量。引导岛内大专院校开设"南向"专业科系或学程，给予具"南向"语言优势的学生加分录取机会，培育第二代新住民为"新南向"的"种子"。让蔡英文当局期待落空、也颇有微词的是双方经济关系虽然转好，却是没有因此提升彼此间的政治关系。

3. 利用医疗、文化、观光等台湾优势产业，"南向"拓展台湾的"国际纵深"。包括：一是"新南向"医疗合作。利用台湾地区医疗优势推动与东盟、南亚及澳洲等地的医药双向认证、新药及医药材料开发合作，协助东盟及南亚国家培育医疗卫生人才。二是"新南向"文化营销。通过影视、广播、在线游戏营销台湾文化品牌，推动各县市与"新南向"地区进行城市交流与合作。三是"新南向"观光推广。事实上，在近10年的赴台旅客中，观光旅客比例占绝对多数，尤其是2016年赴台观光旅客占总赴台人数比例超过了70%（见图1）。

近十年来台游客观光目的别人次及占比变化

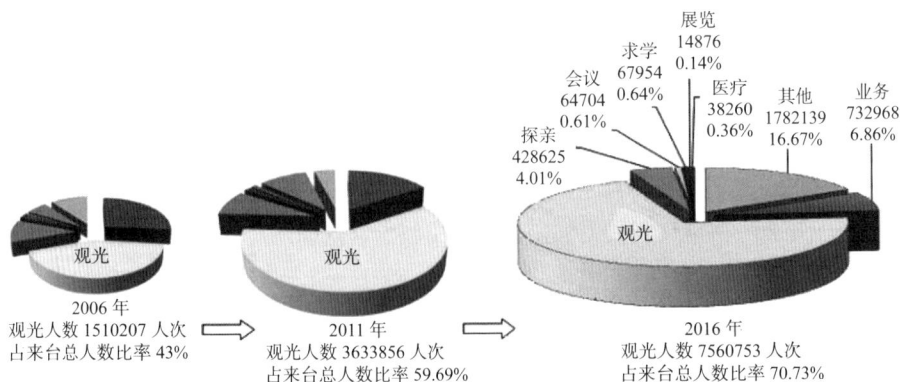

图1：2006—2016年赴台观光旅客占总赴台人数的比例变化

资料来源：台湾地区"观光局"，http://admin.taiwan.net.tw/public/public.aspx?no=315.

由于蔡英文拒不承认"九二共识",导致蔡英文当局执政以来大陆游客赴台数量急剧下降,而同期其他地区赴台旅客却没有显著增长(见图2)。

单位:人次

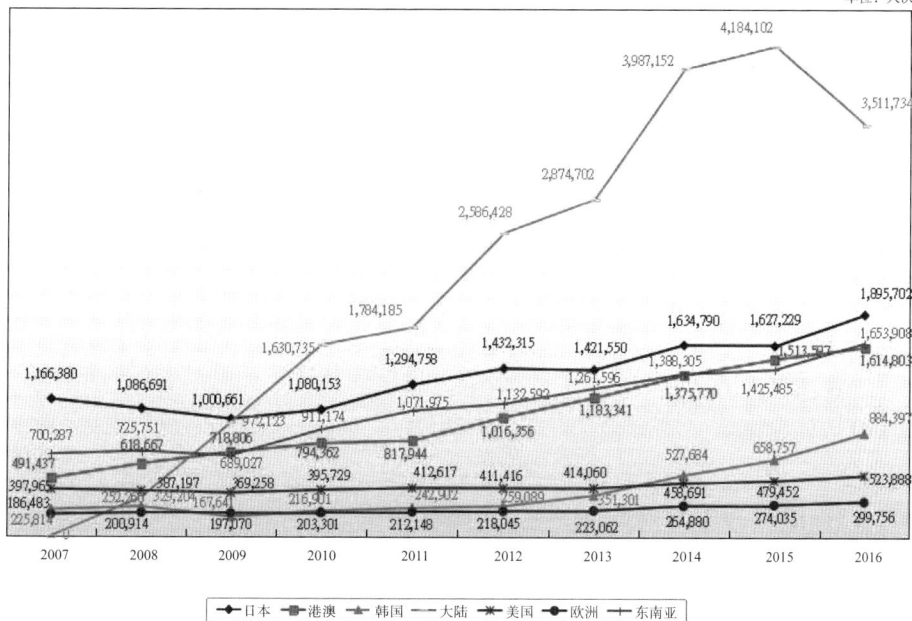

图2:2007—2016年主要客源地赴台旅客趋势图

资料来源:台湾地区"观光局",http://admin.taiwan.net.tw/public/public.aspx?no=315.

因此,为推动"旅游观光新南向",蔡当局放宽了东盟及南亚国家赴台观光"签证",同时有针对性建立穆斯林旅游的友善环境。另外,蔡英文当局继续强化与印度合作,鼓励印度知名企业赴台"奖励旅游"(Incentive Travel),多渠道宣传观光。如2017年7月,印度知名企业TATA钢铁奖励旅游团赴台旅游,被台观光局视为"新南向政策的新进展"。同时,印度排名前三的电视台India TV首次与台观光局合作,邀请印度影剧圈内高人气明星赴台拍摄台湾特辑节目,并将于印度极受欢迎的Saas Bahu Suspense节目播出,每周观看次数或超过7200万人次。概言之,通过"南向"医疗合作、文化营销和观光推广的具体操作,蔡英文当局意图拓展"南向"国际纵深,谋取更大的宣传效应和影响力。

4.绕过大陆，借重美、日、新、印等，参与亚太区域合作进程。具体做法包括：一是推动与美国谈判"贸易及投资架构协定"（TIFA）。蔡英文当局自就任伊始就决定放弃马英九时期同时谋求加入 TPP 和 RCEP 的"双轨"策略，改为全部加码美国主导的 TPP。但由于特朗普就任美国总统后退出 TPP，蔡英文当局即谋求与美国单独谈判 TIFA，通过台美 TIFA 避免在亚太区域经贸整合中被边缘化。二是谋求加入日本主导的 CPTPP。日本官房长官菅义伟曾于 2017 年 6 月公开表示欢迎台湾当局加入 TPP，蔡英文就专门用日文发推特，对菅义伟表示感谢，行政主管部门负责人林全也表示台湾当局非常愿意加入日本主导的 CPTPP。三是推动和东盟主要贸易伙伴及印度洽签"经济合作协定"，与美国、日本、新加坡共同开拓东盟、南亚及澳洲市场，并强化与民间企业及 NGO 团体合作。

四、"新南向政策"对两岸关系的影响

1.长期而言，"新南向政策"可能一定程度上降低台湾经济对大陆的依赖度，达成经贸上的"去中国化"的若干效果。政治色彩鲜明的"新南向政策"虽不会在短期内引发大陆台商转移潮，但可能会让未来有意来大陆投资的新台商有所顾虑。加之大陆也正处于产业转型期，部分本已担忧大陆市场利润空间降低的台商，或将借"新南向"之机撤离大陆，转投东南亚。长此以往，可能在一定程度上造成台湾对大陆经贸依赖水平有所降低。

2.两岸交流或将被进一步限缩，大陆对台政策被进一步"污名化"。对蔡英文当局而言，"新南向政策"的具体经济成效如何并不是最重要的，最重要的是通过"新南向政策"，在台湾岛内营造出一种彰显台湾"独立性"的"去中国化"氛围。蔡英文当局企图通过政治手段强行切断两岸之间的既有连结，并将责任推卸给大陆。而在国际层面推动"新南向政策"的同时，蔡英文当局还在台湾岛内推动文化、教育等层面的"去中国化"，二者相结合或将进一步"污名化"大陆的对台政策，台湾民众尤其是青年世代的两岸认同或将被进一步削弱。

3."新南向政策"与"一带一路"形成事实上的竞争关系。从政策提出的意图看，"新南向政策"主要目的就是要减少台湾经济对大陆市场的依赖，降低两岸日益密切的经贸关系。因此，"新南向政策"自提出伊始与"一带一路"倡议，就是采取竞争立场的。从政策实施范围看，"新南向政策"所涵盖的主要范围是东南亚十国及印度（后来又扩大到整个南亚与澳大利亚和新西兰），与大陆提出的"一带一路"倡议的范围高度重叠，其中交集点主要在东南亚和南亚。从政策实施途径看，民进党当局一直把日本作为推进新南向的最重要的合作伙伴。日本长期以来都是台湾当局在东南亚的重要合作对象，双方有长期合作的历史。因为地缘政治、东亚地缘格局以及中日关系演变等多重因素，日本对"一带一路"倡议的认知存在偏差，为对抗中国影响的扩大采取了一系列措施，利用官方发展援助对抗中国基础设施投资建设；利用 TPP 阻截中国构建新的经济秩序；推动"丝绸之路外交"遏制"一带"，搅局印太，牵制"一路"。台湾当局在相关地区选择与对"一带一路"倡议持对抗态度的日本进行合作，就是要与"一带一路"进行抗衡。

4."新南向"的"具体成果，不仅局限于经贸共荣、资源共享、制度发展与社会连结领域"，是蔡英文所提出的"台湾的亚洲战略"（regional strategy for Asia）。"新南向政策是台湾盘整国内能量与扩展对外关系的新起步，它更是拉近与亚洲主要国家的新平台与新架构。'新南向'的战略愿景不限于地理上的东南亚及南亚，而是更具包容性与开放性的亚洲与印太体系。"[1]台湾学者称，"新南向"意在放眼未来的印太布局，强调与彰显各种新型态的伙伴关系与价值，至少包含以下三点："其一，促进稳定、自由与和平的新区域；其二，共构良性竞争与共同成长的区域市场；其三，推广相互尊重与共同发展的跨国社会。"[2]

---

① 杨昊：《理解东南亚与南亚：新南向伙伴关系的再建构》，台湾《交流》，2018 年 4 月号，第 8 页。

② 杨昊：《理解东南亚与南亚：新南向伙伴关系的再建构》，台湾《交流》，2018 年 4 月号，第 8 页。

五、"新南向政策"的局限性

虽然，蔡英文当局在东南亚、澳、新和南亚展开布局，确定地区重点国家，并配之以促进社会文化交流的政策，但从经济角度言，蔡当局很难为台企和台商提供实质性服务；台企和台商在市场竞争中也并不具有很强竞争力。因此，难以达到用东南亚来抵充与大陆经贸关系缩减的目的。因此，民进党自我评估是，不能说两年来"新南向政策"失败了，但也认知到该政策所设定的目标只能实现一部分，且声势在逐渐减弱。因此，整体态势是转向"低调""稳妥"。因为，民进党体会到"新南向政策"实施的难度。认识到该政策存在许多根本无法突破的障碍，特别是如果要通过经济、文化与社会关系的密切而达成政治目的，几乎不可能。台湾社会和媒体越来越不关注该政策的发展。再次是民进党高层也担心外界过度解读"新南向政策"。未来两年有关"新南向政策"的实施细节，例如签证的便利化、玉山论坛等虽然仍持续进行，但蔡英文承认只能"就经济论经济""就文化论文化"。负责"新南向"的邓振中与美国 CSIS 视讯会议时，提出"新南向政策"要与美国的"印太"远景对接。但事实上的困难在"新南向"是"基于疏远大陆、减少对大陆依赖思维的产物"，因为"这个思维取向是错的"，"就是仇中与反中情节作祟。没有台湾的参与，大陆的'一带一路'战略也能成功，但没有稳固的两岸关系作基础，新南向必定困难重重"。①

2017 年 1 月 20 日，台湾"外贸协会"第 19 届第一次董监事会议上，宣布由"总统府新南向办公室主任"黄志芳担任董事长。2 月 8 日黄正式上任。意味着"外贸协会"担负"新南向政策"的重要任务。黄曾任陈水扁当局的"外长"，2015 年 1 月出任民进党中央党部国际部主任，2016 年 6 月蔡英文上台后出任"新南向办公室主任"。2017 年 8 月 31 日，蔡英文在"对外经贸战略会谈"中提出：仿效日本、韩国，建立策略性融资机制，初期编列 35 亿美元专案融资资金，与"邦交国"及"新南向"国家进行公共工程合作，以培养

---

① 短评：《新南向对接"一带一路"》，《旺报》，2018 年 1 月 23 日，D1 版。

台湾业者"开拓海外工程能量"①。台湾媒体称："此举,其实就是重启'金钱外交'。"②蔡英文所宣称的已经结束的"金钱外交",将以"策略性融资"的名义卷土重来,"换面部改头",都是"金钱外交"换汤不换药的菜单。因为"新南向政策敲不开其他国家的外交大门,又保不住既有邦交国",当局"只好砸钱做业绩",正因为拼不过"一带一路",所以,也要搞"台湾版的海外工程合作","台湾要摆脱外交困境,关键不在口袋深不深,而在脑袋清不清楚。否则,政府撒得越多,呆账越多"。③

①　崔慈悌:《强化新南向,蔡拍板撒千亿银弹》,台湾《中国时报》,2017年9月1日,A5版。

②　《黑白集:重返"金钱外交"》,台湾《联合报》,2017年9月3日,A2版。

③　《黑白集:重返"金钱外交"》,台湾《联合报》,2017年9月3日,A2版。

第八章
两岸关系的新变化

2016 年 5 月 20 日蔡英文正式上台，两岸关系迅即由马英九执政八年的"大交流、大发展、大合作"的时代，进入了"曲折发展"的"冷和"阶段，甚至不断出现持续紧张甚至不断恶化的势头，也使自 1987 年以来两岸开始交流状况有所改变。特别是蔡英文当局借 2020 年 1 月 16 日台湾地区"二合一"选举挑起两岸对立对抗局势，恶化两岸关系。新冠疫情的爆发、美国大选与美国特朗普政府对华全面遏制政策、美台关系提升等，更让两岸关系面临全面性的冲击态势，后果严重，局势严峻。

第一节　两岸交流 30 余年

1979 年元旦，全国人大常委会发表《告台湾同胞书》，提出两岸进行直接的通商、通航与通邮的"三通"建议。1987 年 11 月台湾当局正式开放老兵经第三地回大陆探亲，两岸进入社会与人员的"实质性互动"的交流交往时期，迄今 30 余年。30 余年来，两岸各方面交流取得巨大进展，但交流中存在与产生的问题也不容忽视。

一、30 余年两岸交流交往进展及特征

1. 两岸 30 余年交流交往取得的突破性进展。30 余年交流交往与合作，成

果丰硕，成就巨大，主要表现在：

其一：两岸直接"三通"常态化。2008 年 12 月 15 日，海峡两岸正式进行了全面、直接与双向的通航、通邮与通商。由过去两岸"春节包机""四节（春节、清明、端午与中秋）包机"与"周末包机"，以至于"包机常态化"及直接通航的实现，并且搭乘人员由最初只能是台商，扩大到台干、到台胞，再扩大到大陆赴台旅游等持有效证件的一般大众，两岸走向全面直航，大大方便两岸民众往来。"三通"的实现使两岸由过去的"咫尺天涯、重重阻隔"发展成"天涯咫尺、处处通途"。"三通"为两岸各方面交流与合作修筑起了康庄大道。

其二：两岸经济合作深入化。台商赴大陆投资与两岸贸易由无到有，从小到大，从间接到直接，截至 2016 年底，台商投资大陆累计 10 万项，直接与间接投资估计超过 2000 亿美元；两岸年贸易额达到 2000 亿美元，随着"陆资入岛"，两岸彼此经济依存度越来越高，开始形成"你中有我、我中有你"的经贸交流与合作格局，两岸经贸进入一个交流交往的新时代。

其三：两岸文教交流热络化。两岸文化交流领域不断拓展，由原先的卫生、体育、演艺、影视、文物、美术、文学、图书出版、交通、医药发展到教育、科技、新闻、青少年、旅游、农业、金融、宗教、法律、城市建设、环保、气象、园林、公证、工会、少数民族等各行各业，交流内容不断地深化，形式不断多样化，向学术化、专业化、纵深化与特色化的方向发展，并由"单向交流"走向"双向交流"。同时，两岸教育交流的深入化，为两岸关系奠定了比较扎实的文化、思想与精神基础。

其四：两岸社会交往扩大化。从"老兵返乡探亲"而开启的两岸间经商、贸易、考察、旅游等人员往来日益密切，台湾同胞赴大陆累计超过 1 亿人次，大陆民众去台也有 1000 万人次以上。特别是《海峡两岸关于大陆居民赴台湾旅游协议》的签署为两岸交流交往开启新的局面，不仅标志着两岸民众间往来的正常化迈出了重要的一步，使两岸人员往来进入一个直接、全面与双向的新时代，而且将密切两岸民众间的情感，加速两岸社会的融合化进程。

其五：两岸政治交往取得突破性进展。不仅是 2014 年 2 月首度"张王会"（时任国台办主任张志军与陆委会主委王郁琦），实现了两岸事务主管机构负责人会晤，而且是 2015 年 11 月 7 日，中共中央总书记习近平与台湾地区领导人马英九在新加坡正式举行举世瞩目的"习马会"。这是 1949 年以来，即 66 年来两岸领导人的首度会晤，是两岸关系的一个重大突破，翻开了两岸关系历史性的一页，是两岸政治交往的新高点与里程碑。

2. 两岸 30 余年交流交往的基本特征。30 余年来，特别是 2008 年 5 月两岸"大交流时代"开启以来，两岸之间的交流发展迅猛，呈现了四个明显的基本特征：

其一：两岸交流的"趋势性"特征明显。即两岸交流的发展态势不可阻挡。不仅是两岸经济、文化、教育、社会等各方面交流的宽度、速度、进度与广度是空前的，而且交流的深度与力度也是前所未有的。

其二：两岸交流本质的"人民主体性"日益显现。两岸关系说到底，就是一个中国内部的两岸人民之间的关系，从而两岸关系中民众间交流的特征日益显现，同时，交流成果也为两岸民众所享有，这是两岸交流富有生命力的原因所在。

其三：两岸交流所产生的"双重性影响"同时存在。即两岸交流所产生的积极性作用很大，但交流中出现与面临的消极性问题和影响也不小。总体上看，两岸交流交往所产生的积极性作用要远远大于消极性作用，正面影响要远远大于负面影响。

其四：两岸各领域与层面交流的"不平衡性"始终存在。一是交流层面的"不平衡性"。经过 30 余年交流交往，两岸经济关系应该已进入"融合"的阶段，但两岸社会关系尚处于"汇合"或"磨合"的阶段，而政治关系则还处于"竞合"之中。二是交流领域的"不平衡性"，如政党交流中，国、共交流领先，起引导性的作用；经济交流与合作也是领先于政治层面的交流；新闻交流事实上落后于两岸关系发展的实际，属于"起步早、进展慢"；文化交流中演艺活动多，价值探讨少；文化创意产业交流与合作多，而精神层面交流少。三是交流地区的"不平衡性",两岸交流中的南北、东西差异客观存在,大陆与台湾北、中部交流多,与南部交流相对不足,台湾与大陆东南沿海交流多,与西北、东北交流相对少;台湾民众到大陆者比较多,而大陆民众到台湾相对要少等等。

二、两岸交流交往面临问题及其根源

1.两岸交流中出现与面临的问题。主要有:

其一:政治因素在不断地制约着两岸交流的深化。不容否认,两岸关系中客观上存在着的政治分歧一直在影响两岸交流,甚至对两岸交流产生制约性的影响。特别是 2016 年 5 月蔡英文上台以来,两岸关系中既有的"大交流、大合作、大发展"面临严峻挑战与困难。根源在于民进党当局不承认"九二共识"。

其二:两岸交流中两个社会之间的差异日益显现。两岸社会与民众因交流密切而产生的误解也开始增多。社会普遍心态开始对两岸交流产生负面影响,甚至包括经济全球化下,台湾社会虽然有"走出去"的共识,但在"请进来"上存在分歧,不仅是对大陆,即使对其他国家和地区也存在"闭关锁门"的思维。其实"走出去"与"开放"是联系在一起的,不能只要求对方开放市场,自己却存在"闭关锁门"的思维。而随着大陆游客台湾游的进一步发展,两岸社会间的交往,既有正面作用,也存在负面与不利的影响,包括"两岸官方和民间的缺乏互信","台湾民众对大陆政府和大陆民众的不良印象,未因两岸交流而获得改善",[1] 甚至是"因了解而增加恶感"[2]。在在都显示两岸社会交往尚处于"磨合"阶段,任重道远。

其三:两岸之间交流热络,但"交心"不足。2008 年以来的两岸关系发展实践显示,经济交流与合作在不断深化,但台湾民众的"中国认同"并未相应提升,突出表现是台湾民众认为"是台湾人、不是中国人"的认知比例在上

---

[1] 赵春山:《累积互信,两岸和解关键》,台湾《联合报》,2013 年 9 月 24 日,A15 版。

[2] 郭正亮:《交流扩大,因累积增恶感》,台湾《联合报》,2013 年 9 月 24 日,A15 版。

升；台湾经济进一步依赖大陆，但台湾民众对经济依赖大陆的心理恐惧也在增多，影响他们对两岸关系和平发展的态度，从而两岸之间的共同认同的建构也是任重道远。

2. 两岸交流中出现与面临问题的根源。主要是：

其一：源于 20 世纪 80 年代后期的台湾内部政治情势的不断演变及其趋势。台湾政治社会的演变表现为"民主化"与"本土化"的携手并进，"本土意识"的迅猛发展，再加上民进党等"台独"政治人物的推波助澜，台湾社会演变成为要求改变两岸现状的主要力量。而台湾内部的这一政治社会情势的演变又几乎是与两岸关系的缓和是同步进行的，从而使两岸关系表现为：一方面，两岸在经济、文化与民间社会的交流与合作在趋向深化，但另一方面，两岸双方在政治立场上的距离是越来越远，交集点是越来越少。两岸关系中出现这种"政经分离化"现象的原因，不在于这现象的本身，不在于两岸关系的交往及其程度如何，而在于台湾政治社会情势的演变要远远超过两岸经济与社会整合的速度与力量。从而表现在两岸关系上，是两种力量的并存与相互对立：由两岸交流与合作而产生的整合的力量，希望两岸政治关系的稳定和改善，是促进两岸"和"的力量与"合"的力量；而台湾内部政治情势演变中的主张"分离"的力量，不希望两岸走向整合，是主张两岸"分"的力量。两岸交流便是在这样的情形下进行，自然产生不少的负面影响。

其二：两岸百年分离的历史因素是两岸社会交往中存在问题的根源。自 1895 年台湾地区被割让给日本以后，两岸分离了 50 年之久；1945 年台湾光复后，两岸只有 5 年时间是紧密联系在一起，但其中又发生了"二二八"事件及国共内战；1949 年后两岸之间的军事冲突与政治对立持续了近 40 年，直到 1979 年，特别是 1987 年后才出现有限度的往来，两岸"三通"迄今则只有十多年时间。两岸百年的分离，事实上各自走上了不同的社会发展道路，期间，台湾地区与美国、日本的关系远比与大陆的关系来得密切。因此，要在短时期内实现两岸正常交往几乎是不可能的。马英九在 2010 年元旦祝词就称：两岸人民同属中华民族，分享与传承共同的血缘、语文、历史与文化，但海峡两岸隔海分离迄今已经 60 年，期间各自采取不同的政治、经济、社会制度，生活方式与经验有很大的不同。

其三：马英九执政后国民党政策论述的巨大矛盾使然。从 2008 年 5 月马英九上任以来在教育、文化政策与台湾整体发展方向的战略规划中，没有看到想要强化两岸认同的这一块内容，即马英九没有对李登辉、陈水扁的"去中国化"政策进行拨乱反正，而是强化"台湾主体性"的"不统、不独、不武"作为两岸关系政策的基调。因此，台湾学者杨开煌批评国民党：由于认同上的矛盾，陷入政策论述上的巨大矛盾，表现在："经济政策跟北京要"，"在政治论述上是跟着民进党走"，"国民党第一个问题就是没有建立起可以跟民进党对抗的主体论述，也就是没有建立起跟民进党对抗的认同观"。从而在两岸关系中，国民党实际上是"用封闭的心态谈开放的政策"，"用对抗的心态谈合作"与"用敌对的心态谈和平"。① 台湾学者谢大宁认为马英九在认同问题上，只会不停地向绿（指民进党阵营）那边倾斜，"可以说这是马的个人特质使然，但也可以说是整个中国国民党已然丧失灵魂所致，当然归根究底，这是台湾政治现实、各方力量拉扯，综合作用的结果"。因为马英九团队在两岸关系中只敢碰经济，"逐渐将两岸关系物质化了"②。

其四：民进党与"台独"政治人物的推波助澜。台湾学者张亚中认为："认同往往是被政治人物所建构。认同往往也作为区别我群与他群的判定标准。"李登辉、陈水扁等推动的政治运动，"强化台湾主体性的包装，作为走向台独的野心，使得一个中国在台湾变得妖魔化"。③ 杨开煌指出："两岸关系的本质是从过去政权的仇恨关系，已经蜕变为社会的敌对关系，双方的心理层面、社会层面，充满敌意蔑视和防范，但又无可奈何地面对历史和现实的纠葛。"④ 台湾学者周志杰认为两岸社会交往产生问题的原因很多，包括"两岸民众因政治矛盾、价值差距、历史隔阂、政客灌输所积累的对立情绪与不信任感未消"，

---

① 《思想者论坛——认同与两岸关系》，香港《中国评论》，2009 年 9 月号，第 57 页。

② 《思想者论坛——认同与两岸关系》，香港《中国评论》，2009 年 9 月号，第 61 页。

③ 《思想者论坛——两岸未来十年愿景》，香港《中国评论》，2010 年 12 月号，第 60 页。

④ 杨开煌：《期待马"总统"的两岸政策论述》，台湾《海峡评论》，2011 年 3 月号，第 50 页。

"现实交流过程中未蒙其利、反受其害的群体与个人亦滋生新的不信任与不安全感"，"两岸仍持续在传媒与教育体系中'妖魔化'彼此的制度、价值与史观"，"政治精英亦须投民意所好，以巩固执政基本盘而无意匡正"。①

其五：两岸交流中"物质化"现象的影响。台湾民众"中国认同"产生危机的原因，固然与台湾社会30余年来的"本土化""台湾主体意识"的上升有关，但恐怕也与30余年来两岸交流中的过度"物质化"有关，与台湾当局的两岸政策有关。部分大陆民众认为是"大陆一味让利，台湾见利忘义"。台湾学者认为，大陆采取的各种惠台政策，实际上也是在把两岸关系物质化。大陆是希望通过惠台政策与强化交流，逐渐改变对抗性的"台湾认同"，促进两岸的统合。但存在的问题是：施惠于农民的政策，因为台湾农产品的"产销分离"，掌握运销流程者可以因此获利，多数农民则是既不得益、也不了解。而对于台湾企业家说，多数人倾向于："利益归利益，认同归认同"，"钱照赚，立场照旧"。② 两岸各方面的交流与合作中，经济一直是充满活力与生命力，即使是文化交流，也往往是文化产业优先，两岸文化、意识、共同价值的交流则是相对滞后，两岸文化交流似乎成为两岸经济合作的"婢女"，不少地方的"招商引资"一直存在"文化搭台、经贸唱戏"的不正常现象。交流政策"物质化"，其"结果，事实上不会形成对两岸朝向整合的真正推动力量"。③ 因为，"从古今中外来看，历史和现实并没有提供多少有力的事实，来证明经济联系的加强必然导致政治关系的同向增长"。④ 因此，目前两岸关系中出现的两岸关系的"物质化"倾向需要加以注意与避免，两岸关系发展也需要精神化与文明化，物质与精神，两方面都需要，两手都要硬。台湾学者蔡玮曾提出："两岸已经在物质层面达成合作协议框架，今后更应着重文化精神层面的合作，当前两岸除了政治上的互信不足之外，台湾年青一代受到"去中国化"教育的影响，整体价值观念似有转变现象，如何加强两岸之间的文化交流，由求同存异

---

① 周志杰：《再寻两岸关系深化的动力》，香港《中国评论》，2011年6月号，第13页。

② 《思想者论坛——认同与两岸关系》，香港《中国评论》，2009年9月号，第60—61页。

③ 《思想者论坛——认同与两岸关系》，香港《中国评论》，2009年9月号，第61页。

④ 萧元恺著：《台湾问题：政治解决策论》，第24页。

进一步走向求同化异，形塑两岸命运共同体的认识将是未来努力的目标。"①

其六：两岸实际往来中产生了"你群"与"我群"之别。有"台独""理论大师"之称的林浊水认为，由于"三通"，两岸密切往来，需要把彼此的权利义务规定清楚，就涉及法律的管辖权问题。而两岸事实上是"两个法律主体"，所以，交流的结果是"两岸越往来，彼此往来越密切，台湾的主体性也会越来越清楚"②。也有台湾学者指出：由于每次去大陆都要签注，"加深台湾是台湾，大陆是大陆的心理距离"③。

三、两岸交流 30 余年的省思

1. 两岸交流所产生的积极与正面作用不容低估。两岸 30 余年交流交往，"三通"的实现，经济的融合与社会、人员的交往，文化交融等等，都为两岸关系未来的发展提供了雄厚的基础、强劲的动力与坚定的民意支持，总体上是值得肯定的。为此，需要充分把握两岸交流大势，推动两岸交流的深化与细化，重在交流实效。

其一：把握发展大势。需要正确认识两岸关系发展形势，把握两岸关系发展的大势，把握两岸交流合作的趋势。尽管蔡英文上台使两岸交流出现不少问题与困难，但着眼未来，有利于两岸关系和平发展的积极性因素依然在增长，只有把握这一大势，才能顺势而为，有所作为。

其二：明确交流方向。不仅要坚持两岸关系和平发展的正确方向，而且要坚持推动两岸各层面交流的方向不动摇，明确交流要服务民众、服务两岸和平发展的方向，进一步解放思想，实事求是，以两岸关系的实际现状出发，求同存异，务实地推动两岸经济、文化、教育、人员往来等各方面的进展。

其三：坚持以民为本。要确保两岸关系发展取得源源不断向前发展的动力和源泉，落实与深化以民为本、为两岸民众谋福祉的施政理念则是基本的、也

---

① 蔡玮：《有关两岸文化合作的几点思考》，香港《中国评论》，2010 年 11 月号，第 8 页。
② 《思想者论坛——两岸未来十年愿景》，香港《中国评论》，2010 年 12 月号，第 60 页。
③ 《思想者论坛——台湾青年如何看待两岸关系》，香港《中国评论》，2011 年 6 月号，第 70 页。

是根本的途径。悠悠万事，民生为大！民生问题是两岸关系的重大问题。两岸关系的主体其实是两岸民众，两岸民众是两岸交流与合作中的"主角"，从而在两岸交流的工作中懂得如何进一步确立与贯彻以民为本、为民谋利的政治理念与政策措施，才能真正地使两岸交流与发展所产生的成果为两岸民众所共享。

其四：深化交流渠道。开辟与扩大多渠道、多层次人员交流是加强两岸了解与理解、深化两岸交往的内在要求。

其五：处理好几对关系。包括：加强两岸各方面交流与把握交流节奏间的关系；扩大交流数量与提升交流质量间的关系；调动各地方对台工作积极性与加强中央对台政策统筹间关系；交流发展红利的享有如何兼顾团体与一般普通民众，即如何让惠台政策更多地惠及台湾民众。

2. 应充分估计到两岸经贸交流与合作的复杂性。两岸经贸交流固然会对两岸关系产生诸多积极的作用，但负面影响也是不容忽视。在两岸经贸合作的认知上，台湾内部与两岸之间主要存在五大落差：

其一：两岸在经贸合作的政策目标上存在本质不同。一方面，地方政府是"招商引资"，发展地方经济，另一方面希望在经济上形成"你中有我、我中有你"，为最终走向统一奠定经济基础，创造条件。台湾方面的政策目标，国民党是期待大陆"输血台湾"，摆脱台湾经济发展困境，同时避免台湾经济边缘化，以参与区域经济合作。因为在全球化与大陆经济发展壮大形势下，台湾经济发展无法自外于大陆，只有通过密切两岸经济关系，实现和平发展，才能提升台湾经济竞争力，并以此作为"拒统"的筹码。而民进党的认知是，两岸经贸合作是"输血大陆、台湾失血"，其结果是两岸不仅走向经济上统一，而且最终走向政治上统一。

其二：两岸对经济合作效果期待的不同。大陆推动两岸经贸合作所期待的最终结果，是两岸经贸密切化，后形成中华大市场。而台湾方面，特别是马英九与国民党所期待的是两岸经贸合作是"政治归政治、经济归经济"的"政经分离"发展形态。

其三：蓝、绿政治人物对两岸经贸合作的认知不同。台湾蓝营政治人物及其支持者认识到两岸经贸合作是别无选择，大陆经济发展对台湾可能存在"威胁"，但更是机会，要努力将"机会最大化、危险最小化"。绿营政治人物及其支持者认为两岸经济合作是"倾中卖台"，即使"陆资入岛"也是在"抢占台湾民众资源"，"抢占台湾市场"，大陆经济发展对台湾只有"威胁"，至少是"威胁"大于"机会"。

其四：企业界人士与一般民众对两岸经贸合作的认知不同。企业界特别是大企业界人士与从两岸经贸合作中获得实际利益的中小企业界人士，认识到两岸经济合作是利之所在，是市场需求，是发展机遇。但台湾一般民众，特别是与大陆关联度不大的民众则认为，两岸经济合作是台湾经济"失血"，个人也失去工作，失去发展机会，特别是绿色选民对此的认知尤其强烈。

其五：台湾不同世代之间对两岸经贸合作的认知不同。30 岁以上的世代基于工作经历、阅历与个人承担家庭经济责任的需要，对两岸经贸合作大体尚能秉持理性与客观的看法，但 30 岁以下的年轻世代，由于是在李登辉与陈水扁等 20 余年"去中国化"教育下成长及个人阅历、经历所限，不少人对两岸经贸合作的认知相对幼稚与冲动，认为两岸经贸合作不是第一重要的，最重要的是"台湾主权"守护；两岸关系也不是最重要的，更非生活全部，第一位应该是"民主"的生活方式。认为两岸经贸合作导致了台湾经济的衰落与民众生活水平的下降，两岸关系因素对台湾社会与经济而言是负面因素。"太阳花运动"的"主轴是反对、质疑两岸经济的进一步一体化，希望透过设置层层障碍，减缓两岸经济整合的步伐"。[1]

3. 应充分估计到两岸社会之间存在的差异性。在两岸 30 余年交流中，两岸两个社会之间的差异在不断显现，无论是制度差异、思维差异还是社会心理差异，都是客观存在的。包括台湾社会普遍存在的"恐中""恐共"心理。由于发展道路不同，两岸社会间的这些差异甚至对立是客观存在的，如尽管台湾

---

[1] 社论：《太阳花没有改变台湾超稳定结构》，台湾《中国时报》，2014 年 9 月 27 日，A23 版。

经济高度依赖大陆，包括赴台游的大陆游客消费都已经成为台湾"最主要经济成长动能"，但民调显示："台湾民众对大陆的了解依然不足，甚至认为根本不需要了解大陆，七成民众希望严格限制大陆钱潮、人潮入台"。台湾民众的这样的社会心态，昭示着"两岸关系的进展缺乏社会心理层面的支撑"。[1] 从而包括大陆游客赴台湾游在内的两岸社会交往，应强化的是质的提升，而非仅仅是量的扩张，两岸交流中出现的各种负面现象应加以研究并设法克服，以务实地推动两岸经济、文化、教育、人员往来等各方面的进展。当然需要强调的是，两岸社会间存在差异并不可怕，可怕的是没有正视与面对这些差异。唯有正视这些差异，才能通过交流消弭差异。

4.两岸交流中需要坚持"一中"原则，但更需要实践"一中"原则。即不仅在两岸交流中要始终坚持一个中国原则，而且要在具体的工作实践中推进与落实一个中国原则。大陆应从具体的政策层面更多地体现"台湾人就是中国人"的"一中"原则，即给予来大陆的台湾同胞同等待遇。

第二节　民进党再度上台后两岸关系

2016 年 5 月 20 日，蔡英文正式就任台湾地区领导人后，两岸关系特别是民间交流交往依然持续前行，但以往的"大交流"局面却是呈现逐渐下降趋势，基本上是由过去 8 年"热交往"转向"冷和平"甚至出现向"新对抗"的演变趋势。台湾文化大学教授赵建民将之描绘成："两岸政治重回冲突，台湾经贸利得受损，外交危机——浮现，台海上空风云集结。"[2]

一、台海形势新变化——两岸关系在曲折中前行

1.两岸关系和平发展态势受到严峻挑战。5 月 20 日蔡英文正式上台后，

---

[1] 社评：《两岸关系 7 个社会心理矛盾》，台湾《旺报》，2013 年 8 月 8 日，C5 版。
[2] 赵建民：《蔡英文执政下的两岸关系》，《"520"后台海局势面面观学术研讨会》论文集，第 8 页，上海台湾研究所、复旦大学台湾研究中心主办，2016 年 10 月。

两岸关系和平发展的局面遭到严重破坏，发展前景充满挑战，"风不平、浪难静"。

其一：既有交流与合作机制被停摆。一是海协会与台湾海基会间的两会制度化协商机制被迫关闭。蔡英文上台后，台湾海基会直到 9 月 12 日才召开董监事会议，通过了田弘茂担任董事长等议案，当天给海协会发函。由于该函件根本没有提及任何"九二共识"的文字，从而两会协商的政治基础不复存在，协商被迫中断。二是两岸官方之间唯一的单一联系窗口——国台办与陆委会间的制度化联系沟通渠道也在 5 月 20 日被关闭。三是两岸"经合会"机制的停摆。四是"两岸热线"也被停摆。

其二：两岸间政治互信丧失。2008 年 5 月以来，由于两岸共同认同"九二共识"，两岸两会不断地进行协商，两岸公权力部门之间开始建立政治互信，最终达成习近平与马英九在新加坡的两岸领导人历史性会晤。但由于 2016 年 5 月 20 日上台的蔡英文当局始终坚持其顽固的"台独"立场，从而无论是在民进党与共产党之间，或者是蔡英文上台后的两岸公权力部门之间，政治互信基础荡然，且在民进党不断地推动"柔性台独"与"渐进台独"形势下，政治互信态势日形恶化。

其三：破坏两岸和平稳定的因素与风险在不断累积。2016 年"520"之后，由于两岸间缺乏必要的沟通渠道，一系列问题与事件发生，如"陆客火烧车"事件、"雄三导弹误射"事件、电信诈骗犯遭返纷争问题、蔡英文提名"两国论"的大法官等，成为引发两岸社会与民意对立、破坏两岸关系和平稳定的不确定因素。

其四：两岸之间在国际场域的争议加剧。包括：一是 2016 年 10 月在加拿大召开的第 39 届国际民航大会，"中华台北"最终并没有能如 2013 年第 38 届大会那样顺利与会。因为两岸关系和平发展是"中华台北"参与国际民航大会的前提，基本模式是"台方提出需求、通过两岸协商、个案解决"台湾地区参与国际组织活动。但民进党再度上台后，在事关两岸关系和平发展的"九二共识"的共同政治基础上，采取回避与拒不认同的立场与态度，这样造成了两岸关系和平发展局面受阻，台方要参与国际民航大会当然就无法通过两岸双方间的协商来达成共识、并给予解决了。2016 年 12 月 2 日蔡英文与特朗普"通话事件"，则是再次引发两岸"外交战"，12 月 20 日，台湾当局在非洲"邦交国"——圣多美和普林西比宣布与台湾当局"断交"，并在 26 日与中国正式复交。2017 年 5 月 22 日，第 40 届世界卫生大会，台湾方面也没有能够参加。之后一直没有能够参加。

二是民进党要为"中华台北"缺席国际民航大会承担责任。第 39 届国际民航大会于 2016 年 10 月 6 日在加拿大蒙特利尔召开，但"中华台北"最终没有能够如 2013 年第 38 届那样顺利与会。执政的民进党对此问题不是反躬自省，不反省为何马英九执政时台方可以参与，而民进党执政后为何不能参与？却是将责任归罪于大陆的打压。而实际的情况却是民进党自己把台方参与大会的路堵死了。2016 年 5 月后在台湾执政的民进党当局应该为"中华台北"缺席国际民航大会负最大的责任。这是因为，两岸关系和平发展是"中华台北"参与国际民航大会的前提，因为自 2008 年 5 月以来，由于两岸都认同"九二共识"，由此两岸关系告别陈水扁当政时期的紧张与僵持的高度危险阶段，进入和平发展的新阶段。两岸关系和平发展，增进了两岸之间政治互信，开启了"台方提出需求、通过两岸协商、个案解决国际参与"的台湾地区参与国际组织活动的路径，相继解决了参与世界卫生大会与国际民航大会等一系列过去难以解决的问题，特别是三年一度的国际民航大会，在经过两岸协商后，确立了台方以"中华台北民航局"名义、以"理事会主席特邀嘉宾"的身份参与大会的模式。这是一个双赢的局面，既满足了台方参与的需求，又符合国际民航组织和大会的章程。因此，2013 年台方能够参与第 38 届国际民航大会，首先是两岸关系和平发展的前提条件；其次是两岸双方有共同认同的"九二共识"的政治基础；再次是两岸通过协商达成共识。特别是"九二共识"被认定是台湾地区参与国际组织活动的"通关密钥"。但民进党当局拒绝认同"九二共识"使台方参与国际组织活动受阻。在事关两岸关系和平发展的"九二共识"的共同政治基础，民进党当局采取回避与拒不认同的立场与态度。这样不仅两会之间的事务性协商中断，而且两岸之间唯一的官方联系——国台办与陆委会之间的常态化联系沟通机制也停摆，"两岸热线"不通，造成了两岸关系和平发展的局面受阻。在这样的两岸关系和平发展都难以为继的局面下，台方要参与国际民航大会当然就无法通过两岸双方之间的协商来达成共识、给予解决了。因此，是民进党当局顽固的两岸政策让"中华台北"缺席于国际民航大会，且民进党寄望于美日帮忙当然是"越帮越忙"，为了参与国际民航大会，民进党不通过正常的渠道，即认同"九二共识"、发展两岸关系来为两岸协商、达成共识、台方参与创造条件，反而是一味地透过美国与日本来给中国政府施压，以此作为参与国际民航大会的通路。这实在是舍近求远、舍本求末。

2. 两岸关系在曲折中前行。尽管两岸关系尤其是两岸公权力部门之间的关系面临波折甚至冲击，但两岸民间与社会往来依然有所发展，主要在于：

其一：两岸各方面交流交往持续进行。包括：一是两岸文化交流持续进行，如"两岸文化发展论坛""两岸文化创意发展论坛"等顺利举办，"中国好声音"在台湾青年人中反响热烈。二是教育交流依然是两岸交流中重要层面与内容。三是青年、少年交流在蓬勃展开，各种形式"体验式交流""创业式基地"在各地展开。四是人员往来。尽管大陆游客赴台数量有所减少，2016全年依然有361万人次，比2015年减少近80万，访台游同比减少14.4%，呈现低潮，但台湾民众登陆参访、旅游等热潮依然不减，有573万人次，比上年增加30万人次，两岸民众社会交往依然且将始终是两岸关系持续进行的主流。五是"地方对地方"的两岸交流新形态登场。9月18日，台湾地区国民党籍与无党籍人士执政的八个县市，登陆寻求两岸地方间交流与合作途径，并在与国台办协商后达成了"八大结论"。

其二：两岸经贸合作继续展现蓬勃生命力。两岸经济交流与合作依然是两岸关系发展重要内容和重要基础，2016年两岸贸易额为1796亿美元，同比下降4.5%，占大陆对外贸易总额4.9%；两岸产业合作不断扩大与深化，大陆批准台资项目3517个，同比上升18.7%，实际使用台资19.6亿美元，同比上升27.7%，如果计算通过开曼群岛、英属维尔京等，多达36.2亿美元，显示台商投资大陆依然展现一定的发展势头，也昭示着两岸经贸交流与合作的潜力与生命力。

其三：沪台之间城市交流稳步前行。2016年8月22—23日，由上海市委常委沙海林以"市长代表"身份出席的上海与台北"双城论坛"在台北举行。"双城论坛"尽管是"地方对地方"的城市交流，不是"官方交流"，也不是两岸关系解冻，但论坛的持续举办，进一步推动上海与台北城市交流向更加精细、专业与市政方向发展，堪称两岸关系"寒冬里的一把火"。

其四："两岸和平发展论坛"顺利召开。2016年11月2日，由中国国民党和中国共产党以及两岸20个民间团体共同支持举办的"两岸和平发展论坛"在北京召开，与会代表近400人。论坛分政治、经济、文化、社会、青年等5个小组进行讨论。

3. "台独"与反"台独"成为两岸关系发展中主要矛盾。由于民进党当局拒不放弃"台独党纲"，没有认同"九二共识"，也没有回答"两岸同属一中"的两岸关系性质，而民进党又通过选举而在台湾地区全面执政，"台湾政权台独化"，使得"台独"直接成为两岸关系和平发展的主要威胁，从而，无论是"文化台独"、"教育台独"或者是未来可能的"释宪台独"，都在破坏两岸关系和平稳定，都在严重地伤害两岸关系发展的利基。为此，2016年3月5日习近平总书记强调："我们对台大政方针是明确的、一贯的，不会因台湾政局变化而改变。"习总书记讲话高屋建瓴，体现了大陆对台政策的"清晰性""连续性"与"一致性"，特别是反对"台独"立场的坚定性。同年7月1日，在庆祝中国共产党成立95周年大会上，习总书记再度指出：我们坚决反对"台独"分裂势力。对任何人、任何时候、以任何形式进行的分裂国家活动，13亿多中国人民、整个中华民族都决不会答应！

4. 国共平台发挥两岸关系前行的引领作用。2016年3月26日，洪秀柱当选中国国民党主席，习近平总书记贺电祝贺，当日洪秀柱复电表示："两岸同胞同属中华民族，期盼贵我两党能继续秉持'九二共识'，进一步强化互信，深化合作，积极推动各个交流平台的革新与创新，协力维持两岸和平稳定，共同为两岸同胞在互动交流与未来发展上，创造更多的利基与福祉。"①特别是，11月1日，习近平在北京会晤洪秀柱，这是自2005年起开始的国共两党高层机制性会晤。习总书记就两岸关系发展提出六点意见。这次会晤意义重大。一是习近平讲话为两岸关系发展指明正确的方向。习近平高度肯定了国共两党交流对于两岸关系发展的积极贡献；肯定了国共两党在2005年确立的"坚持'九二共识'、反对'台独'、谋求台海和平稳定"两党共同认知；肯定了2008年5月以来国共两党共同开启的两岸关系和平发展道路以及给两岸同胞带来的实实在在利益的积极贡献。习近平提出两岸是割舍不断的命运共同体。两岸民众是打断骨头连着筋的骨肉同胞，是一家人一家亲。习近平强调坚持体现一个中国原则的政治基础，是维护台海稳定、维护两岸关系和平发展的重要保障，也是两岸同胞的民意基础。确保国家团结不被分裂，维护中华民族根本利益，是全体中华儿女的共同的意志。展望未来，习近平提出国共两党对民族、对历史负责，坚定信心，勇于担当，牢牢把握两岸关系和平发展的正确方向，巩固"九二共识"的政治基础，坚决反对"台独"，持续推动两岸各领域的交流，不断增进两岸同胞的福祉和亲情。二是会晤有助于国民党保持正确的政治路线，进一步彰显了国民党比民进党更具有的两岸政策优势。国民党在两岸关系政策上所拥有的优势，是民进党所无法比拟的，十分重要。习近平与洪秀柱的会晤，等于是巩固与强化了国民党在两岸关系和平稳定上的重要地位与作用；进一步巩固国民党既有的坚持"九二共识"、反对"台独"政治立场。在民进党当局无法稳定两岸关系、未来两岸关系有可能"趋冷"甚至走向"对抗"的情况下，洪秀柱登陆的实现，实际上给了近来日益担忧两岸形势恶化的台湾民众以信心与希望。三是习近平与洪秀柱的会晤为未来两岸关系发展注入正能量。巩固了国共两党共同的政治基础——"九二共识"、反对"台独"。这个基础是过去8年两岸关系能够和平发展的重要政治基础，如今尽管国民党不再是台湾地区的执政党，但国民党依然是台湾地区最大的反对党。巩固国共之间共同的

---

① 人民日报电：《中共中央总书记习近平电贺洪秀柱当选中国国民党主席》，《人民日报》，2016年3月27日，第1版。

政治基础，对于两岸关系发展的启示作用不言而喻，也强化了国共两党既有政党交流平台，因为自 2005 年以来，国共两党开启与保持了政党交流机制，不仅持续推动两党高层定期的会晤，而且通过机制性的两岸经贸文化论坛、国共基层交流等多层面活动，密切双方之间的交流交往和了解理解，推进两岸不断向前发展。也将引领处于困难阶段的两岸关系继续前行，因为 2016 年 5 月 20 日民进党上台后，拒不承认"九二共识"，拒不认同"两岸同属一中"的两岸政治定位，舍弃两岸之间共同政治基础，从而使两岸关系面临严峻的挑战。不仅有助于两岸关系的稳定，而且将引领两岸关系前行，有助于两岸各方面交流，包括两岸经济交流与合作、文化交流与民间社会交流等。

二、蔡英文当局是两岸关系"趋冷"的责任方

表面上是台湾地区四年一次的周期性选举结果与政党轮替，导致了两岸关系"趋冷"局面出现，但实际上是主张"台独"的民进党上台，不仅造就了台湾政局重大演变，而且严重冲击两岸关系和平发展。因此，两岸关系"趋冷"的核心原因在蔡英文当局的"台独"政策。正如台湾学者所指出：蔡英文当局两岸政策目标不明确，"国际参与"已成为两岸对峙的新冲突地带，两岸"未来发展令人忧心"[1]。

1. 两岸关系出现"冷对抗"局面。由于两岸关系高度敏感，任何人都有可能是"扣动扳机之人"，一旦有任何风吹草动，两岸直接进入"对抗"阶段都不能排除。当然，这个"对抗"未必一定是军事上的对抗，也有可能是政治上甚至社会意识上的对立与对抗。总之，2016 年 5 月民进党再度上台后两岸关系进入了一个新的阶段，两岸关系进入"盘整期"：两岸公权力部门之间的单一联系窗口中止；两会协商谈判停摆；两岸之间对立、对抗层面上升或突出；两岸之间交流与合作层面下降；当然，两岸民间交往持续，包括经济、文化与社会交往还在进行甚至深化；民进党推动"柔性台独""文化台独"活动加剧，

---

① 赵建民：《蔡英文执政下的两岸关系》，《"520"后台海局势面面观学术研讨会》论文集，第7页，上海台湾研究所、复旦大学台湾研究中心合办，2016 年 10 月。

两岸官方之间的对立和摩擦不可避免。

2. 两岸"冷对抗"局面为何没有避免？这是由以下四方面原因所决定的：

其一：这是由民进党"台独"立场所决定的。民进党主张"台独"，不认为"台湾是中国的一部分"，而大陆又不可能答应"台湾不是中国的一部分"的诉求。这是双方之间无法调和的矛盾。

其二：这是由台湾周期性的选举结果所导致的。主张"台独"的民进党通过选举上台，政党轮替不仅造就了台湾政局的演变，而且影响到两岸关系的发展，因为民进党执政下两岸之间的主要矛盾就是"台独"与反"台独"的矛盾。

其三：这是由民进党的两岸政策目标所决定的。在两岸关系上，民进党当局"不求有功、但求无过"，缺乏发展两岸关系的意愿与动力，其政策目标是争取时间、巩固政权，维持两岸和平现状以打击国民党，"和平台独"。民进党甚至认为，即使两岸出现低度的动荡也无所谓。

其四：这是民进党对台湾内外形势的错误估计所决定的。民进党当局认为三大因素决定了大陆不可能对台"动武"：一是大陆有两个百年奋斗目标中的第一个百年奋斗目标要实现，要带领全国人民"奔小康"。因此，未来几年内大陆不会对台"动武"。二是解放军正在"军改"，尚未完成对台"动武"的准备。因此，无法对台"动武"。三是中美之间的对立面向在上升，合作面向在下降，因此，大陆不敢对台"动武"，台湾地区可以依靠美国的支持。其实，民进党的估计都是错误的，至少是不准确的，低估了中国共产党在维护国家主权与领土完整上的原则立场，低估了以习近平同志为核心的党中央反"台独"的决心与信心，低估了大陆对"九二共识"等原则立场的坚持，误以为不坚持"九二共识"也能让两岸关系和平发展，从而蔡英文当局在两岸关系政策上采取模糊表述，玩文字游戏，视严肃的政治问题如儿戏，这是两岸关系发展中危险之所在。

三、大陆对台政策引领两岸关系走向

1. 大陆对台政策具有稳定性与一致性。2016 年 3 月 5 日，习近平总书记在参加十二届人大四次会议上海团分组会上，表示将坚持"九二共识"、政治基础，继续推进两岸关系和平发展。

2. 大陆反对"台独"的立场具有坚定性。习近平反复强调"九二共识"政治基础在两岸关系中的核心地位，明确界定了两岸关系的性质，是确保两岸关系和平发展行稳致远的关键，突出了反对"台独"分裂行径的必要性，表示我们将坚决遏制任何形式的"台独"分裂行径，维护国家主权和领土完整，绝不让国家分裂的历史悲剧重演。这是全体中华儿女的共同心愿和坚定意志，也是对历史对人民的庄严承诺和责任。[①]2016 年 9 月 4 日习近平在会见美国总统奥巴马时表示："中国坚决维护国家主权和领土完整，坚决遏制任何形式的'台独'分裂行径，努力维护两岸关系和平发展，争取国家和平统一的前景。希望美方恪守一个中国政策和中美三个联合公报原则，以实际行动维护两岸关系和平发展和中美合作大局。"[②]2016 年 11 月 11 日，习近平在纪念孙中山先生诞辰 150 周年大会上再度指出："维护国家主权和领土完整，绝不容忍国家分裂的历史悲剧重演，是我们对历史和人民的庄严承诺。一切分裂国家的活动都必将遭到全体中国人民坚决反对。我们绝不允许任何人、任何组织、任何政党、在任何时候、以任何方式、把任何一块中国领土从中国分裂出去！"[③]这是大陆反"台独"立场的最强音。

3. 大陆推动两岸关系发展与统一目标的明确性。习近平指出，两岸关系和平发展成果需要两岸同胞共同维护，开创共同美好未来需要两岸同胞共同努

---

① 新华社北京 3 月 5 日电：《保持勇气锐气朝气，当好排头兵先行者》，《解放日报》，2016 年 3 月 6 日，第 2 版。

② 韩洁、黄筱：《习近平在西湖国宾馆会见奥巴马，中美合作可办许多大事》，《解放日报》，2016 年 9 月 4 日，第 1—3 版。

③ 新华社北京 11 月 11 日电，习近平：《在纪念孙中山先生诞辰 150 周年大会上习近平的讲话》，《解放日报》，2016 年 11 月 12 日，第 2 版。

力，实现中华民族伟大复兴需要两岸同胞携起手来干。[①]"实现祖国完全统一，是中华民族根本利益所在，也是全体中华儿女的共同愿望和神圣职责。"[②]

四、两岸关系前景端看民进党"台独"政策能否调整

台湾学者陈淞山认为："两岸关系目前是处于对立无解的冷和平政治僵局，双方主政当局因为各有坚持、但却还没有到真正撕破脸的敌对对抗情况。"[③]美国学者容安澜也曾认为，两岸关系面临的挑战大于机遇。因为大陆的立场非常明确：两岸关系和平发展需要蔡英文承认"九二共识"，且未来大陆不会放弃这样的立场；而蔡英文立场也非常明确：愿意通过若干政策行为证明她不会寻求"台独"，但是也不会按照一个中国原则办事，至少是不会直接公开接受一个中国原则。陈淞山同时也认为："两岸关系发展是民进党的政治软肋，虽然未必是民进党重返执政的政治罩门，但却是民进党执政后难以回避的政治课题，甚至是如何稳定执政、维系台海和平稳定的关键问题。"[④]因此，两岸关系未来发展前景端看民进党"台独"政策能否调整，"球"在蔡英文手上！

两岸关系发展前景，应该是"变数增多，局势难测"。"变数增多"是在于影响两岸关系外在的周边与国际因素存在变数，特别是特朗普上台后美国对亚太政策、对台海政策，都存在不确定性，从而存在变数。"局势难测"则是在于多重因素的综合影响下，两岸未来演变存在多重的可能发展走向，是"对立""对抗"还是"僵持"甚至"冲突"？难以预料。最终的发展结果，应该取决于两岸双方对形势的研判与所采取的政策举措及各方力量对比起伏。

---

① 新华社北京 3 月 5 日电：《保持勇气锐气朝气，当好排头兵先行者》，《解放日报》，2016 年 3 月 6 日，第 2 版。

② 新华社北京 11 月 11 日电，习近平：《在纪念孙中山先生诞辰 150 周年大会上习近平的讲话》，《解放日报》，2016 年 11 月 12 日，第 2 版。

③ 陈淞山：《蔡英文国庆演说的政治铺陈是善意还是敌意》，上海国际问题研究院、华东师范大学合办：《亚太格局新态势与两岸关系新前景学术研讨会》论文集，第 81 页，2016 年 10 月 28—30 日。

④ 陈淞山：《解套？——民进党两岸政策的时代挑战》，台湾幸福绿光公司，第 274 页，2016 年 10 月。

第三节　台湾政局演变对两岸关系影响

2020 年 1 月 11 日，台湾地区领导人与"立委"的"二合一"选举结果揭晓，蔡英文以 817 万票、57% 的得票率连任成功，民进党获得 61 席、在立法机构席次过半，再度实现全面执政。这不仅标志着民进党将继续主导未来 4 年台湾政治局势演变方向，而且预示着未来 4 年台海两岸关系和平发展前景堪忧，两岸关系何去何从？值得人们高度关注与警惕！

一、"二合一"选举严重冲击两岸关系

1. 蔡英文与民进党挑起两岸对立的竞选策略不断地恶化了两岸关系。2016 年 5 月 20 日蔡英文正式上台以来，顽固坚持其"台独"立场，始终拒不认同"九二共识"，"在两岸关系上，表面上声称'维持现状'，但实际上是采取了'抗中、反中、仇中'的战略，同时企图以民粹方式造成台式民族主义"[①]，不断挑起两岸之间的对立对抗。尤其是在 2018 年 11 月"九合一"选举中败选后，蔡英文当局通过恶化两岸关系来谋求个人与民进党政治私利。蔡英文为了连任，谋求在所谓"护主权"与"去主权"的蓝、绿"二元对立"中，确保执政权。为此，蔡英文当局确立 2020 年"二合一"竞选主轴就是在"亲美"还是"亲中"的"两分法"下，把自身描绘成"守护台湾主权""守护自由民主"的代表，而把国民党候选人韩国瑜"污名化"为"亲中"的代表，并利用香港"反修例风波"打压蓝营选情。从而 2019 年初以来，蔡英文与民进党当局推动了反"一国两制"、反大陆"红色渗透"、反大陆"假新闻"、"反送中"与"国安五法"的修订等一系列拉高两岸紧张与对立的政策举动，在台湾岛内形塑起"反中恐中"的社会氛围，最后在 12 月 31 日强势通过"反渗透法"，营

[①] 高永光：《2020 年台湾"总统大选"的两岸因素与美国因素》，《第六届两岸智库论坛——把握时代机遇、共谋和平发展》（论文集），第 198 页，中国社科院台湾研究所、全国台湾研究会等共同主办，2019 年 10 月。

造起令人生畏的"绿色恐怖"。正是因为蔡英文操作选举主轴为"抗中保台"，"今日香港、明日台湾"之说虽毫无根据，但"引起了不少台湾民众的共鸣"，一方面骗取了不少青年人的同情与支持，进而踊跃投票支持；另一方面是让香港问题"已经相当程度掩盖了民众对蔡英文政府施政失能的不满"①。正如选后有评论所指出："蔡英文及民进党能从九合一选举低迷行情中翻转而上，关键就在于反中、抗中的选战策略。"② 台湾《联合报》社论也指出："民进党过去三年多的执政弄得民怨四起却仍能保住政权，主要是操弄'亡国感'的'抗中保台'策略奏效，赢得了多数年轻选民的力挺，有效抵销了其他世代民众对蔡政府的不满。"③ "蔡英文这次把选举主轴拉高到'主权保卫战'，利用'亡国感'充分浸润了台湾年轻世代，而香港抗争者的年轻化更增加了本地青年的同情感，因而召唤出年轻族群的踊跃投票。"④ "民进党有效利用年轻人对主权意识与民主制度的力挺，催出青年选票的支持，让蔡英文能够反败为胜。"⑤ "年轻人返乡投票是最大关键。"⑥ 特别是蔡英文获得的选票高出民进党"立委"选票总和336万多，"比较合理的解释是不支持民进党的选民将票投给了蔡英文"⑦。但毫无疑问的是，和平发展的两岸关系、两岸交流、两岸民众的利益，则是成了蔡英文当局操弄两岸对立对抗的牺牲品，"两岸之间从政治的对立，逐步蔓延到两岸社会"⑧。特别要指出的是，蔡英文拉高两岸对立对抗的政治路线，首先是为了选举，为了个人的连任的私利，而就其影响而言，不仅是冲击了近期的两岸关系，而且从长远看，其拉高两岸对立对抗的政策行为中，无疑具有分离两

---

①　丁仁方：《香港"反修例运动"对"台湾大选"与两岸关系的冲击》，上海社科院台湾研究中心：《第十届两岸关系前瞻研讨会》（论文集），第10—11页，2019年9月27日。

②　陈朝平：《内斗新焦点，地方抗"中央"》，台湾《中国时报》，2020年1月12日，A18版。

③　社论：《蔡英文借"亡国感"取胜，但内政恐更形棘手》，台湾《联合报》，2020年1月12日，A2版。

④　社论：《蔡英文借"亡国感"取胜，但内政恐更形棘手》，台湾《联合报》，2020年1月12日，A2版。

⑤　琳敬殷：《陆港因素，拉大输赢差距》，台湾《联合报》，2020年1月12日，A3版。

⑥　邱师仪：《年轻选票的江山》，台湾《联合报》，2020年1月12日，A20版。

⑦　刘瑞华：《世代差异：一场反动的选举》，台湾《联合报》，2020年1月13日，A12版。

⑧　杨开煌：《对两岸变局的观察》，台湾《观察》月刊，2019年第9期，第16页。

岸、驱使两岸渐行渐远的"台独"目的，从而严重地深刻地冲击着两岸关系。

2. 决定与影响"二合一"选举结果的若干矛盾在持续地影响两岸关系。体现在这次台湾"二合一"选举中、并决定与影响选举结果的有以下五大矛盾：

其一：蓝绿矛盾。这是选举中的主要矛盾。以民进党与国民党为主的蓝绿两方围绕台湾地区执政权，展开了殊死的较量。国民党一方，期待借助 2018 年"九合一"地方选举大胜，"下架蔡英文"，结束民进党政权，实现第三度政党轮替，从而提出了"中华民国保卫战"的口号，民进党一方，则是要扭转"九合一"选举惨败的颓势，力保继续执政，提出了"本土政权（台湾主权）保卫战"口号。双方的争斗，不仅在决定行政权属谁的领导人选举，而且在决定立法机构谁能过半、至少在谁是第一大党。

其二：世代矛盾。即 39 岁以下年轻世代与 39 岁以上中年世代、老年世代之间在支持蔡英文还是韩国瑜问题上产生的不同立场之间的矛盾。这是这次台湾"二合一"选举中比较鲜明的一个矛盾，台湾媒体是这样描述的："这次选举过程中，社会上明显出现了'世代冲突'现象，不少家庭发生代际间的对立，即因抗中态度不同所致。"[1] 过去台湾选举中也的确存在统与"独"的矛盾，现在则是因为"抗中"还是"不抗中"的矛盾。由于蔡英文与民进党的对立性操作，"这次却扩及一般民众，让社会裂痕从政党对峙蔓延到世代对立，且情况一发不可收拾"[2]。其结果，因为"许多人认为此次的选举是世代之争，所以蔡英文的胜利也象征年轻人的胜利"，"这场选举的背后，充斥着人们对彼此的仇恨与谩骂。年轻人与老年人对彼此的愤怒，使这场选举变得非常黑暗，围绕的不是民主的多元，而是笼罩着分裂的社会"[3]。由此出现了"两个世界的台湾"[4]。虽然韩国瑜与国民党曾试图在选举中主打"庶民"与"权贵"矛盾，但

---

① 社论：《蔡英文借"亡国感"取胜，但内政恐更形棘手》，台湾《联合报》，2020 年 1 月 12 日，A2 版。

② 《黑白集：这些裂痕如何弭平》，台湾《联合报》，2020 年 1 月 12 日，A2 版。

③ 《顾正禧："260 万的距离：世代之争与分裂社会"》，台湾《联合报》，2020 年 1 月 15 日，A12 版。

④ 杨泰顺：《两个世界的台湾》，台湾《联合报》，2020 年 1 月 12 日，A20 版。

没有能够成功，被蔡英文与民进党所操作的"主权牌""安全牌"掩盖住了。

其三："反中（陆）抗中（陆）"与"友中（陆）和中（陆）"的矛盾。蔡英文与民进党当局主打"抗中（陆）保台牌"以此掩盖 4 年来执政无能、政绩不彰的弊端，挑起与拉高两岸间的对立与对抗，撩起年轻世代的热血冲动，以骗取年轻世代选票。韩国瑜与国民党则主张通过和平、发展、稳定两岸关系（即"和中""友中"）来为台湾发展与民众福祉争取最大安全与经济利益。这事实上是台湾社会中两条不同的路线之间的分歧，是如何正确面对大陆崛起的两种不同的应对主张。

其四：两岸矛盾。民进党是台湾地区的执政党，从而两岸之间的矛盾主要体现为民进党与共产党的矛盾。主要表现形式是"台独"与反"独"矛盾，本来两岸矛盾不应该在台湾选举中表现得如此明显，但因为蔡英文与民进党刻意操作"反中（陆）抗中（陆）牌"，污名化"九二共识"就是"一国两制"，挑起两岸矛盾中的促统与"反统"、促统与"拒统"的矛盾面向，把大陆当作"假想敌"，把选举中的对手——韩国瑜——污名化成为"中共代理人"，国民党则被描绘成为要求统一的一方，是"中共同路人"。

其五：中美矛盾。大陆曾多次强调并不介入台湾内部选举等事务，因此，中美矛盾本来不应该体现在台湾地区选举中，但是，由于美国不仅自身公开地、赤裸裸地、绵密地介入台湾地区选举，而且公开指责大陆介入台湾地区选举，使得台湾地区选举中不可避免地导入了中美矛盾。不得不指出的是，美国对于台湾地区的政治与社会的影响本来就非常大，日本学者小笠原欣幸曾经提出："美国通过'与台湾关系法'介入台湾的安全保障，因而对台湾具有很大的军事影响力。美国军售是台湾地区的生命线，如果美国停止向台湾出售武器，不再介入台湾的安全保障，台湾将陷入困境"[①]。特别是，随着"美中对抗的加深，有必要观察美国政界对'对中联合路线'的国民党与'对中采取警戒

---

① 　小笠原欣幸：《台湾"总统"选举的外部因素》，东京大学东洋文化研究所、上海国际问题研究院联合召开《第 10 届中日关系中的台湾问题学术研讨会论文集》，第 190 页，2019 年 7 月 29 日。

路线'的民进党是否贯彻其中立立场，或因其偏好而影响大选"[①]。事实上，人们都已经看到，美国方面早就不遗余力地公开支持蔡英文，甚至在民进党党内初选中都大力支持蔡英文出线、反对赖清德成为候选人，介入台湾地区选举。特别是在中国与美国的战略关系新变局下，美国将未来5年视为"遏制中国"的关键时期，不希望甚至担心2020年台湾地区产生"倾中"政权，取代"本土"政权，由此不断透过社群媒体、网络等对台湾民众施加影响。日本学者甚至认为"美国和中国的意见及影响力是'总统'大选的焦点"[②]。"2020年大选是初次迎接美中真正对抗的总统选举。"[③]美国五角大楼负责印太事务的美国助理国防部长薛瑞福（Randall Schriver）于2019年10月1日出席布鲁金斯学会举办的"全球中国：评估中国在世界成长的角色以及对美中战略竞争意涵"演讲会时透露，随着台湾地区选举临近，美方会做一些特定的事情，"帮助台湾维护民主，有公平、公正、免受胁迫的选举"，尤其是在网络方面。长远而言，美国将保持与台湾地区的"安全和经济伙伴关系"，保存台湾地区维持其独特地位的空间。近期美国在"安全"方面支持台湾地区的力度加大。除了对台大规模出售武器之外，还例行性地派军舰和军机穿行台湾海峡；美方高官出席台湾当局活动的频率和层次也提升。台湾学者杨开煌为此指出："外力，主要是美国霸权主义介入台湾政治的作为。美国的介入从以往的隐晦到现在的公然、公开，完全违背了行之百余年的国际原则。"[④]而蔡英文与民进党则是"顺坡上驴"，不仅将美国的支持视之为"护台"，而且看作、甚至将其操作为美国就是"支持蔡英文""支持民进党"，通过各种媒体、"美国在台协会"人员发言、学者评论等多种方式，在台湾社会民间散布与造就一个印象，即美支持民进党、支持蔡英文继续执政。美国的目的，本质上是"加强台湾影响，避免一个友中

---

① 小笠原欣幸：《台湾"总统"选举的外部因素》，东京大学东洋文化研究所、上海国际问题研究院联合召开《第10届中日关系中的台湾问题学术研讨会论文集》，第191页，2019年7月29日。

② 小笠原欣幸：《台湾"总统"选举的外部因素》，东京大学东洋文化研究所、上海国际问题研究院联合召开《第10届中日关系中的台湾问题学术研讨会论文集》，第192页，2019年7月29日。

③ 小笠原欣幸：《台湾"总统"选举的外部因素》，东京大学东洋文化研究所、上海国际问题研究院联合召开《第10届中日关系中的台湾问题学术研讨会论文集》，第194页，2019年7月29日。

④ 杨开煌：《对两岸变局的观察》，台湾《观察》月刊，2019年第9期，第16页。

的执政党出现是美国战略的需要"①。台湾学者赵春山称："中美针对台湾此次大选进行的角力，美国显然占了上风。"② 因为所谓"中美对抗"，"让蔡英文在这次选举中成为自由、民主的捍卫者，民进党成为中美对抗的受益者"③。

3. "二合一"选举中昭示出的若干政治现象并不利于两岸关系。主要可以从五方面来看：

其一：大陆被"一边倒"地"污名化"，成为台湾选举中最被"污名化"的一方。不仅这次选举是台湾历次选举中最为负面的一次，民进党运用政权机器全面"黑韩"，全面"抹红"韩国瑜，进而全面"污名化"大陆，尤其是运用香港"反修例风波"，全面地抹黑"一国两制"，大陆甚至成了选举中蔡英文与民进党的主要"假想敌"。

其二：台湾舆情"一边倒"地"挺蔡（蔡英文）黑韩（韩国瑜）"，也全面性地"污名化"两岸关系。不仅是台湾的平面媒体，如《自由时报》等，而且是网络上，更是"一边倒""扬蔡（蔡英文）贬韩（韩国瑜）"。《中国时报》为此称蔡英文与民进党是台湾90%媒体、90%网络的"当权者"，建立了党、政、警、检、法、媒"六位一体"的民进党领导体制，④ 此说应该不虚！这样"一边倒"倾向的媒体，如何指望其在选举中或选后能够客观公正地报导两岸关系？！

其三：台湾社会几乎"一边倒"地"亲美反中（陆）"。"亲美"在台湾社会属于"政治正确"，随着蔡英文连任，选后台湾社会中的"亲美"倾向还会呈现"加大化"趋势，特别是在民进党的操作下，选举中的台湾社会舆情是"一边倒"地反对"一国两制"、反对统一，"迷失了自我的台湾媒体"，作为第四权"已经被高度的政治化"，诸多的媒体人也成为"特定政治立场的倡议者"，不仅"强化社会的极化与对立"，⑤ 而且在进一步撕裂台湾社会与引发两岸之间

---

① 杨渡：《这不只是一场台湾的选举》，台湾《中国时报》，2020年1月12日，A18版。
② 赵春山：《因应两岸形势，发球权在谁之手》，台湾《联合报》，2020年1月13日，A13版。
③ 刘容生：《蔡韩之战："两国"、两岸、两代》，台湾《联合报》，2020年1月15日，A12版。
④ 社论：《莫让台湾民主登上失速列车》，台湾《中国时报》，2020年1月12日，A19版。
⑤ 游清鑫：《三大问题影响台湾未来》，台湾《联合报》，2020年1月12日，A20版。

的对立中发挥了极坏的作用。

其四：选举中盛行的民粹主义对两岸关系产生不小的负面影响。曾任台湾地区"监察院副院长"的苏永钦认为，1 月 11 日的投票，"实际上是两种民粹主义对决"，投票结果是"保护主权"的民粹主义彻底击溃"庶民经济"的民粹主义。他进而指出：如果说民主已被化约为选举，选举则化约为选票，可抽掉本来应该有的实质内容，就是民粹主义。特别是蔡英文与民进党在选举中煽动的民粹，更接近是组织一个"捍卫主权"的"十字军"，重点只在敌我意识凝聚。[1] 选举民粹主义对两岸关系的影响，在于使选后蔡英文当局两岸政策的回摆与调整事实上面临着她自身所设置的障碍，因为选举结果已经证明"台湾民众把护主权看得比拼经济重要"[2]，蔡英文当局很难调整两岸政策来推动两岸经济交流与合作，也就难以推动和平、稳定的两岸关系。

其五：选举造就的社会撕裂与乱象丛生，既冲击所标榜"民主自由"的选举文化，也难以在台湾内部形成发展与稳定两岸关系的共识。台湾政论者评论蔡英文强力操作"亡国感"，打着"防卫性民主"旗号，实际上却处处腐蚀了民主，更证明她对何谓民主其实根本是一知半解，民主只是她的虚假外形，威权才是她的真实血肉。如果说李登辉是"左手威权，右手民粹"，蔡英文是"民粹其外，威权其内"；李登辉的"左右"是统治策略，蔡英文的"内外"是统治本质。[3] "亡国感"容易贩售，但难以开花结果。[4] 当"乱"成为台湾社会常态，社会治理就更加困难；治理能力也更加弱化，而且在公共政策上分歧的扩大化，特别是在两岸政策上各方主张的南辕北辙，选后要寻求一个共识，谈何容易！包括选后台湾政局中客观存在的所谓"中央"与地方的矛盾，特别是民进党当局的"中央"与在地方执政的国民党籍县市长之间的矛盾，必然因为包括两岸关系在内的各种因素而加剧，"这样的内斗空转的情势，将延续到

---

① 苏永钦：《告别民粹、深化民主》，台湾《联合报》，2020 年 1 月 19 日，A12 版。
② 翁履中：《国民党打掉重练吧》，台湾《联合报》，2020 年 1 月 13 日，A13 版。
③ 王健壮：《台湾从此将进入威权民粹年代》，台湾《联合报》，2020 年 1 月 12 日，A20 版。
④ 社论：《蔡英文借"亡国感"取胜，但内政恐更形棘手》，台湾《联合报》，2020 年 1 月 12 日，A2 版。

2022 年的六都及县市议员选举"①。

二、民进党全面执政下的政局演变持续冲击两岸关系

蔡英文连任，预示着之后 4 年台湾政局的演变总体上将继续由民进党主导，且"政权台独化"有长期化趋势，国民党虽不至于崩解，但所面临的分化与弱化的危机不小，且始终存在，致使国民党的反"独"能力与意愿都不足，数量不断增长的青年族群可能被民进党进一步操作成"抗中（陆）保台"的筹码，巩固与扩大"不统、拒统、反统"的社会基础，深化拒绝"一国两制"的"台湾国家化"意识，进而深刻地影响两岸关系和平发展。

1. 民进党的"一党独大"与"全面执政"，且"政权台独化"呈现"长期化"趋势。应该说，"二合一"选举结果并没有根本改变台湾政党政治中的国民党与民进党的"两党博弈"、加上其他政党的"多党竞争"的基本格局与特征。如从得票率看，国、民两党社会支持基础相差不大，区域"立委"得票率，民进党 45.6%，国民党 40.57%，民进党只领先 5 个百分点，但因为是"单一选区制""赢者通吃"，民进党却是因此获得 46 席，国民党只有 22 席，相差多达 24 席；政党票"不分区"部分，民进党是 4811241 票、得票率 33.98%，国民党是 4722504 票、得票率 33.36%，两者更是相差无几，都获得 13 席。国、民两党"不分区"得票占 67%，其余 33% 选票投给"台湾民众党"与"时代力量"为主的第三势力。可见是"两党博弈"与"多党竞争"基本格局。但值得注意的是，这次是在民进党"一党主导"下的"两党博弈"与"多党竞争"，原因在：一是民进党不仅在"立院"席次大大过半，而且掌握着行政权，形成"朝大野小"的民进党"全面执政"局面。二是国民党并不擅长于充当称职的在野党，即使已失去政权，其心态甚至还是执政党心态，缺乏类似民进党作为在野党时候那样进行"野蛮制衡"的干劲与拼劲。三是新登上台湾政治舞台的"台湾民众党"及其"立院"党团成员，既无政治经验，也缺乏在"立院"运

---

① 陈朝平：《内斗新焦点，地方抗"中央"》，台湾《中国时报》，2020 年 1 月 12 日，A18 版。

作的体会，应是难有制衡力道。四是"时代力量"自成立以来一贯作为民进党的侧翼，加上人数偏少，难以对民进党形成有力制衡。五是民进党的执政风格不是表面上的"谦卑、谦卑、再谦卑"，而是"野蛮、野蛮、还野蛮"。这样，就会如同台湾媒体所评论："台湾的选举政治可能还在，民主政治却走向崩坏和消亡！台独民粹与绿色专制正杂糅成一具具可怕的怪胎，把台湾推向一条不归路。"①

2. 国民党惨败后整合与团结比较困难，且面临分化与弱化危机，制衡"台独"政权"能力短缺化"，至少在短期内难以对民进党的"台独"言行形成强有力的制约。短短一年多时间，国民党在 2018 年"九合一"选举中大败民进党的气势，因为种种原因就被消失殆尽，台湾《联合报》评论认为国民党输在"师心自用的领导人、陈腐的大佬文化、被压抑的中壮世代、逾期失效的政治论述、庸懦当道的用人，对社会脉动的疏离"②。事实上，团结的国民党未必在选举中一定能赢，何况国民党与泛蓝阵营的团结与整合一直都存在问题。"九合一"大胜后，局势对国民党东山再起有利，但正是因为重新执政有望，从党主席吴敦义到前"立法院长"王金平、新北市前市长朱立伦到重新获得国民党党员身份的郭台铭，都有意愿出马竞选 2020 年。国民党内部整合不力与不断延续的初选纷争，不仅消耗合力，而且蹉跎岁月，等到韩国瑜初选出线后，又面临郭台铭"愿赌不服输"的纷争，最终郭台铭虽弃选，也不代表国民党与泛蓝阵营就此整合成功，包括亲民党主席宋楚瑜的参选，并不在于最终分走多少选票，而是整合的气势被破坏了。台湾政治评论人士黄年因此认为："韩国瑜对内主要败于王金平及郭台铭的窝里反。"③

由于韩国瑜的草根性特质、个人道德形象问题，加之国民党缺乏党魂与不团结的基因，甚至连表面上的团结都没有，导致支持群中"精英蓝"与"知识蓝"及中间选民根本没有回归投票，这从韩国瑜在"精英蓝"与"知识蓝"及

---

① 社论：《莫让台湾民主登上失速列车》，台湾《中国时报》，2020 年 1 月 12 日，A19 版。

② 社论：《没有生根及成长欲望的国民党如何再起》，台湾《联合报》，2020 年 1 月 13 日，A2 版。

③ 黄年：《大选对两岸关系的启示》，台湾《联合报》，2020 年 1 月 12 日，A19 版。

中间选民占多数比例的台北市与新北市的得票大输可见一斑。"知识蓝未完全归队，中间选民很显然也没埋单"，"最后中间选民的确觉得芒果干比较重要"。[①]当然，韩国瑜的败选，"并不代表韩国瑜庶民路线的失败，民众对民进党执政的不满也并没有消失，只是'讨厌民进党'最终仍不敌'亡国感'"[②]。

吴敦义因"二合一"败选辞去党主席后，国民党面临领导中心的重组、中壮世代挑战老一代领导、草根阶层对决精英阶层、本土政治精英挑战传统政治精英及各方两岸政策上不同路线的纷争等矛盾，特别是国民党将继续面临被民进党持续追杀与分化、甚至裂解的严重危机！当然，危机往往也是转机，败选可能让国民党世代交替提前进行，真正进行浴火重生，而国民党重生，只能主要依靠国民党，"只有国民党革新自救，彻头彻尾改变形象与战斗力才行"[③]。

3. 台湾社会主流意识"台独有理化"与"统一有罪化"趋向将影响两岸关系。在李登辉、陈水扁、蔡英文等"台独"人物主政下，"台湾国家化"意识甚至"台独"意识日益成为社会教育主流的内涵，加上"台独政权"对于统派人物与统一主张的清剿，"台独"法西斯盛行，导致台湾社会统一市场的萎缩，由过去"两蒋时代""统一有理、台独有罪"的社会氛围，演变到如今"有主张'台独'的自由"甚至"有推动'台独'的自由"，却无"主张统一的自由"，未来很可能出现"台独有理、统一有罪"的不当现象。蔡英文当局如果坚持蓄意打击统派，不仅伤害台湾社会的民主自由，而且必然伤害两岸关系。

三、蔡英文连任后两岸关系发展前景更不乐观

尽管学术界的分析对于蔡英文连任后两岸政策走向存在一定的分歧，甚至有人寄望蔡英文在第一任不肯做、难以缓和两岸关系的政策，在连任后可以做，希望蔡英文调整过去四年的两岸政策，向中间靠拢，向大陆靠拢，向两岸关系和平发展靠拢。但实际上，蔡英文的连任，不仅使两岸间既有的僵持局面

---

① 邱师仪：《年轻选票的江山》，台湾《联合报》，2020 年 1 月 12 日，A20 版。
② 陈洛薇、刘宛琳：《韩吞败，输在绿 2 助选员》，台湾《联合报》，2020 年 1 月 12 日，A2 版。
③ 社论：《没有生根及成长欲望的国民党如何再起》，台湾《联合报》，2020 年 1 月 13 日，A2版。

与紧张状态难以消除，而且甚至可能会使两岸关系进一步恶化。2020 年及未来 4 年台海形势虽然总体应该可控，但出现局部恶化的可能性不小。事实上，蔡英文连任后两岸政治对抗的氛围已经比较浓厚，如台湾《联合报》社论所指出："经过持续的抗中操作后，两岸冷对抗的情势更为险峻。"① 应该说，台海面临的风险与挑战将比往年更加凶险，未来走向甚至可能出现超过 2007—2008 年的"高危期"。主因在：

1. 蔡英文当局两岸政治路线的进一步"强硬化"。"二合一"选举过程中，蔡英文"俨然成为能够守望台湾、护卫民主价值的信赖人物"②。蔡英文的高票连任，似乎"证明她打了一年多的反中抗中恐惧牌，确实打动了多数民心"③。虽然有识之士都知晓蔡英文只是"赢在仇中反中的民间情绪，而绝非赢在其两岸政策的正确，亦非胜在其民主、法治、经济等治理绩效"④。但蔡英文与民进党阵营到底是如何解读她的连任成功原因呢？胜选后蔡英文要求大陆对台政策向她靠拢与妥协等说辞及其表现，应该是已经昭示了她内心的真实想法。因为蔡英文"从胜选感言到国际媒体专访"，在"不断用两个关键词解释选举结果的意义：主权和民主"，而"整个选举只有一个主旋律，就是高亢到'芒果干'，用来进行恐惧动员的主权牌"。⑤ 蔡英文之所以在连任后如此肆意妄为，其中原因主要有：一是蔡英文个人的"理念型台独"主张使然。虽然过去 4 年蔡英文并没有把"台独"理念挂在嘴上，也不像陈水扁那样地高喊"台独"口号，但她却是通过手中掌握的执政权与"立法权"，潜移默化贯彻在了各项政策举措中，搞"台独"是"只做不说"。到了第二任期内，蔡英文已没有选举连任压力，可能进一步实施其"理念台独"，为了"历史定位"而放手一搏。二是蔡英文对于她胜选原因的误判，甚至已将胜选误判为台湾社会多数民意支持她 4 年来两岸政策路线，受到胜选连任的鼓舞，进而认为她代表了台湾多数民意，

---

① 社论：《勿用主权掩盖新威权，窒息台湾民主》，台湾《联合报》，2020 年 1 月 22 日，A2 版。
② 王尚智：《成也韩国瑜，败也韩国瑜》，台湾《中国时报》，2020 年 1 月 12 日，A18 版。
③ 王健壮：《台湾从此将进入威权民粹年代》，台湾《联合报》，2020 年 1 月 12 日，A20 版。
④ 黄年：《"大选"对两岸关系的启示》，台湾《联合报》，2020 年 1 月 12 日，A19 版。
⑤ 社论：《勿用主权掩盖新威权，窒息台湾民主》，台湾《联合报》，2020 年 1 月 22 日，A2 版。

可以在"高民意支持"的幌子下，继续推动"台独"路线甚至是"激进台独"路线。三是"独派"势力成为蔡英文重要的社会支持基础。包括蔡英文的副手赖清德都自认其自身是"台独工作者"，是极端"独派"。在"独派"支持下，蔡英文当局会不会误判形势、铤而走险？四是支持蔡英文连任的不少青年人所倾向的"不统""拒统"与"反统"，可能被蔡英文当局理解为支持她的"天然独"，从而继续排斥"九二共识"，甚至持续踏上对抗大陆的不归路。在两岸政策上开展"抗陆脱钩""实质台独"应该是大概率事件，两岸交流将持续被严格管控，持续推动"台独"政策的落实与深化，甚至不排除走向"急独"、挑战大陆底线。有台湾评论者就担忧"民进党的大胜将会增强新政府对反中抗中策略的信心，沿用过往反中亲美的对外政策"[①]。

2. 蔡英文当局两岸政策路线的进一步"台独化"。2020年及之后蔡英文当局两岸政策上主要动向可能在：一是公开以"一边一国"定位两岸。选举前后，蔡英文已不止一次地称呼大陆为"中国"，不再是以往的"中国大陆""大陆"或"对岸""中共"，自称"台湾"或"我们的国家——中华民国台湾"。二是以"守护台湾主权"为名对抗大陆、"以武拒统"、"以武谋独"。不仅在选举中主打"反中牌"，而且在2020年1月11日投票晚上记者会上，蔡英文就公开表示连任后依然强调"继续加强国家安全的作为，守护我们的主权"，声称："台湾人民用选票，选择让民主进步党继续执政，并且维持国会的多数。这样的结果代表，在过去四年，执政团队和立法院党团，正走在正确的方向上。"因而可以预料，未来4年蔡英文都将以大陆为对抗对象，"以武拒统"甚至"以武谋独"。她提出了"持续强化民主防卫机制，并且建立足以保卫台海安全的国防力量"，以此作为"投靠美国"的资本与筹码。三是以"反渗透"为名谋求"两岸脱钩"。"反渗透法"的"立法"，不仅有助于民进党选举，而且严重管控与影响两岸交流，台湾媒体称：其影响之恶劣难以估计，"形同将两岸关系的发展阶段，直接推回戒严时期"，这部法案若真的拿来毫无节制

[①]　陈朝平：《内斗新焦点，地方抗"中央"》，台湾《中国时报》，2020年1月12日，A18版。

地推行下去，两岸互动将萎缩到无以复加的地步，形同在台湾筑起一道新的天堑。① 而这正是民进党所追求的"两岸脱钩"目标。四是以"'中华民国台湾'是国际社会不可或缺的一员"身份对美"一边倒"，并谋求在"印太战略"中角色。基于回馈美方在"大选"中的力挺与抗衡大陆的需要，对美"一边倒"是蔡英文当局的必然选择，主动成为筹码、充当美遏制大陆"急先锋"，不断提升台美政治、经济、军事与"安全"关系。五是蔡英文当局伙同"独派"势力推动"类法理台独"活动。蔡英文连任对"台独"势力是一个巨大鼓舞，之后不排除由"台独"势力挑头、蔡英文当局幕后支持来推动"类法理台独"的各种可能举动，蓄意踩踏与挑衅大陆对台政策底线。

3.国民党制衡与反对"台独"政策立场与能力的"空心化"。挑战蔡英文失利后，党主席吴敦义辞职，国民党内部势必出现新一轮围绕党主席职位的权力斗争，内斗、分裂、分化与弱化也将是大概率事件，不仅无力抗衡民进党的"台独"路线与政策，而且可能失去制衡民进党推动"台独"政策的意愿，因为事实上，国民党内部自身也面临着不同的路线斗争。选后，已经有若干人士将国民党的败选归咎于两岸政策路线的失败，甚至归咎于因为坚持了"九二共识"而不如民进党"爱台湾"，提出"走蔡英文路线"的错误主张，归咎于"中国国民党"的名称，再度提出改名"台湾国民党"，至少是去掉"中国"两字，只叫"国民党"。值得肯定的是，国民党内也有诸多如萧旭岑所强调的主张："国民党的价值，是比民进党更明确坚定的'中华民国派'，更中道、更包容，在国家路线上更均衡，更能同时维持美国、日本、大陆的关系，这是国民党不能抛弃的价值与路线。即使年轻人一时接受了蔡英文的恶意操作，那不代表未来国民党没有重新说服年轻人的可能性。""九二共识"是"摇篮"，"保护着里头的婴儿（中华民国）。如今只因为蔡英文对这个摇篮泼脏水、抹污泥，我们就要丢弃这个摇篮，连里头的婴儿也丢弃了吗？"② 无论如何，当国民党内部各方忙于两岸政治路线纷争的情况下，对于蔡英文与民进党当局"台独"

① 社论：《一觉醒来，蔡英文把台湾带回新戒严》，台湾《职合报》，2020年1月1日，A2版。
② 萧旭岑：《国民党不能输掉价值》，台湾《联合报》，2020年1月15日，A13版。

政策的制衡力道显然是不足的。

4. 美国特朗普政府利用蔡英文当局"台独牌"的"极大化"。在美国全面遏制中国发展的战略大背景下，美国的"台湾牌"几乎是无本买卖，打"台湾牌"的力度只会提升，不会停歇。美国力挺蔡英文连任后，甚至可能持续地要求蔡英文在一系列问题上"选边站队"，包括可能进行的中美之间的科技战、网络战、金融战等领域中选边，包括南海问题上，美方可能要求蔡英文当局全面地配合美国的南海政策，包括支持"航行自由""飞越自由"等，甚至要求台湾地区军队与美军在南海联合军演、美军提出运用太平岛作为对抗解放军在南海的军事行动等。特别是，特朗普政府的"台湾牌"与蔡英文当局主动投靠美国所挥舞"美国牌"，两张"牌"的互相拉抬，再加上特朗普政府内官员理性声音下降、对台湾问题在中美关系中敏感性认知不足，从而使得台湾问题存在失控可能性。

当然，需要指出的是，未来几年大陆自身大事与喜事特别多，如果蔡英文当局与"台独"势力由此认为这是"台独"的机会，有机可乘，认为大陆无暇他顾而在"台独"道路上越走越远，铤而走险，那么"急独"可能就是"急统"！因为在蔡英文当局的"台独"冒进与美国不断支持"台独"驱动下，中国政府就将不得已地采取非常的手段来遏制与打击"台独"分裂活动，以捍卫国家主权与领土完整，届时，两岸关系可能又是另外一番景象了。

第四节　新冠疫情暴发后两岸关系

2020 年年初新冠肺炎疫情的突然爆发，严重冲击着台海两岸关系。随着 5 月 20 日蔡英文连任后"就职演说"基调的确立，正式宣告两岸关系步入了"依旧徘徊""僵持难解"的阶段，甚至不排除台海两岸关系出现局部的冲突与严重的对抗情势。

一、新冠疫情严重冲击两岸关系

由于蔡英文与民进党当局在台湾地区"二合一"选举中操作"抗陆保台"策略的惯性使然与蔡英文当局借助突然爆发的新冠疫情持续操作"亲美抗陆"的政策，台海两岸关系备受冲击与影响，基本上呈现了"全方位"与"全面性"的被冲击与影响的态势。

1. 新冠疫情加剧了原先就紧张与僵持的两岸政治关系。疫情对台海两岸关系来说，本来应该是一个可以合作、应该合作、能够合作的契机，也是开展两岸之间沟通的窗口，但胜选连任后的蔡英文当局却是志得意满，借疫情继续操作"抗陆保台"牌，置两岸沟通的良好时机于不顾，高调挑衅大陆，恶化两岸关系，从而加速与加剧了两岸政治关系的对立对抗情势。特别是防范与管控新冠疫情需要采取"物理性质"的"隔离"与"隔绝"的基本做法，这就为蔡当局继续推动两岸之间的对立对抗提供了契机，进而大肆推动两岸交流中的"去频繁化"与"去密切化"、两岸经济合作中的"去依赖化"与两岸社会交往的"去融合化"，在两岸社会与民众之间构筑起隔阂与心理的高墙，在台湾社会推动实现"你是你、我是我"、两岸不是一家亲、"两岸是两家人"的基本认知，推动"两岸脱钩化"，搞"政治防疫"，甚至置世界卫生组织所定义"新冠肺炎"名称于不用，公开称"武汉肺炎""中国肺炎"，即使在所谓"台美抗疫联合声明"中也是称"源自中国武汉的新冠肺炎病毒"，企图以此挑起台湾民意对大陆的恶感。正如台湾媒体所言："在防疫之余，当局却多了政治算计与民粹谋略"，包括苏贞昌为首的行政团队秉持"政治凌驾专业"的思维进行防疫，以致两岸双方对于在湖北的台胞如何返台问题上都产生纷争。

2. 新冠疫情加深了两岸民意间严重的对抗与民心的疏离。"二合一"选举中被民进党挑起的"反陆抗陆"的台湾民粹主义浪潮，搭配着防疫抗疫中台湾不少民众自保心态的膨胀，视大陆为"威胁"的社会心理弥漫着整个台湾社会，且通过网络进行传播，成为台湾新的"主流民意"与"政治正确"。台湾社会肆意的民粹主义，高度民粹化、恶质化倾向，对两岸关系的伤害实际上远比新冠病毒更可怕，由此也引发大陆社会民意的反感，两岸社会民意严重撕裂，民间互信荡然，且敌意的加深一直呈恶性螺旋上升之势。应该指出的是，两岸民心愈发拉远是疫情对两岸关系的最大伤害。

3. 新冠疫情冲击两岸交流与两岸经济合作既有型态。新冠疫情，不仅使两岸交流数量锐减，几近停滞，何时能恢复尚未可知，而且改变了以往"面对面""你来我往"的两岸之间人与人的基本交流型态；新冠疫情，不仅影响在大陆投资的台商订单，冲击两岸经济合作深化，而且可能冲击两岸产业分工态势，甚至重组两岸产业链，影响两岸经济交流至巨至深。

4. 蔡英文当局借助疫情加紧投靠美国并恶化两岸关系。在蔡英文当局"投靠美国、抗衡大陆"的政策下，疫情成为：一是台美"合作"的"抓手"与提升关系的"催化剂"。3 月 18 日，由台湾外事部门负责人吴钊燮与"美国在台协会台北办事处长"郦英杰签署的"台美防疫伙伴关系联合声明"，是以"共同合作对抗新型冠状病毒肺炎"为名开展的台美关系的"再升级"，且是以"政府对半政府"名义开展。二是成为蔡英文当局在国际社会挑战"一中"政策的"探路石"。蔡英文声称除了与美国合作外，正寻求与其他国家在防疫上继续合作与交流。三是"口罩外交"成为蔡英文当局推动对外交往的主要手段。正如有评论所指出："民进党政府一连串的'防疫外交'与'口罩外交'，背后充满了政治意图。企图在国际间形塑台湾抗疫成功，有意愿、有能力协助世界对抗疫病的正面形象，目的不外乎争取各国支持台湾参与世卫组织。可是永远美丽的面具，并不能骗取世卫门票。"[①]

二、蔡英文"连任演说"没有打开两岸僵局之门

1. 蔡英文"520 演说"的"四个没有"与"两个有"。2020 年 5 月 20 日，不出各方预料，蔡英文连任"就职演说"虽然没有公开地大肆挑衅大陆，却是也没有提出改善原本就紧张与僵持的两岸关系的"良方"。两岸关系将继续在

---

① 徐勉生（台湾退休"大使"）：《口罩无法换世卫大会门票》，台湾《中国时报》，2020 年 4 月 8 日，A15 版。

动荡与颠簸中蹒跚前行。

其一：四个"没有"。包括：一是"没有完成答卷"。对于 4 年前蔡英文的"就职演说"，大陆的定性是"一份没有完成的答卷"；4 年后的连任"演说"这一份答卷，不仅依然没有完成，而且还有所退步，不仅依然没有认同"九二共识"，拒不承认"一中"原则，而且连过去还提及的"九二会谈的历史事实与精神"这样的表述都不再提及。显示其依然是一份"没有完成的答卷"。二是"没有新意创意"。蔡英文连任"演说"提出要稳定与发展两岸关系，但对于如何来稳定与发展两岸关系，却是以"共同责任论"来卸职。声称："两岸关系正处于历史的转折点，双方都有责任，谋求长远相处之道，避免对立与分歧的扩大。在变局之中，我会坚守原则，并秉持解决问题的开放态度，负起责任，也期盼对岸领导人，能承担起相对的责任，共同稳定两岸关系的长远发展。"所谓"共同责任论"当然是推卸责任的说辞。三是"没有善意诚意"。蔡英文连任"演说"的基调，尽管在字面上不做公开的挑衅性表述，却是也未见多少带有善意诚意的改善和发展两岸关系的政策主张，甚至刻意减少论及两岸关系的篇幅。四是"没有意外之言"。即蔡英文连任"演说"没有出现如"演说"前不少人所预言的可能会进一步挑衅大陆、攻击大陆的言辞。

其二："两个有"。是指：一是"埋有伏笔"。蔡英文连任"演说"正式提出了"修宪"的问题，称"未来四年，除了国家建设的工程，政府体制的优化，也非常重要。立法院即将成立修宪委员会，提供一个平台，让攸关政府制度，以及人民权利的各项宪政体制改革议题，能够被充分对话、形成共识。"表面上只是要"借由这个民主过程，宪政体制将更能够与时俱进，契合台湾社会的价值。而朝野都有共识的 18 岁公民权，更应该优先来推动"。但是否就只是 18 岁公民权的问题，只有蔡英文自己最清楚。且一旦打开"修宪"大门，是否是蔡英文个人所能够把控住局面？真的是不会涉及两岸关系定位？事实上没有人能够做保证。二是蔡英文连任"演说"的言辞相对和缓，如称"对岸领导人"等，不能说没有欺骗性！而最主要的，不仅是看蔡英文怎么说，而且需要看蔡英文与民进党当局将怎么做?

2.蔡英文"连任演说"的两岸政策基调。主要是:

其一:既释放"愿意和缓两岸"信号,又确保"主权立场绝不放弃"。既要释放"愿意和缓两岸"信号,又须坚持民进党与蔡英文一贯坚持的"主权立场绝不妥协"的基本立场。之所以秉持这双重面向,主要是两个"基于":一是基于蔡英文当局未来4年施政顺利、需要"稳定两岸"的考量;二是基于蔡英文过去4年所强调"维持两岸现状"承诺的考量。特别是蔡英文当局评估认为目前大陆也有"稳定两岸"政策目标的需求与表现,如在中美战略矛盾上升情况下,大陆没有再跟蔡英文当局树敌到底、决不调整过去4年强硬政策的必要;在全球爆发新冠疫情情势下,大陆经济面临发展动力不足难题,没有在两岸经贸上再对台商、台湾"下手打击"的必要;湖北台胞得以在双方各退一步情况下,二度包机成功,也昭示大陆内部存在理性声音与力量;大陆媒体近期大力批评苏贞昌、但没有批评蔡英文"区别性做法",也说明大陆应该是看到了民进党内部在两岸政策上存在着不同的意见,因此大陆对台政策似乎存在一定的、愿意跟蔡英文打交道的空间与弹性。

其二:既重申"中华民国台湾"的自我政治定位,但对具体内涵没有做详细阐述。蔡英文在"演说"中再度重申"中华民国台湾"的自我政治定位。应该是未来4年蔡英文当局自我的政治定位,而且这6个字就光谱而言,在"台湾共和国"与"中华民国宪法"概念下的"中华民国"这两分法之间,属于稍微偏向"台湾共和国"一边,尽管表面上是有"中华民国"这4个字,但总体上还是属于"台独"一边的。之所以不对"中华民国台湾"具体内涵做系统阐述,保持模糊性,可能是要避免既受到"独派"与大陆两方的同时批评。

3.两岸和平需要诚意和实际行动来追寻和维系,但蔡英文上台以来一直是"言行不一"。蔡英文在"连任演说"中再次强调"对等、和平、民主、对话"这八字来敷衍了事,也提出处理两岸关系的"目标是维持台海的和平稳定"。但通读全篇"演说",却是找不出"演说"所强调的要实现两岸和平的"钥匙":一是在于"演说"对于维系两岸和平至关重要的"九二共识"采取了"不置一词"的态度，故意忽视不提。二是"演说"虽然强调两岸"和平"的重要性，但却是丝毫没有提出推动两岸和平的任何举措，对于如何来维持和推动两岸关系的和平稳定，没有给出任何答案。三是"演说"自我标榜为"秉持解决问题的开放态度，负起责任"，甚至"期盼"两岸"共同稳定两岸关系的长远发展"，这样就把自 2016 年蔡英文上台以来因为不认同"九二共识"、破坏两岸关系和平发展的责任，转嫁到大陆方面。四是尽管"演说"高喊两岸"和平"，但同时，人们观察到，台方军队却是在"520"前后连续进行 3 天军事演习，意向为何？一目了然。五是自 2016 年 5 月蔡英文首度上台以来，不止一次地声称"维持现状"、追求两岸"和平"，但迄今，"两岸现状"是否被维持了？两岸"和平"的良好局面却是被民进党当局破坏了，即使是在新冠疫情肆虐下，蔡当局也依然不忘挑起两岸对立与对抗、恶化两岸关系。总之，追求两岸"和平"不能只停留在口头的宣示上，而是要拿出实际的行动，体现在具体的两岸政策举措上。

4."520"后两岸关系恐怕是难以好起来。原因在于：一是两岸之间根本没有政治互信的积累，反而是恶性的循环，包括新冠疫情对于两岸关系的负面影响。二是蔡英文与民进党当局并没有多少改善与稳定两岸关系意愿，反而是忙碌于发展台湾地区与美国的关系。三是"独派"对于民进党当局两岸政策的牵制力道依然不小。四是台湾社会民粹主义的影响依然盛行。四是美国因素。特朗普政府的"台湾牌"应该至少是在美国大选投票前难以停歇。五是蔡英文当局已经、并将继续借香港国安立法活动持续地恶化两岸关系，"台独"与"港独"一直在密谋"合流"。六是蔡英文个人"理念台独"因素使然。蔡英文要把台湾变成"国家"的思维，希望深植在台湾人民，尤其是年轻世代中，让心灵上跟实体上与统一拉远距离。蔡英文所提出的"中华民国台湾"，连任"演说"所昭示的运用 70 年来的表述语叙事，其实质就是确定"台彭金马"——"中华民国台湾"，是有别于大陆，是一个"主权独立的国家"。

三、美国与台湾当局关系的提升冲击两岸关系

新冠肺炎疫情暴发以来，美国与台湾当局的互动再次呈现出新的升级态势，美台关系正在以"小步快走"的方式，走向"实质性突破"的潜在情景。一方面，美国通过国会立法的形式，寻求逐步"掏空"中美之间的三个联合公报。另一方面，蔡英文当局所谓"新南向政策"与美国"印太战略"的对接，确立了美台双方在亚太地区战略全面协调的态势。蔡英文当局搞所谓"新南向政策"，虽然本意有提升台湾经济发展的多元化和拓展对外经济的格局，但其整体效果不佳。而自从美国加大推进落实"印太战略"之后，美台围绕这一问题的战略协调显著加强。一方面，民进党当局主动对美国"贴靠"，图谋搭上美国"印太战略"来实现其"南向"突破。2017年12月，蔡英文声称台湾是"自由开放的印太战略的相关者"。另一方面，美国也寻求将台湾地区拉上"印太战略"战车，以发挥其最大程度遏制中国的功效。出于这一目的，美国国会在2018年底通过《亚洲再保证法》，将台湾地区纳入美国"印太战略"范畴。美国国防部2019年6月公布《印太战略报告》，将台湾地区列为美国"强化印太伙伴关系"的四个重点"国家"之一。由此，美台之间形成了在重大地区战略问题上的密切协作，这种协作标志着美台战略互动的重要"突破"。而这即便是在奥巴马政府推进"亚太再平衡"期间也未出现过。

四、如何重建受疫情冲击与民进党当局破坏的两岸关系？

1. 应着手推动构建"疫后时期"的两岸关系。新冠疫情冲击并改变了两岸交流的型态，人跟人直接的、面对面的互动和交流少了，社交媒体上不理性的声音则被放大、被极端化。因此，不能排除未来两岸关系中可能会有更大规模的"脱钩"和"断链"现象。如何推动构建"疫后时期"两岸交流的新型态与重启两岸关系新局面？已成为推动两岸关系的当务之急。其中目标应该是"维稳"，因为稳定的两岸关系是符合两岸执政当局与两岸民众共同利益的。其中型塑"两岸命运共同体"则应该是基本途径。疫情的"无边界"与"高传染"

性，昭示着无论是全球还是两岸，事实上就是一个"命运共同体"。各扫门前雪行不通，以邻为壑更是社会公敌。特别是，"审慎防疫与处理好两岸关系，两者并行不悖"①。

2.两岸在传统安全领域方面固然存在各种分歧与矛盾、甚至利益冲突，但在非传统安全领域却是应该大有合作空间。特别是从新冠疫情来看，全球都是一个"命运共同体"，何况两岸！两岸真的是一个休戚与共的"命运共同体"。人们应强调与强化这样的公共宣导，通过各种为两岸民众，尤其是青年人所喜爱的方式进行倡导，形塑两岸不仅可以在"创造共同利益"上进行合作，而且必须在"防止共同风险"上进行合作，形成两岸关系和平发展是两岸唯一正确选择与道路的普遍认知。而在当前疫情防控的非常期间，开展两岸间的各种视频会议与网络会议应是理想的选择。

3.应设法抚平因疫情而受到伤害的两岸民间情感。可以考虑通过各种丰富多样的"微电影""抖音"等民众喜闻乐见的方式，讲好大陆抗疫故事，也包括台湾地区民众的抗疫故事，尤其是台胞在湖北参与的两岸民众联合抗疫的故事，包括给患病台胞千里送药与返台回家的故事，彰显着两岸事实上已经在实践着的"两岸一家亲"理念，充分展示着两岸交流与合作对于确保两岸民众生命安全的正面作用与积极意义。同时，通过民间、非传统领域的两岸关系改善，逐渐化解传统安全中两岸关系对抗，消弭两岸民意间严重对抗情绪。

4.通过典型性交流活动作为疫后重建两岸交流秩序的开端。可以考虑的项目包括：一是发挥柯文哲对于台湾年轻人的影响力，加大"双城论坛"在稳定两岸交流中的典范作用，"双城论坛"研讨内容应该注入两岸公共卫生安全的内容。二是考虑高规格邀请台湾一定影响的人士登陆，以带动两岸交流热潮的再起。

5.警惕民进党两岸政策的危险性与挑衅性。在涉及国家核心利益问题上，需做好万全准备，坚持底线思维，敢于斗争，甚至不怕两岸关系一时的倒退，

---

① 萧旭岑:《苏揆坚持包机，可知"逆时中"后果》，台湾《联合报》，2020年3月28日，A12版。

只有这样，才可能真正遏制蔡英文与民进党的"台独"图谋与行径。

6.警惕美台勾连伤害中国国家主权与核心利益。蔡英文连任后，中国政府涉台外交面临新的挑战，台美可能不仅在南海问题上开展军事方面合作，而且可能在美国"印太战略"中体现民进党一直在推动的美台"准军事同盟关系"。美台不仅推动构建"民主价值同盟"，而且在"印太民主治理平台"上开展活动。

第九章
国家统一是大势所趋、人心所向

第一节　改革开放推动国家完全统一的进程 [①]

1978 年，中共十一届三中全会作出了把党和国家的工作重心转移到经济建设上来，推动实现了改革开放的伟大决策。邓小平同志强调："中国需要至少二十年的和平，要聚精会神地搞国内建设。"[②]40 年后的 2018 年 4 月 10 日，习近平总书记在博鳌亚洲论坛年会开幕式的演讲中表示："1978 年，在邓小平先生倡议下，以中共十一届三中全会为标志，中国开启了改革开放历史征程。从农村到城市，从试点到推广，从经济体制改革到全面深化改革，40 年众志成城，40 年砥砺奋进，40 年春风化雨，中国人民用双手书写了国家和民族发展的壮丽史诗。"[③]

一、改革开放为实现国家完全统一创造了坚实的基础

自 1982 年中共十二大以来，中国共产党都把"完成祖国统一"作为三大

[①]　感谢肖杨女士对于本节所提供的智慧与付出的心力。

[②]　《邓小平会见美国乔治城大学战略与国际问题研究中心代表团时的谈话》(1984 年 2 月 22 日)，国台办研究局编：《台湾问题文献资料选编》，人民出版社 1994 年版，第 300 页。

[③]　刘华等：《习近平出席博鳌亚洲论坛2018年年会开幕式并发表主旨演讲》，新华网，2018年4月 10 日，http://www.xinhuanet.con/2018-04/10/c_1122660064.htm，最后检索时间：2018 年 11 月 10 日。

历史任务之一，而要实现国家的完全统一，离不了国家"硬实力"与"软实力"的建构。1980 年初，邓小平同志强调："台湾回归祖国、祖国统一的实现，归根到底还是要把我们自己的事情搞好。我们政治上和经济制度上比台湾优越，经济发展上也要比台湾有一定程度的优越，没有这一点不行。四个现代化搞好了，经济发展了，我们实现统一的力量就不同了。"①

纵观改革开放 40 余年来建设和发展成果，中国的经济规模从 1978 年改革开放伊始的国内生产总值 3679 亿元人民币，发展到 2017 年 82.71 万亿人民币。中国经济总量占世界经济的比重由 1978 年的 1.8% 上升到 2017 年的 16%，仅次于美国，成为世界第二大经济体。同时，社会经济发展水平也整体提高。40 余年来大陆有 7 亿多人口脱贫，13 亿多人民的生活水平显著提高。②1978 年，大陆人均 GDP 只有 220 多美元。而同期，台湾地区的数值为 1600 多美元，是大陆的 7 倍多。到 2017 年，大陆人均 GDP 已经高达 59660 元人民币（近 8800 美元），虽然距离台湾地区的 2.2 万美元尚有差距，但大陆面积广大，存在发展不均衡的状况。就单个省市而言，深圳、广州、苏州早已超过台湾，而深圳的人均 GDP 在 2000 年时仅有台湾的三分之一。如果以人口和发展状况最接近台湾的上海而言，上海 2017 年的人均 GDP 为 12.46 万元人民币，已经非常逼近台湾。

二、改革开放为实现国家完全统一创造有利的国际环境

早在 20 世纪 70 年代末，邓小平同志就做出科学判断，指出和平与发展已经成为世界的两大主题。中国开始全面改善和推进与周边国家和世界主要国家的外交关系，逐步形成了全方位、多层次、宽领域、立体化的外交布局，为国家实现完全统一营造了有利国际环境。

改革开放 40 余年来，中国人民始终以开放的胸襟拥抱世界。作为承载全

---

① 《邓小平在中央干部会议上的讲话（节录）》（1980 年 1 月 16 日），国台办研究局编：《台湾问题文献资料选编》，人民出版社 1994 年版，第 175 页。

② 数据来源：《中国统计年鉴》，国家统计局网站：www.stats.gov.cn/tjsj/ndsj，最后检索时间：2018 年 11 月 15 日。

球近五分之一人口的大国，中国的发展无论是在经济还是政治领域都对全球发展具有重要影响力。40 余年来，中国始终在积极融入经济全球化的发展进程。1978 年，中国的进出口贸易只有 355 亿元，到 2017 年，根据海关总署的统计，中国外贸进出口贸易总额已经到达 27.79 万亿元，是 1978 年的 782.82 倍。同时，中国对外贸易的发展也为全球市场和贸易的繁荣做出了重要贡献。特别是 2008 年全球金融危机爆发后，中国不仅通过自身进出口贸易发展成为推动全球经济发展的重要引擎之一，还主动参与全球经济治理，通过 G20、亚太经合组织、金砖国家领导人峰会、"一带一路"等，提出支持多边贸易组织的方案，积极推进国际经济贸易规则谈判，对拉动全球贸易走出低谷发挥了重要影响力。

三、改革开放下祖国大陆发展进步是国家完全统一的决定性因素

改革开放 40 年来中国现代化发展的巨大成就得益于坚持解放思想、实事求是的精神，得益于坚持披荆斩棘、乘风破浪的奋斗。国家完全统一的实现也离不开两岸人民的思想交锋、实践探索、共同努力。特别是大陆的不断发展前进，国际影响力越来越大，都为国家实现完全统一创造了最有利环境，未来两岸实现统一势不可挡。

1. 祖国大陆不断发展的综合实力有利于为实现国家完全统一夯实"国力保障"。改革开放的巨大实践成果表明了以"发展"为主题的正确性。中共十九大做出了中国特色社会主义进入新时代的重要论断，在实现国家完全统一的过程中，也必然会坚持新时代中国特色社会主义思想。因此除非发生重大"台独"事件，否则国家的完全统一应该是一个动态的过程。这个过程，也是祖国大陆不断发展、综合国力不断提升的过程。

2. 两岸民众逐渐拉近距离有利于为实现国家完全统一打造"民心基础"。人民始终是两岸关系的主体，两岸人民心向统一，国家的完全统一之路才会走得顺畅。祖国大陆已经出台了一系列促进两岸融合的政策、举措，台湾民众特别是新世代也愿意赴大陆谋发展。继 20 世纪八九十年代的台商"西进热"后，

两岸迎来新的台生"西进热"。因此，未来祖国大陆会持续出台落实台湾同胞"同等待遇"的政策、举措，"坚持持续深化两岸经济社会融合发展，推动构建两岸命运共同体"①。两岸青年人共同在大陆的学习、打拼经历，必然会促进双方拉近心理距离，有利于心灵契合的达成。

3. 世界百年变局有利于为实现中国国家完全统一营造"国际环境"。世界上只有一个中国已经成为国际社会的共识。虽然美、日等极少数国家"打台湾牌"的贼心不死，但随着中国与各国在经贸上的水乳交融，以及在国际事务中发挥越来越重要的平衡作用，中国正在成为世界各国不可或缺的伙伴。这从台湾地区所谓的"邦交国"放弃蔡英文当局的"金援"，主动和中国政府建交就可见一斑。

第二节　坚决反对"台独"分裂活动、坚定捍卫两岸同胞共同家园

坚持一个中国原则、反对"台独"分裂活动，不仅是捍卫国家主权与领土完整的需要，也是捍卫两岸同胞共同家园的需要。

一、反对"台独"分裂活动是台海形势新变化需要

1. 反"台独"是因应台湾岛内形势新变化的需要。因为，自20世纪80年代，特别是90年代开始的台湾政治社会的"宪改"与"全面选举"推展后，在"本土化""选举民主化"与"台湾国家化"的推波助澜下，尤其是2000年陈水扁当局的上台，在政治、经济、文化、教育、社会等各方面，全面推行"去中国化"与"台独化"的政策，从而在台湾社会逐步造就了"'台独'无罪"甚至"'台独'有理"的不良社会氛围，进而是台湾岛内的各种"台独"活动相当猖獗，"台独"分裂势力大肆鼓吹与推行各种分裂国家的活动与行为。

---

① 中共中央台办理论学习中心组：《以习近平总书记对台工作重要思想引领新时代对台工作》，《求是》，2018年第6期。

2.反"台独"是因应蔡英文当局上台后不断地在内外政策推行"靠美抗陆"的"台独"分裂活动的需要。2016年5月20日蔡英文正式上台后，民进党当局不仅拒不认同"九二共识"，致使两岸两会协商谈判机制被中止，阻挡两岸各种社会民间与经济交流等，而且大肆推动"新南向政策"，特别是在内外政策上全面推行"亲美""靠美"与"抗陆"的引发两岸对抗的"台独"分裂政策，从而使两岸关系和平发展面临着不小的困难与挑战。

3.反"台独"是因应国际形势，特别是美国台海政策调整新变化的需要。自特朗普就任美国总统以来，基于将中国视为美国霸权的战略挑战者的深层考虑，美国政府不断提升与发展和台湾地区蔡英文当局的实质关系，不仅公开支持蔡英文当局参与国际组织的活动，提升双方交往人员的层级，不断地以"小步快跑"的方式售台武器，而且由美国国会通过了如"与台湾交往法""台湾安全保证法"等一系列旨在提升美台关系的法律。美国政府的错误做法，不仅严重损害了中美两国关系与中美两国人民的根本利益，而且给了台湾岛内的"台独"分子以错误的讯号。因此有必要通过坚决的反"台独"行动以敦促与纠正其错误，回归中美关系到正常的轨道。

二、反对"台独"分裂活动是维护中华民族根本利益需要

1.反"台独"是维护中国国家主权与领土完整的需要。习近平总书记指出："统一是历史大势，是正道。'台独'是历史逆流，是绝路。"坚持一个中国原则，维护和平统一前景。尽管海峡两岸尚未完全统一，但中国主权和领土从未分割，大陆和台湾同属一个中国的事实从未改变。

2.反"台独"是巩固中华民族统一与团结的需要。只有统一的国家、统一的民族才能是一个有力量的国家与民族，才能屹立于世界民族之林。"台独"分裂势力是数典忘祖，不思根本，"台独"分裂活动损害了中华民族根本利益，损害了中国国家利益，是中华民族与国家的罪人。

3.反"台独"是维护两岸人民根本利益，特别是台湾同胞根本利益的需要。习近平总书记指出：坚持一个中国原则，两岸关系就能改善和发展，台湾

同胞就能受益。背离一个中国原则，就会导致两岸关系紧张动荡，损害台湾同胞切身利益。"台独"分裂活动就是对一个中国原则的严重破坏，当然也就是对两岸民众根本利益的破坏。要维护两岸同胞的根本利益，就一定要维护好一个中国原则，维护好两岸同属于一个中国的法理与主权，维护好两岸民众共同的家园。1949年以来两岸关系70年的历程证明，正是因为中国始终着眼于中华民族整体利益和长远利益，坚定维护国家主权和领土完整，团结全体中华儿女，才坚决挫败各种制造"两个中国""一中一台""台湾独立"的图谋，取得一系列反"台独"、反分裂斗争的重大胜利。

4. 反"台独"是维护两岸关系和平发展与实现中华民族伟大复兴"中国梦"的需要。习近平总书记强调：一个中国原则是两岸关系的政治基础。坚持"一中"原则，两岸关系就能改善和发展，台湾同胞就能受益；背离"一中"原则，就会导致两岸关系紧张动荡，损害台湾同胞切身利益。因此，一定要认清"台独"只会给两岸关系、中华民族尤其是台湾地区带来深重祸害，从而两岸同胞一定要"共谋和平、共护和平、共享和平"。正是因为反"台独"也是着眼于中华民族子孙后代长久幸福的需要，所以习近平总书记反复强调：坚决反对"台独"分裂，绝不为各种形式的"台独"分裂活动留下任何空间，尤其是保留采取一切必要措施的选项，包括使用武力。因为针对的是两方面：一是外部势力干涉；二是极少数"台独"分裂分子及其分裂活动，绝非针对台湾同胞。70年来两岸关系发展历程已经证明，并将继续证明：台湾是中国一部分、两岸同属一个中国的历史和法理事实，是任何人任何势力都无法改变的！两岸同胞都是中国人，血浓于水、守望相助的天然情感和民族认同，是任何人任何势力都无法改变的！台海形势走向和平稳定、两岸关系向前发展的时代潮流，是任何人任何势力都无法阻挡的！国家强大、民族复兴、两岸统一的历史大势，更是任何人任何势力都无法阻挡的！

三、新形势下如何进行反"独"？

1. 一定要坚决表明反"独"的坚定立场和态度。习近平总书记多次使用了6个"任何"以表明中国政府与人民反对"台独"分裂的坚强决心——"我们绝不允许任何人、任何组织、任何政党、在任何时候、以任何方式、把任何一块中国领土从中国分裂出去。""我们将坚决遏制任何形式的'台独'分裂行径，维护国家主权和领土完整，绝不让国家分裂的历史悲剧重演。这是全体中华儿女的共同心愿和坚定意志，也是我们对历史对人民的庄严承诺和责任。"习近平总书记的表态是中国政府和人民反对"台独"分裂活动的最庄严的宣示，是反对"台独"活动的最强音！

2. 一定要发展与壮大反"台独"的实力。一是要发展壮大中国自身实力。国家统一需要实力，反"台独"也需要自身实力的不断壮大。其中的实力不仅包括经济实力，也包括军事力量、文化力量与政治力量，要把中国的制度优势建设好、发挥好，并且转化为反对"台独"、促进国家统一的有生力量。二是发展与壮大两岸关系的力量。要发展和稳定两岸关系，通过两岸之间的交流发展、融合发展，让越来越多的两岸各界人士尤其是台湾同胞在两岸关系的和平发展中得到实惠，从而更加坚定地参与和支持两岸关系的发展，参与到反"独"的行列中来。

3. 一定要对"台独"分裂势力及其活动进行精准打击。"台独"分裂势力及其活动，是对中国国家主权与领土完整的严重侵犯，是对中华民族根本利益的严重侵犯，也是对台海地区和平稳定的严重侵犯，因此，决不能姑息迁就，必须给予沉重打击，不仅要打击"法理台独"，而且要精准打击"文化台独"与"渐进台独"，决不能允许"台独"活动有任何的发展空间和余地，其中包括精准打击"绿色台商"，以鼓舞主张统一的爱国人士的信心和决心。

4. 一定要发展和壮大反"独"统一战线。一是团结台湾民众一起反"独"。习近平总书记指出："广大台湾同胞具有光荣的爱国主义传统，是我们的骨肉天亲。我们坚持寄希望于台湾人民的方针，一如既往尊重台湾同胞、关爱台湾同胞、团结台湾同胞、依靠台湾同胞，全心全意为台湾同胞办实事、做好事、解难事。广大台湾同胞不分党派、不分宗教、不分阶层、不分军民、不分地域，都要认清'台独'只会给台湾带来深重祸害，坚决反对'台独'分裂，共同追求和平统一的光明前景。"2018 年 11 月 24 日的旨在谋求"台独"分裂活动的"东京奥运公投"失败，证明了广大台湾同胞的反"独"立场与鲜明态度。二是要壮大台湾岛内主张统一、反对"台独"的力量。岛内的反"独"力量是直接在第一线与"台独"进行殊死决战的爱国力量，应该通过各种方面，给予鼓励和支持，使之不断壮大，成为反"独"的坚定力量。三是要发展与壮大海外反"独"力量，推动建立国际反"独"统一战线。

第三节　实现同胞心灵契合、增进和平统一认同

习近平总书记在《告台湾同胞书》发表 40 周年纪念会上的重要讲话中提出了"实现同胞心灵契合，增进和平统一认同"这一时代命题，这不仅是对于祖国和平统一提出的科学的推进路径，是两岸走向和平统一的必由之路与必然之举，而且也是推动两岸关系和平发展、推进祖国和平统一的使命所在。

一、"实现同胞心灵契合、增进和平统一认同"是推进祖国和平统一的客观要求与必由之路

1. 增进两岸同胞、特别是台湾同胞对于和平统一的认同，是解决台湾问题、实现祖国和平统一的客观要求，也是必然之举。因为，既然是和平统一，两岸民众，尤其是台湾民众对于统一、对于和平统一的认同与支持就是必不可少的，甚至是必备的条件之一。而当今台湾，已经是一个选举社会，又是一个多元化社会，各种意见与主张都有，有主张统一，也有主张"台独"，更多的民众是主张"维持现状"，对于统一，包括和平统一，还存有这样或者那样的疑虑甚至排斥的心态，从而和平统一在目前台湾社会的支持度还不是很高，这也是迄今两岸没有实现统一的客观原因之一。这也就需要我们推动台湾同胞正确地认识统一的意义与价值，让台湾同胞认识到统一，不仅对于国家和中华民族是千秋功业，关系到民族复兴，而且对于台湾同胞自身而言，也是好处多

多，实至名归。事实上，只有增进了台湾同胞对于和平统一的认同，和平统一也就得到多数台湾同胞的支持和拥护，和平统一也就水到渠成。

2. 实现两岸同胞之间的心灵契合，是"增进和平统一认同"的必由之路。要增进台湾同胞对于和平统一的认同，推动实现两岸同胞之间的"心灵契合"是一条可行，而且是必行的有效路径。人是讲究感情的，人之相交，贵在心相交，贵在心灵沟通，贵在心有灵犀一点通！只有推动实现两岸民众与同胞之间的心灵沟通、心灵碰撞、心灵契合，才能有效增进台湾同胞对于和平统一的认同，从而支持和拥护国家的和平统一。

二、如何推进两岸同胞"心灵契合"以增进台湾同胞对和平统一的认同？

1. 共同弘扬中华文化是推进两岸同胞"心灵契合"的有效方式与可行路径。习近平总书记指出："国家之魂，文以化之，文以铸之。两岸同胞同根同源、同文同种，中华文化是两岸同胞心灵的根脉和归属。"我们必须看到，绵延五千年的中华文化，是维系中华民族不断发展、繁衍生长的不竭动力，更是中华儿女共同的精神家园。两岸同胞需要共同传承和弘扬中华优秀传统文化，推动中华文化在新时代实现习近平总书记所要求的"创造性转化、创新性发展"，这样，中华文化就会永远是富有创新力、创造力、生命力的，只要两岸中华儿女共同培育好共同的精神家园，共同弘扬好中华文化，两岸同胞的心就一定是连在一起的，就一定是任何力量都无法拉开的。因为，精神的力量是无穷的，精神的力量是不可战胜的！

2. 两岸人员交流，特别是文化交流，是共同传承和弘扬中华文化、"实现同胞心灵契合"的必然之举。过去，由于政治上的原因，两岸全面隔绝，"鸡犬相闻、老死不相往来"，也因为两岸之间 30 多年的全面隔绝，两岸同胞之间出现了这样或那样的不了解甚至误解，但无论两岸之间过去存在什么样的误解，只要从此坦诚相见，就没有不能解决的问题，习近平总书记就强调："亲人之间，没有解不开的心结"，重要的是要交流、要交心，只有交流，才能了解对方的想法；只有交心，才能换得真心，"人之相交，贵在知心"，"两岸同胞要交流互鉴、对话包容，推己及人、将心比心，加深相互理解，增进互信认同"。习近平总书记的这些重要主张，对于两岸社会与人员交流，都提出了切实而可行的方式方法，特别是他所主张的两岸交流要秉持"同胞情""同理心""包容心""推己及人""将心比心"等主张，不仅是 2000 年前孔子等"己所不欲勿施于人"的主张在新时代的科学运用，而且是海峡两岸交流中必不可少的"换位思考"与"贴心思考"。正是因为交流，无论是人员交流还是文化交流，在两岸关系发展中，特别是在两岸同胞的心灵沟通与契合中具有独特作用，习近平总书记强调：不管遭遇多少外在的或内在的种种干扰与阻碍，两岸同胞之间的交流合作"不能停、不能断、不能少"。这是习近平总书记对于两岸交流提出的要求，也是两岸同胞走向心灵契合的必由之路。尽管，或许真正做到心灵契合的难度不小甚至很大，但只要确立了这个目标，努力前行，总能有所成就。

3. 要以正确的历史观、民族观、国家观来指导两岸之间的人文交流。习近平总书记指出要"以正确的历史观、民族观、国家观化育后人，弘扬伟大民族精神"。这是对两岸人文交流指明了方向，明确了科学的推进路径。毋庸讳言，自 20 世纪 80 年代末以来，台湾社会在"本土化""民主化""多元化""政权台独化"下，尤其是在李登辉、陈水扁主政 20 年中蓄意改变民众认同的教育政策下，在民进党等"台独"分裂势力的推波助澜下，通过修改中小学历史、地理等教科书，突出所谓"乡土""本土"甚至"台独"等教育内容，搞乱了人们的思想与认同，台湾社会中出现了不少错误的历史观，如将"台湾历史"从"中国历史"中分离与剥离出来，出现了"台湾人 400 年史"的"台独史观"；也出现了数典忘祖的、跟中华民族认同相对立的"台湾民族论"，也有自外于中华民族之外的"南岛民族论"；也出现了若干偏离"中国认同"、主张"台湾认同"的错误的国家认同。如何扭转台湾社会的这些不正常的现象？应该说，通过两岸之间的人文交流则是比较可行的一条路径，特别是在交流中树立正确的历史观、民族观、国家观至关重要，不可或缺，以此引导与教育台湾社会和民众，"化育后人"。其中，在两岸人文交流中，共同传承与弘扬中华民族的伟大精神，即在五千年历史中养成的中华民族的伟大精神这一共同财富，应该是强化两岸民众心灵契合的宝贵的精神纽带，以此手法来增进两岸同胞相互间的了解与理解，拉近心理距离，坚定民族伟大复兴的共同信念，增进台湾同胞对两岸命运共同体的认知，久久为功，两岸同胞心灵契合和对祖国和平统一的高度认同一定能够达到。

4. 大力推动两岸青年交流是实现两岸同胞心灵契合的重要内容与希望所在。习近平总书记指出："国家的希望、民族的未来在青年。两岸青年要勇担重任、团结友爱、携手打拼。"因此，不仅在两岸各种的交流发展中，需要两岸青年，特别是台湾青年的积极参与、踊跃参与、奋力参与，而且在两岸关系的融合发展中，大陆尤其为台湾的青年提供了广阔的舞台、实现人生价值的天地，台湾青年发挥个人聪明才智，挥洒个人人生拼搏，真的是此其时也！因为，无论是大陆于 2018 年 2 月 28 日颁布的"31 条措施"，还是 2019 年 11 月 4 日颁布的"26 条措施"，都是台湾青年参与两岸关系发展、逐梦两岸关系、实现人生价值的重要"助力器"，祖国大陆"热忱欢迎台湾青年来祖国大陆追梦、筑梦、圆梦"。这已经不只是一个"承诺"或"构想"，而是实实在在的"午餐"与"馅饼"，是助力个人梦想实现的重要"助力器"。

三、增进和平统一认同、支持和追求国家统一是民族大义，更是历史大势

习近平总书记指出："台湾问题因民族弱乱而产生，必将随着民族复兴而终结。"因为统一是历史大势，是正道。"台独"是历史逆流，是绝路。民族复兴、国家统一是大势所趋、大义所在、民心所向。台湾前途在于国家统一，台湾同胞福祉系于民族复兴。习近平总书记的这些重要论述，一定能够推动"实现同胞心灵契合，增进和平统一认同"，一定能够吸引越来越多的台湾同胞积

极参与到推进祖国和平统一的正义事业中来，为同胞谋福祉，为民族创未来！尤其相信台湾的青年，一定能够积极参与到推动两岸关系和平发展、推进国家和平统一的进程与事业中来。新时代是中华民族大发展大作为的时代，也是两岸同胞特别是台湾青年同胞大发展大作为的时代！历史不能选择，现在可以把握，未来可以开创！

第四节　国家完全统一是两岸关系发展必然结果

2019 年是全国人大常委会发表《告台湾同胞书》40 周年。加上 1949 年至 1979 年这前 30 年两岸关系的 70 年的发展历程，无不昭示着两岸关系已经由"紧张对峙"走向"和平发展"、再走向"和平统一"，实现国家完全统一是两岸关系发展的必然结果，也是最佳选择，是大势所趋、人心所向！正如习近平总书记所指出："祖国必须统一，也必然统一。这是 70 载两岸关系发展历程的历史定论，也是新时代中华民族伟大复兴的必然要求。"

一、祖国大陆对台政策为国家完全统一提供强大思想武器与行动遵循

随着改革开放的起步，大陆对台政策由"武力解放"发展到"和平统一"。1978 年，中共十一届三中全会首次以"台湾回到祖国怀抱，实现统一大业"代替"解放台湾"的提法。1979 年元旦，全国人大常委会发表《告台湾同胞书》，郑重宣告台湾回归祖国、实现国家统一的大政方针。40 年来，随着大陆的快速发展，在中华民族伟大复兴的进程中解决台湾问题逐渐成为各方共识，对台政策也不断完善、与时俱进。从江泽民同志发表《为促进祖国统一大业的完成而继续奋斗》，到胡锦涛同志发表《携手推动两岸关系和平发展　同心实现中华民族伟大复兴》（"12·31"讲话），特别是习近平总书记关于对台工作重要论述的不断丰富、发展与实践，包括习近平总书记在《告台湾同胞书》发表 40 周年纪念会上重要讲话，为推动两岸关系和平发展、推进祖国和平统一进程，指引了正确的方向，提供了理论指导与思想武器。因为，只有用科学的

理论指导实践才能达到事半功倍的效果。习近平总书记关于对台工作的重要论述是中国特色社会主义理论的重要组成部分，用以指导国家统一大业，既是政治纲领，也是实践指南，必将在两岸关系和平发展的推动中、在祖国和平统一的进程中发挥重要的理论指引。

二、祖国大陆国际地位与影响力大幅提升为国家统一营造了越来越有利国际环境

新中国成立以来，特别是随着中国综合国力不断上升与中共十八大以来中国特色大国外交的不断深化，中国外交逐步形成了全方位、多层次、宽领域、立体化的外交布局，从而为国家完全统一营造了越来越有利的国际环境。首先是中美关系正常化以来 40 多年中，尽管出现了若干逆流，美国不时地玩弄"台湾牌"，美、日对中国崛起的疑虑加深，试图利用"台湾牌"牵制中国发展。但中美关系总体上在不断向前发展，交流与合作始终是中美关系主流，也是稳定两岸关系和平发展的重要因素。其次是中国主动参与全球治理，提升了国际地位，增强国际影响力。中国始终在积极融入经济全球化的发展进程，特别是 2008 年全球金融危机爆发后，不仅通过自身发展成为推动全球经济发展的重要引擎之一，而且通过 G20、亚太经合组织、金砖国家领导人峰会、"一带一路"等，为全球市场和贸易繁荣尤其是全球治理、全球经济治理发挥了积极作用，做出了重要贡献。第三是涉台外交的不断演进，国际社会一个中国原则大框架不断得到了巩固与完善，沉重打击了"台独"分裂势力在国际上冲撞一个中国原则的活动，有力地维护和巩固了中国主权和领土的完整。

三、大陆不断提升在两岸关系中主导权和主动权

1949 年以来的对台政策，捍卫与维护了中国的国家主权与领土完整。1979 年元旦全国人大常委会《告台湾同胞书》发表以来，大陆在推动两岸关系发展与稳定中取得了一系列重要而积极的进展。一是结束两岸之间对立、对

抗与隔绝的状态，全面实现两岸的双向交流，开启两岸之间人员的往来与经济社会融合，特别是实现直接、双向、全面的通商、通邮与通航的"三通"；二是沉重打击了"台独"分裂势力分裂国家的图谋与活动，有力地捍卫了国家主权与领土的完整，全国人大通过《反分裂国家法》，习近平总书记提出六个"任何"（我们绝不允许任何人、任何组织、任何政党、在任何时候、以任何方式、把任何一块中国领土从中国分裂出去）以及军机军舰"绕台行动"等行动，震慑了"台独"分裂势力；三是在"九二共识"的共同政治基础上两岸公权力之间协商成果有成，不仅实现党政高层会晤，海协会与台湾海基会签署23项协议，实现"汪辜会晤"、建立两办（国台办与陆委会）联系与互访机制及两岸热线，而且实现两岸领导人历史性的会晤。

四、两岸关系发展经验与启示助力国家统一

1. 70多年来发展两岸关系的经验。包括：一是祖国大陆确立了在发展的基础上来解决台湾问题、实现国家统一的战略思路；二是明确了在中华民族伟大复兴的进程中完成统一大业的全局思路；三是通过两岸关系和平发展来推动两岸走向和平统一的正确的道路选择；四是坚持一个中国原则、坚决反对任何形式的"台独"分裂活动的原则立场；五是确立了争取台湾民心以实现和平统一的基本路径；六是营造有利的国际环境是实现和平统一的重要外在条件，等等。

2. 70多年来祖国大陆始终是两岸关系和平稳定与国家统一的坚强力量。一是大陆综合实力压倒性超越台湾地区，特别是强力的反"台独"立场与政策举措，让民进党当局不敢轻易越过两岸"红线"，逼使蔡英文当局不得不继续承诺"维持现状"。党的十九大后，大陆对台政策进入新的"积极作为期"，采取了全方位、积极主动、更直接政策，即"两个全面政策"——"全面打击台独"与"全面施惠民众"的政策，并且"两个全面政策"取得了重大成效：推进了统一进程，逐渐剥蚀了台湾当局既有的"国际人格"，形成一定程度的"事实统一"局面；全面地影响了蔡英文当局执政与施政；强力打击了"台独"

势力的"台独"分裂活动；有效地警示了美国"亲台派"。二是"两岸一家亲""同等待遇"等对台政策举措，使祖国大陆成为吸引台湾民众尤其是青年世代的"重要磁场"，越来越多的台湾民众"睁眼看大陆""客观看大陆"，台湾社会对大陆整体认知也开始出现改变，如 2018 年台湾《远见》公布民调显示，18—29 岁的台湾民众认为大陆对台友善的比例较十年前显著提高。同时，"赞成台湾独立"的比例创下《远见》开始调查以来十年新低，而"赞成与大陆统一"的比例则是攀上十年新高。同时有 47.5% 的受访民众赞成以"九二共识"作为两岸关系发展的基础。

3. 两岸关系的发展大势就是中国的完全统一。70 多年来中国现代化发展的巨大成就得益于坚持解放思想、实事求是的精神，得益于坚持披荆斩棘、乘风破浪的奋斗。中国完全统一的实现也离不开两岸人民的实践探索与共同努力，未来两岸实现统一的潮流势不可挡！

后 记

　　《曲折前进的两岸关系（2016—2020）研究》从完成终稿到多次审稿与校对，最终定名，历时两年。这也印证了作者与出版者的严肃与认真，从而也有太多的人需要感谢：

　　首先感谢上海国研院台湾与两岸关系研究团队成员的大力帮助与全力支持，他（她）们分别是台港澳研究所所长邵育群、所长助理兼台湾室主任童立群、港澳室主任张建及郑英琴与季伊昕两位；感谢上海台湾研究所政治室肖杨主任与获得国研院法学硕士学位的陈竞女士对有关章节成稿的心力付出；感谢国研院陈东晓院长与院学术委员会主任杨洁勉研究员所给予的精神支持。

　　文中存在的错谬之处，敬请各方批评指正。

严安林

2022 年 6 月 12 日